中国近代における六・三・三制の導入過程

今井　航

九州大学出版会

まえがき

アメリカでプラン化された六・三・三制は、中国でどのように受け入れられ、受け入れられた結果、実際にはどのような形になったのか。本書『中国近代における六・三・三制の導入過程』は、そうした疑問に答えようとするものである。

この取り組みを進めている間に強く念頭に置いていたことがある。それは、政策過程を十分に明らかにしたいということであった。

これまでも取り上げられているように、六・三・三制は一九二二年十一月に制定された学校系統改革案、すなわち壬戌学制に導入された。中国では、日本よりも二五年ほど前に導入されていたことになる。

先行研究では、この六・三・三制の導入を「アメリカの模倣」であると評価する場合が多い。中国近代における六・三・三制は、本当に「アメリカの模倣」といえるのか。こうした素朴な疑問から、本書の取り組みは始まった。また、近年の研究において、そうした評価に疑義を呈する研究や六・三・三制の導入を巡る論議に注目した研究の成果が出てきたことは、本書での取り組みを後押ししてくれた。詰まるところ、中国の教育における近代化過程に中国側の主体的な姿があったということを示したかったと言えるのかもしれない。

主体的な姿を描き出すためには、政策過程に着目しなければならない。そのように思い、このことが筆者を導入過程の解明へと向かわせた。アメリカ留学帰国者による活躍やデューイ（John Dewey 1859-1952）やモンロー

(Paul Monroe 1869-1947) などアメリカの著名な教育家の訪華が壬戌学制へ与えた影響を指摘する先行研究を念頭に置きつつも、筆者の関心は、当時の中国にあった教育部や全国教育会連合会、あるいは各省の教育会が提案した学制改革に関する諸案が壬戌学制へと収斂されていく過程の方へ置かれるようになった。

こうした中国側の事情に軸足を据えて導入過程を解明することにより、従来的な評価だけでは捉えきれない側面や中国独自の教育の近代化過程がこれまで以上に描き出せたのではないかと思っている。しかしながら、中国側の主体的な姿を描き出そうとすることに傾注しすぎた感があることも否めない。本書はどう評価されるのか。読者の判断に委ねるしかない。

本書が、中国近代教育史研究の更なる発展に寄与しつつ、中国の教育の現在と未来、さらにはアジアの教育における近代化を考えるうえで幾らかでも新しい知見が提供できているのであれば幸いである。

今井　航

目次

図表一覧

〈図〉

〈表〉

1920年代の中国

黒龍江省
外モンゴル
吉林省
チャハル特別区
熱河特別区
奉天省
新疆省
綏遠特別区
甘粛省
◎北京
直隷省
山西省
山東省
青　海
陝西省
江蘇省
湖南省
◎南京
安徽省
チベット
四川省
湖北省
川辺特別区
浙江省
江西省
湖南省
福建省
貴州省
台湾
雲南省
広西省
広東省

凡　例

一、年月日の表記は、西暦を基本とした。

二、文献の刊行年は、奥付に表記された年を西暦に換算して記した。

三、中華民国期刊行の文献を引用する際には、文献名を旧字体のまま記した。また、学制改革に関する諸案などの議案名や決議名についても、旧字体のまま記した。人物名については、原則として通用の字体にない場合に旧字体のまま記し、それ以外は通用の字体を用いた。

四、本文・引用文における補充・注釈は、（　）で示した。また、引用文中の〔　〕の部分は、原文にある注記である。

五、引用文で省略をした場合には、（略）で示した。必要な場合に限り、（前略）、（中略）、（後略）を同様に示した。

六、本書で主に取り上げる全国教育会連合会については、全教連と略称した場合がある。また、第七回全国教育会連合会や第八回全国教育会連合会など回数が示される場合には、第七回大会や第八回大会などと略称した。

七、本書では、学制系統に関する数多くの改革案を引用している。この場合、初出の際に正式名を示し、その後は略称した。例えば、第七回大会で議決された学制系統草案を第七回草案と略したり、学制会議で議決された学校系統改革案を学制会議案と略したりした。

序　章　目的と課題

第一節　研究の目的と方法

本書は、壬戌学制における六・三・三制を取り上げて、この学制を再検討しようとするものである。そのため、この六・三・三制の導入過程を解明することにした。

壬戌学制は一九二二年、学校系統改革案として公布された。壬戌学制の制定から遡ること一〇年、一九一二年には清朝が崩壊し、中華民国が建国された。新しい国家の誕生とともに教育改革も実行され、建国当初には新しく壬子・癸丑学制が制定された。また、同じアジアの国である日本の教育発展を目の当たりにしたことで、その日本の学校制度をモデルとし、清末には中国史上初となる近代的な学校制度がすでに制定されていた。この清末の日本型の学制が改革され、壬子・癸丑学制は制定されたのである。壬子・癸丑学制はその後、壬戌学制が制定されるまでの一〇年間、基本的な変更をみることなく続けられた。

日本における中国近代史研究によれば、一九一二年の中華民国建国から一九二八年の南京国民政府成立までのおよそ一六年間は、中華民国北京政府期と呼ばれている。[1] 壬子・癸丑学制はこの時期の初めに制定され、壬戌学制はその後半に制定された。

中華民国北京政府期には、時の革命勢力の手から中華民国の最高権力を奪い取った北洋軍閥の袁世凱が大総統の地位に君臨し、軍事的独裁体制が出現したといわれている（一九一二〜一六年）。袁世凱の死後は、北洋軍閥が安徽派と直隷派とに分裂、さらには各地に存在した地方軍閥も抗争するという有り様であった。このため、北京政府は中央政府の名目をようやく維持するに過ぎず、実質的には軍閥割拠の分裂国家ともいうべき情勢におちいったといわれている（一九一六年以降）。中華民国北京政府期は、いわば暗黒の時代と称されている。(2)

このためか、この時期の教育は「袁世凱政府の反動政策」や「文教反動の嵐」、さらには「袁世凱の文教反動」などと評価されている。(3) 中華民国建国当初の教育改革は、教育目的や内容における儒教的伝統の否定、国民教育主義の実現、初等教育における男女共学の実現など、清末の教育精神を全面的に否定するものであった。しかし、袁世凱が大総統に君臨して以後、読経科が設置されることで儒教的伝統は復活し、さらには国民学校および高等小学校に並ぶかたちで予備学校が置かれたことで初等教育段階は二つの系統をもつことになり、国民教育主義は後退した。袁世凱のもとで行われたそのような政策が、中華民国初年の教育改革に対する反動として評価されている。(4)

またさらに、この時期の中央教育行政機関であった教育部は、教育政策に対して不熱心であったとされ、閑職であったとみられている。(5) この時期には、教育部総長の交代が何度も繰り返されたことが指摘されている。(6) 前で述べたような北京政府の不安定な性格に加え、要となる総長の地位が不安定であったことから、不熱心、かつ閑職であったとみられている。

中華民国北京政府期の教育は、袁世凱の時代、あるいは軍閥割拠の時代という暗い印象に付き纏われ、右で述べたように否定的にみられがちである。

しかし一方、この時期には、いわゆる新文化運動が起こった。新文化運動は一九一〇年代の後半に起こり、専制支配と伝統思想を破壊し、民主主義と科学的精神による新しい文化の創造を提唱した運動であった。一九一五年九月に陳独秀（一八七九～一九四二）らが上海で創刊した『青年雑誌』（のち『新青年』と改称）は、あまりにも有名である。新文化の主張は、伝統思想の根幹であり専制政治の精神的支柱であった儒教を徹底的に批判した。もうひとつの主張は、口語文を提唱した文学革命であった。それは、平易で、斬新で、明瞭な国民文学の建設を主張し、例えば魯迅（一八八一～一九三六）は、『狂人日記』や『阿Q正伝』などの口語小説を発表して伝統的人間の精神構造を批判した。こうした新文化創造の提唱は、暗黒の時代にあって危機感を抱いた知識人の幅広い支持を得、特に北京大学はその中心となって近代的人間の形成に大きな役割を果たしたといわれている(7)。

ちょうど同じ頃、教育においても改革が進められ、学校制度もまた改革されたのであった。この時期の教育については、否定的な側面だけではなく、全国教育会連合会の活躍が注目されている。全国教育会連合会は、当時各省に存在した教育会の結集によって開かれていた。ここで、学制改革が提唱され、そのための立案も行われ、壬戌学制は作られたといわれている(8)。同時に、当時のアメリカのプランをモデルとし、六・三・三制が導入されたといわれている(9)。したがって、この時期の学制は、清末以来の日本型からアメリカ型に変わったようにみられている(10)。暗黒の時代を背にして、教育においても在野発の新しい光が点されようとしていたのである。

しかしながら、中華民国北京政府期の教育は、右でみてきたように明と暗に分けられてそれぞれの一面的な像が浮き彫りにされることはあっても、不明確な点が数多く残されており、その全体像は必ずしも明らかにされてはいない。例えば、教育部のことは等閑視されてよいのか。また、全国教育会連合会はなぜ開かれたか。そしてどのような会であったか。さらにいえば、全国教育会連合会において壬戌学制は作られたというだけでよいのか。換言すれば教育部が果たした役割は問われなくてもよいのか。疑問点は尽きない。清末民初の江蘇省教育会に詳しい高田幸男のいうように、この時期の「教育改革をめぐる多極構造は明確にされてはいない」のである(11)。本書は、そうした疑問に解答を示しながら、壬戌学制における六・三・三制の導入過程を解明しようとするものである。

ところで、六・三・三制は今でも中国で幅広く実施されている。翻って日本では、いうまでもなく戦後、六・三・三制が導入された。一九四六年三月、来日したアメリカ教育使節団はその報告書で、六・三・三制の新しい学校制度を勧告した。これを受けて同年八月、教育刷新委員会はその第一回建議で、六・三・三制の学校体系を明示した。これに基づき文部省により法案が作成された。そして一九四七年以後、学校教育法の公布に伴い、六・三・三制は施行されたのである。

このように、日中両国においてアメリカモデルの六・三・三制が導入された。同じアジアの国で導入された六・三・三制であったが、中国では日本より二五年ほど早く導入された。日本の『六・三・三制の成立』を著した三羽光彦は、「そもそも、構成する学校の修業年限区分をもって、当該学校制度全体を象徴的に表現することは、単線型学校体系（ladder system）でなければなじまない」といっている。[12] 一九二二年の壬戌学制は、六・三・三制をもつ学制としてみられてきたが、そもそも六・三・三制でこの学制全体を象徴的に表現することは適切か。中国の六・三・三制は、一見してアメリカモデルの六・三・三制とは少し異なるように思われる。

本書は、壬戌学制における六・三・三制の導入過程を解明することにより、そうした仮説を検証しようとするものでもある。さらにいえば、中華民国北京政府期の学制史像を再構築しようとするものでもある。

第二節　先行研究の検討

壬戌学制は、先行研究において新文化運動の産物、あるいは中国教育の「アメリカ化」の象徴として評価されてきた。

新文化運動の産物であると評価したのは、中華民国期の教育史を著した李華興や田正平などである。[13] 李や田をはじめ数多くの通史によれば、新文化運動の高揚に乗じて新しい学制の誕生に期待が高まったとされ、この期待が壬戌学制の制定に結びついたと理解できる。

一方、中国教育の「アメリカ化」の象徴であると評価したのは、阿部洋や謝長法などである。[14] 阿部や謝は、一九一〇年代後半の中国におけるアメリカ教育のブームに注目している。清末には日本留学生が多かったのであるが、一九一〇年代に入ると次第にアメリカ留学生が増加し、その後半にはアメリカ留学帰国者が中国の教育界で活躍したことが明らかにされている。また同じ頃、デューイ（John Dewey 1859-1952）やモンロー（Paul Monroe 1869-1947）など、アメリカの著名な教育家の訪華もあり、彼らによって中国教育の改革が求められたことも明らかにされている。こうしたアメリカ教育のブームに注目した研究では、必ず壬戌学制が取り上げられ、六・三・三制であったということが言及される。その頃、六・三・三制はまさにアメリカでプラン化され、アメリカの各地で実施されようとしていた。阿部や謝による研究では、壬戌学制は「アメリカの模倣」と見做され、中国教育の「アメリカ化」の象徴であると評価されている。

以上のように、新文化運動や、アメリカ教育のブームといった背景を前提に壬戌学制を評価するものは少なくない。阿部洋や謝長法による研究では、アメリカ留学帰国者の教育界での活動や、デューイやモンローなどの活動に目配りし、壬戌学制が評価されている。また、齋藤秋男のように、六・三・三制であったということを強調して評価しているものもある。[15] 壬戌学制は、特に「アメリカの模倣」、または「アメリカ型」とみられてきた。

これに対して近年、新しい視点からこの学制を取り上げるものが登場してきた。壬戌学制の制定過程に注目した研究である。壬戌学制の制定過程で、見落とせないのは一九二一年秋に広州市で開かれた第七回全国教育会連合会（以下、第七回大会と略す）、あるいは一九二二年九月に教育部によって開かれた学制会議、さらには同年十月に済南市で開かれた第八回全国教育会連合会（以下、第八回大会と略す）である。順に、学制系統草案（以下、第七回草案と略す）、学校系統改革案（以下、学制会議案と略す）、学制系統案（以下、第八回系統案と略す）が議決された。

こうした諸決議に焦点をあて、特に第七回大会に提出された広東省教育会提議に着目したのは、金林祥である。[16]広東省教育会提議は、正式名を学制系統案（以下、広東案と略す。第八回系統案と正式名が同じであるが、別物である）といった。金は、この広東案が第七回草案の骨子になったということを重視し、広東案の形成経緯に着目した。その結果、広東案は、アメリカの教育のみならず、諸外国の教育も参考にされ、取捨選択された上で作られたことが明らかにされた。したがって、金は、壬戌学制を単なる「アメリカの模倣」ではなかったと解釈し、従来的な評価に一石を投じたといえる。しかし一石が投じられたものの、それではいったい何なのかという問いに答えられていない。一方で、金は、当時の教育界の知恵の結集と、その結果が壬戌学制の制定に結びついたということも指摘している。

金林祥と同様、制定過程に注目したのは、張傳平である。[17]張も諸決議に焦点をあてたが金に比べるとやや詳しく、学制会議案や、第八回系統案の内容にまで言及している。張は壬戌学制を中国の「実情」が顧みられた学制であったと解釈した。[18]この解釈は、金の評価を補足するものといえる。こうして金や張などの研究により制定過程が注目された結果、壬戌学制は単なる「アメリカの模倣」ではなく、中国の「実情」が顧みられた学制であったと評価し直されたのである。それでは、中国の「実情」とはいったい何か。

本書では、以上のような先行研究を踏まえて、壬戌学制における六・三・三制の導入過程を取り上げ、この学制の性格を再検討する。そこで注目したいのは、王倫信や小林善文の指摘である。[19]王は、当時の中学校改革をめぐって中学校が六年間に改められ、その上で三・三制を採るか、それとも四・二制を採るかで議論が対立していたことを指摘している。一方、王と同様の指摘に加えて小林も、第七回草案では三・三制が原則とされたが、学制会議案では四・二制が原則とされており、ここに食い違いのあることを指摘している。

こうした対立点にこそ、当時の「実情」が映し出されていたように思われる。そのため、本書では、従来的な、時代背景を前提とした評価を踏まえながらも、近年の研究でいわれている単なる「アメリカの模倣」でない学制として壬戌学制をとらえてみたい。同時に、中国教育の「アメリカ化」の象徴としてみられてきた六・三・三制を取り上げ、その導入過程を焦点化する。この過程にどのような対立点があったか。対立点の検討は、壬戌学制を再評価する側面をもつであろう。

第三節　研究課題

(1)　全国教育会連合会と教育部の対立の検討

それでは、六・三・三制の導入過程に対立点はあったか。小林善文は前述のように第七回草案と学制会議案との食い違いを指摘しており、彼の指摘から対立点のあったことが窺い知れる。換言すれば、全国教育会連合会と教育部との間で対立があったと考えられる。

壬戌学制の制定過程に注目した金林祥は、教育界の知恵の結集で壬戌学制が作られたと指摘した。だが、全国教育会連合会と教育部との間でもし対立があったとすれば、そうしたひと言では済まされない側面があったように思われる。金や張傳平などの研究では、諸決議に焦点が当てられるだけで、第七回大会、学制会議、第八回大会それぞれの審議過程が十分明らかにされていない。このため、王倫信や小林善文が指摘したような対立点は見落とされている。したがって、教育界の知恵の結集というひと言で済まされてしまったといえよう。

本書では、第七回大会、学制会議、第八回大会でどのような審議が行われたのかを追究する。同時に、まだ明確になっていない全国教育会連合会の性格についても、可能なかぎり明らかにする。また、学制会議については特に不明な点が多い。教育部はこの会議をなぜ開き、そしてそのためにどのような準備をし、さらに学制改革にどう取り組んだのか。こうした諸点も明らかにされなければ、全国教育会連合会と教育部との関係は判然としないであろう。

（2） 審議過程にみられる対立点の検討

一方で、どのような対立点があったか。王倫信や小林善文により指摘されているのは、一点のみである。実は、本書で明らかとなるように、対立点は王や小林の指摘以外にも見出される。例えば、初等教育段階では小学校を六年一貫制にするか、それとも四・二制にするかで対立がみられた。さらに、義務教育年限についていえばその年限延長をめぐり対立がみられた。また、中等教育段階では中学校のほかに、職業学校を置くか否かで対立がみられた。本書では、こうした対立点の背景も明らかにする。高等教育段階については検討の対象としない。

さらに、六・三・三制導入以前の学制、すなわち四・三制小学校や、四年制中学校など、旧学制にも注目する。具体的には、袁世凱政権期の国民学校構想や、一九一八年に教育部によって開かれた全国中学校校長会議での四年制中学校改革などを取り上げる。こうした旧学制への注目を通して、六・三・三制の導入過程で何がどう変えられようとしていたのかを確認する必要があろう。

またさらに、第七回大会、学制会議、第八回大会それぞれの審議過程に携わった人物を可能なかぎり調べて、注目に値する人物を特定し、彼らによる改革の議論を通じて、対立点のもつ意味を探るようにも努めなければならないだろう。

以上のような課題に取り組むことによって、対立点がどのように収斂されていったかが解明されるであろう。また、中国の「実情」が顧みられた学制として壬戌学制を評価したのは張傳平であったが、全国教育会連合会と教育部との関係や、あるいは旧学制との連続性・非連続性、さらには審議に関わった人物による改革の議論など、様々な角度から対立点を検討することで、張のいう「実情」の中身も明らかとなろう。さらにいえば、アメリカモデルの六・三・三制と旧学制とが対立し、混合されてできたのが壬戌学制であったのではないかという仮説も検証されよう。

第四節　史料について

中華民国北京政府期の研究については、史料的な限界のあることが指摘されている。[20]こうした状況において、上で述べたような研究課題への接近は、非常に困難であった。

しかし、北京政府教育部関連については『全國中學校校長會議録』（中国北京国家図書館所蔵）、また、全国教育会連合会関連については『民國第一次全國教育會聯合會報告』、『第七次全國教育會聯合會會務紀要』、『歴届全國教育聯合會議案分類彙編』（いずれも中国上海図書館所蔵）、さらに、省教育会関連については『廣東省教育會雑誌』、『江蘇省教育會年鑑』（いずれも中国上海図書館所蔵）などを、発掘・入手することができた。こうした諸史料に加え、『教育公報』（北京政府教育部刊行）をはじめ、『教育雑誌』や『新教育』など当時の教育関係雑誌や、『申報』（上海）など新聞、あるいは史料集などを総点検した。

以上により、本書に関わる諸文献を選りすぐり得られたものを用いて研究課題に取り組んだ。

注

（1）浜口允子「第一章　北京政府論」、野澤豊編『日本の中華民国史研究』（汲古書院、一九九五年九月）、二九〜四七頁。
（2）市古宙三『中国の近代』（河出書房新社、一九九〇年三月）、二四五頁。
（3）例えば、以下を参照されたい。多賀秋五郎『中国教育史』（岩崎書店、一九五五年五月）、一七七〜一八五頁。齋藤秋男・新島敦良『中国現代教育史』（国土社、一九六二年）、七九〜八一頁。多賀秋五郎「第二章　中国教育史概説Ⅱ（民国以後）」、長田新企画『東洋教育史』（御茶の水書房、一九六三年二月）、五一〜五三頁。阿部洋『中国近代学校史研究――清末における近代学校制度の成立過程――』（福村出版、一九九三年二月）、二二三〜二二六頁。田正平『中国教育史研究』近代分巻（華東師範大学出版社、二〇〇一年九月）、二二五〜二二五頁。
（4）前掲（3）、阿部著、二二三〜二二六頁。
（5）前掲（1）、野澤編の「第四章　教育史」では、従来、北京政府期の教育政策は「不熱心だった」、あるいは「袁世凱の復古主義政策とイメージが重なってくる」と評価されてきたことが、高田幸男によって指摘されている。また、渡辺惇「袁世凱の財政経済政策――周学熙を中心として――」、『近きに在りて』第一一号（汲古書院、一九八七年）、三七頁では、教育部は閑職であったと指摘されている。
（6）熊賢君『中国教育行政史』（華中理工大学出版社、一九九六年一月）、三六四〜三七三頁。
（7）池田誠・安井三吉・副島昭一・西村成雄『図説　中国近現代史』（法律文化社、一九八八年六月）、九六頁。
（8）前掲（3）、田著、二九七〜三〇〇頁。
（9）前掲（3）、田著、二九六頁。
（10）齋藤秋男『中国現代教育史――中国革命の教育構造――』（田畑書店、一九七三年十一月）、二二一〜二二三頁。前掲（3）、阿部著、二四四〜二五一頁、あるいは二七七頁。
（11）高田幸男「小林善文著『中国近代教育の普及と改革に関する研究』」、アジア教育史学会編『アジア教育史研究』第一二号（アジア教育史学会、二〇〇三年三月）。
（12）三羽光彦『六・三・三制の成立』（法律文化社、一九九九年五月）、五頁。
（13）李華興主編『民国教育史』（上海教育出版社、一九九七年）、一二五〜一五二頁。前掲（3）、田著、二二八〜二三二頁。
（14）前掲（3）、阿部著、二四四〜二五一頁、あるいは二七七頁。謝長法『借鑑与融合――留米学生抗戦前教育活動研究――』

（河北教育出版社、二〇〇一年九月）、八八～一三一頁。阿部洋『「対支文化事業」の研究――戦前期日中教育文化交流の展開と挫折――』（汲古書院、二〇〇四年一月）、九九三～九九五頁。

(15) 前掲（10）、齋藤著、二二一～二二七頁。

(16) 銭曼倩・金林祥主編『中国近代学制比較研究』（広東教育出版社、一九九六年十一月）、二一五～二七七頁。

(17) 張傳平『教育会社与中国教育近代化』（浙江大学出版社、二〇〇二年六月）、一九六～二二九頁。

(18) 前掲（17）、二三一頁。また、前掲（3）、田著、二九六～二九七頁でも同様に解釈されている。

(19) 王倫信『清末民国時期中学教育研究』（華東師範大学出版社、二〇〇二年十月）、五六～六〇頁。小林善文『中国近代教育の普及と改革に関する研究』（汲古書院、二〇〇二年十二月）、一一五～一一六頁。

(20) 金子肇「近代中国政治史研究と文書史料――中華民国期を対照に――」、広島史学研究会編『史學研究』第二四〇號（広島史学研究会、二〇〇三年六月）。

第一章　六・三・三制導入以前の学制

一九一二年初頭、中華民国が成立して南京に臨時政府が組織されたとき、従前の学部は教育部に改められた。まもなく同年三月、大総統の地位が孫文から袁世凱に譲り渡されることとなり、中央政府は北京におかれることになった。これにともない教育部も、北京に移転となった。初代教育部総長は蔡元培（一八六八～一九四〇）であった。当初、教育部官制は完備されておらず、その後、幾度か改訂され、ようやくこれが完備されるのは一九一四年七月、湯化龍（一八七四～一九一八）が教育部総長に就任した時である。こうした教育部の設置過程については第二節で詳しく述べることにして、まずは一九一二年九月に公布された新しい学制について述べておこう。

第一節　壬子・癸丑学制

(1)　壬子・癸丑学制の制定

新しい学制は、一九一二年七月に開かれた臨時教育会議で審議された。この会議は、蔡元培教育部総長により各省の教育界の人物が北京に集められ、開かれた会議であった。ここで、新しい学制は作られた。新しく作られた学制は、一九一二年九月三日に教育部令第七号として公布され、壬子学制と呼ばれた。ここでまず、壬子学制をみてみよう。図１－１に示した通りである。

図１－１は、見ての通り学校系統図である。学校系統図には九ヶ条の説明が添えられ、このうち七ヶ条で各種学校の修業年限や入学資格などが示された。この七ヶ条の内容[1]は、

- 小学校は四年間とし、義務教育とする。卒業後は高等小学校、あるいは実業学校に入学できる。

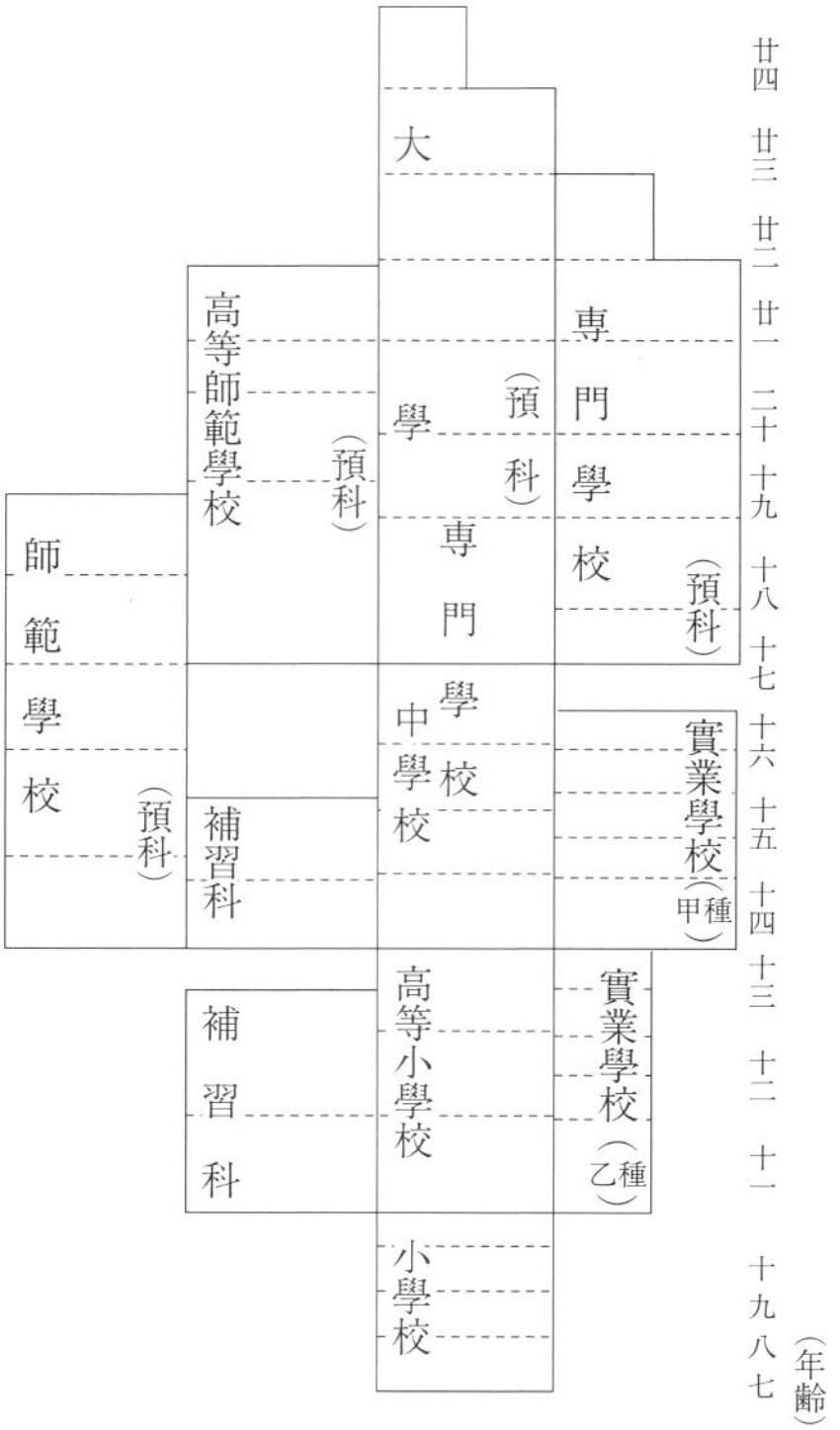

図１－１　壬子学制（学校系統図）

- 高等小学校は三年間とし、卒業後は中学校、あるいは師範学校、あるいは実業学校に入学できる。

小学校および高等小学校には補習科を設置し、卒業生が他の学校に入学したい場合の補習を行う。学科は職業上の準備を兼ねる。いずれも二年間で卒業する。

- 中学校は四年間とし、卒業後は大学、あるいは専門学校、あるいは高等師範学校に入学できる。
- 大学は、本科は三年間、あるいは四年間とし、予科は三年間とする。
- 師範学校は、本科は四年間とし、予科は一年間とする。高等師範学校は、本科は三年間、予科は一年間とする。
- 実業学校は甲乙の二種類に分け、いずれも三年間とする。

・専門学校は、本科は三年間、あるいは四年間とし、予科は一年間とする。

というようなものであった。このように、壬子学制は学校系統図に加え、各種学校の修業年限や入学資格、あるいは義務教育年限を示しただけの学制であった。

これ以降一九一三年にかけて、小学校令や中学校令など各種学校令が次々と公布されることとなった。『近代支那教育史』の著者である陳青之は、各種学校令は「前項の学制とは各々幾分の出入があったために、それを総合して一系統を立てたものを壬子癸丑の学制といっている」と述べている。(2) 壬子学制と各種学校令が総合されることで誕生したのが、壬子・癸丑学制であったといえよう。

(2) 壬子・癸丑学制の初等・中等教育段階

壬子・癸丑学制を示した学校系統図は、教育部により公布されることはなかったと考えられる。(3) しかし、中国近代教育史の研究者によって独自に作成されたものがあり、それにより幾つかみることは可能である。ここでは『近代支那教育史』に所載のものを紹介しておこう。(4) 図１－２に示した通りである。これをみると、先にみた壬子学制に比べて、より詳細な図になっていることがわかる。各種学校令が反映された結果であろう。六・三・三制導入以前の学制は、このような形をしていたのである。

ここからは、本書での課題に即して各種学校令のうち次の三つを取り上げて概観しておくこととする。すなわち、小学校令、中学校令、実業学校令の三つである。

① 小学校令

小学校令は、一九一二年九月二十八日、教育部令として公布され、全四七条からなり、総綱、設置、教科および

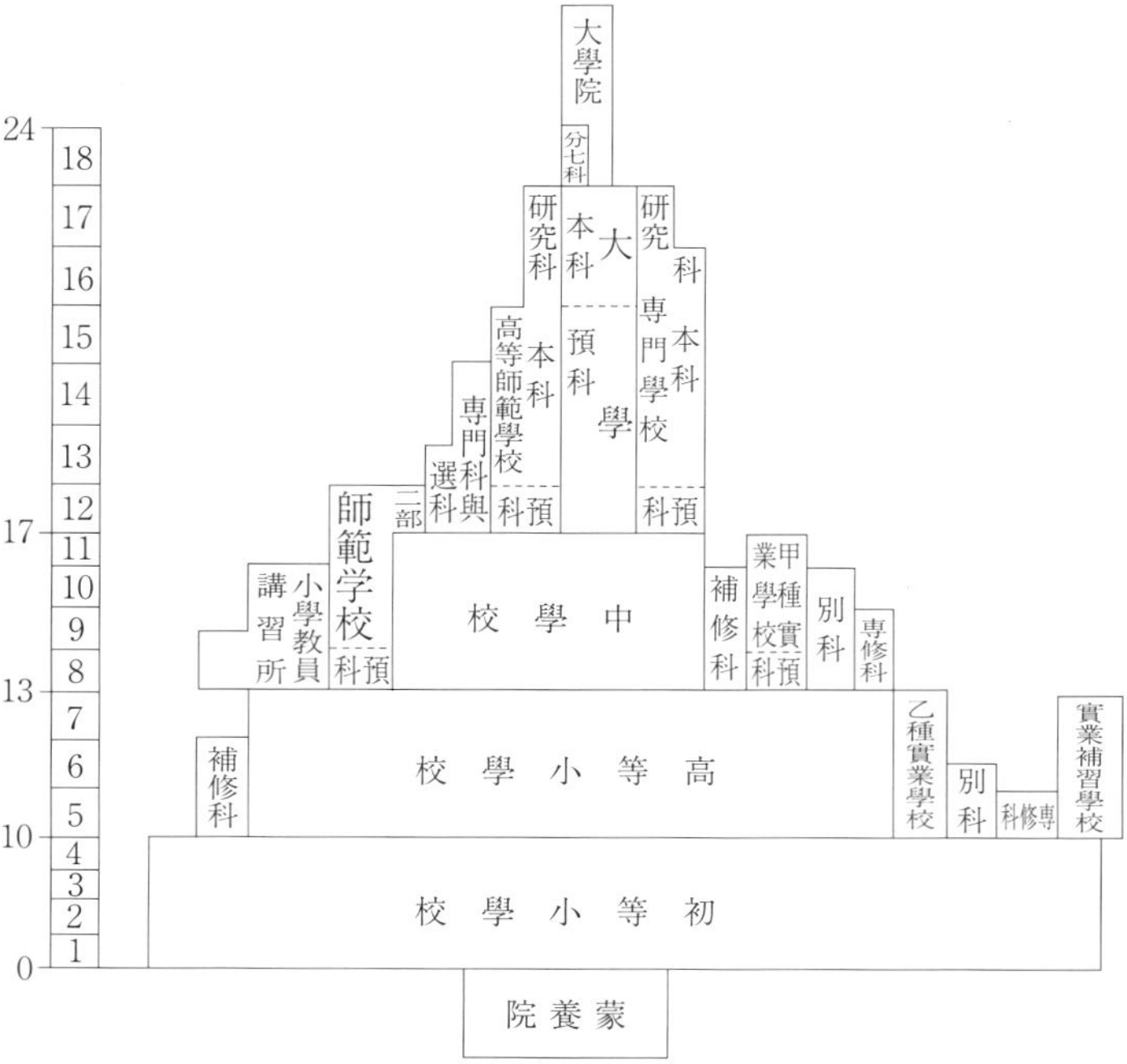

図1－2 壬子・癸丑学制

編制など九つの章に分類されていた[5]。大要は、以下の通りである。①小学校は「児童の身心の発育に留意し、国民道徳の基礎を養い、ならびに生活必需の知識と技能を授ける」ことをその目的とする。②小学校は初等と高等の二段階に分けられ、初等小学校は城立、鎮立、郷立により、高等小学校は県立により設立する。③修業年限は、初等小学校は四年間、高等小学校は三年間とする。④初等小学校の科目は、修身、国文、算術、手工、図画、唱歌、体操など七科目とする。このほか女子には裁縫を加える。高等小学校の科目は、修身、国文、算術、本国歴史、地理、理科、手工、図画、唱歌、体操など一〇科目とする。このほか男子には農業を、女子には裁縫を加える。ただし高等小学校は、地方の状況によって農業を商業に改めてもよいし、あるいは英語を加えてもよい。⑤小学校に補修科を設置できる。⑥児童は六歳の翌日より満一四歳までの八年間を学齢期とし、学齢期に達した児童は必ず初等小学校に入学して教育を受けなければならない。

②　中学校令

中学校令も、一九一二年九月二十八日に公布された[6]。中学校令は、教育部令第一三号として公布され、全一六条からなっていた。一九一二年十二月二日には、中学校令施行規則も教育部令第二八号として公布され、全五二条からなり、学科および程度、学年学期休業日教授日数および典礼日など八つの章に分類されていた[7]。これらを合わせてみると、要点は以下の通りとなる。①中学校の目的は「普通教育を完成し、健全な国民を養成する」ことにある。②中学校の設立は省立を原則とし、県立は例外とする。省によって設立されたものを省立中学校と称し、経費は省経費から支給される。また県によって設立されたものを県立中学校と称し、経費は県経費から支給される。女子のみを教える中学校は女子中学校と称する。③中学校の修業年限は四年間とする。④中学校の科目は、修身、国文、外国語、歴史、地理、数学、博物、物理、化学、法制、経済、図画、手工、楽歌、体操など一五科目とする。女子中学校の場合、家事、園芸、裁縫を加えるが、このうち園芸は欠くこともできる。⑤第一学年の毎週の授業時間は三二時間、第二学年は三三時間、第三、第四の両学年は三四時間とする。⑥中学校の入学資格は、高等小学校卒業生か、これと同等の学力のある者でなければならない。

③　実業学校令

実業学校令は、右の小学校令や中学校令の公布に遅れること、およそ一年後の一九一三年八月四日に教育部令第三三号として公布され、全一一条からなっていた[8]。同日には、実業学校規程も教育部令第三五号として公布され、全六〇条からなり、通則、農業学校、工業学校、商業学校など七つの章に分類されていた[9]。

実業学校令によれば、実業学校は「農工商業に必須の知識と技能を授ける」ことをその目的とし、「甲種実業学校は完全な普通実業教育を施し、乙種実業学校は簡易な普通実業教育を施す」こととなっている。先に示した壬子・癸丑学制の学校系統図（図1－2）をみてもわかるように、甲種実業学校は中学校の程度、乙種実業学校は高等小学校の程度に等しい。

まず、乙種実業学校についてまとめてみよう。①乙種実業学校は県立が原則とされ、城鎮郷ないし私人の設立も許される。②農業、工業、商業、商船の四種類に分けられ、いずれも三年制とする。③乙種農業学校はさらに農学科、蠶学科、水産科などの科に、工業学校はさらに金工科、木工科、籐竹工科、染織科、窯業科、漆工科に分けられ、商業学校は科に分けられず、商船学校はさらに航海科と機関科とに分けられる。④農業学校の一般科目は、修身、国文、数学、博物、理化大意、体操、実習で、さらに地理、歴史、経済、図画などの科目を斟酌して加えてもよい。工業学校の一般科目は、経済、図画、外国語のほかは農業学校と同様である。商業学校の一般科目は、修身、国文、数学、地理、簿記、商事要項、体操で、さらに他の科目を斟酌して加えてもよい。商船学校の一般科目は、修身、国文、数学、体操で、さらに他の科目を酌量の上、加えてもかまわない。その他、各種学校とも、科ごとに専門的な科目を設けている。⑤入学資格は、一二歳以上の初等小学校卒業の学力を有する者でなければならない。

次に、甲種実業学校についてまとめてみよう。①甲種実業学校は省立が原則とされ、農業、工業、商業、商船の四種類に分けられる。これらのいずれにも予科と本科とがあり、予科は一年間、本科は三年間で卒業する。②甲種農業学校予科の科目は、修身、国文、数学、理科、図画、体操である。工業学校予科の科目は、外国語が加わるほかは農業学校予科と同様である。商業学校予科の科目は、地理と歴史を斟酌して加える以外は工業学校予科と同様である。商船学校予科の科目も工業学校予科とほぼ同じである。③甲種農業学校本科は、農学科、森林学科、獣医学科、蠶学科、水産学科に分かれ、一般科目は修身、国文、数学、理科、図画、体操で、さらに歴史、地理、外国語、唱歌などの科目を斟酌して加えてもよい。工業学校本科は、金工科、木工科、電気科、染織科、応用化学科、窰業科、鉱業科、漆工科、図案絵画科に分かれ、一般科目は農業学校の科目と同様である。商業学校本科は、科に分けられず、一般科目は修身、国文、数学、外国語、地理、歴史、理科、法制、経済、簿記、商品、商事要項、商業実践、体操で、さらにその他の科目を斟酌して加えてもよい。商船学校本科は、航海科と機関科に分かれ、一般科目は農業学校や工業学校と同じである。④予科の入学資格は、一四歳以上の高等小学校卒業程度の学力を有する者であり、本科には予科から進級する。予科は科に分けられていないが、本科に入ると幾つかの科に分けられる。

以上、壬子・癸丑学制の小学校令、中学校令、実業学校令の概要をみてきたが、この学制は、教育段階でみれば、まず小学校では四年制初等小学校と三年制高等小学校の二段階に分けられ、次に実業学校では三年制高等小学校と同程度の乙種実業学校と四年制中学校と同程度の甲種実業学校の二段階に分けられていた。

また系統別でみれば、まず大学や専門学校に接続する初等小学校から中学校までの普通教育の系統があり、そしてこれとは別に初等小学校から接続する乙種実業学校や高等小学校から接続する甲種実業学校など実業教育の系統があり、さらにいえば本節では取り上げなかったが師範教育の系統もあり、大きく三つの系統に分けられていた。

このように壬子・癸丑学制の初等・中等教育段階は、初等小学校の上の段階から系統が分かれており、ひとことでいえば四・三・四制分岐型であったとみられる。

第二節　教育部の設置

前節では、六・三・三制導入以前の学制を概観したが、本節では、中華民国北京政府期の教育部に焦点をあて、その設置過程と人員に着目しておきたい。特に袁世凱政権期（一九一二年三月〜一九一六年六月）の教育部に絞って分析を試みる。中国近代教育史研究においてこの時期の教育部については不明な点が多く、これを明らかにすることは中華民国北京政府期の学制史をみる上で必要なことと思われる。

袁世凱が臨時大総統に就任した後、一九一二年三月二十二日に北京で、南北統一政府が成立した。近年、この南北統一政府は北京政府と呼ばれ、中華民国前期（一九一二〜二八年）の政府として通称されている。これは北京政権ともいう[10]。本節では便宜上、北京政府成立以前の政府を南京臨時政府と呼び、袁世凱政権が終わるまでを袁世凱政権期と呼ぶことにする。

従来、この北京政府の教育政策は「不熱心だった」や「袁世凱の復古主義政策とイメージが重なってくる」と評価されてきた[11]。しかし、袁世凱政権期の教育政策については「実際においてどの程度具現化したかは疑問」だとしつつも、その「教育的努力」を認め、「兎も角も新しき方向に進んだ」との評価もある[12]。一方で、「閑職」であったという見方もある[13]。さらに、前者の評価は、従来の一面的な史観に基づいていたり史料的制約のもとでなされていたりするので不十分であるといった批判にも晒されている[14]。では、実際に「不熱心」であり「閑職」であったのだろうか。また、「復古」的であったのだろうか。

前者についていえば、中華民国という新国家誕生に伴う人材育成に対し、「不熱心」であり「閑職」であったとは考えにくい。また、後者についていえば、袁世凱の権力確立過程について、その原因を従来のように「袁世凱個人の資質や欲望にのみ帰してしまう」ことは一面的だとして、その過程を「強い中国への追求」過程の一面として捉える見方が提示されている[15]。このような見方をも考慮するならば、袁世凱政権期の教育政策を再検討しておく必要があろう。要するに、「強い中国への追求」という側面が教育政策にもあったのではないかという仮説が成立するのである。さらにいえば、袁世凱政権期の教育政策について論じたものは通史的に述べられたものが多く、その意味で俯瞰的観察の域を超えていない[16]。再検討の余地があるならば管見の限り見当たらない細部に対する観察の積み重ねが求められよう。

そこで本節では、教育部の設置過程と人員の配置に焦点をあてることにより、「不熱心」であり「閑職」であったとの評価が袁世凱政権期の教育政策の評価として妥当なのかどうか検討したい。まず、一九一四年の教育部官制公布までの経緯に着目し、その設置過程について法令法規を基にみていく。続いて、袁世凱政権期の教育部に配置された人員に着目し、その配置の特徴をみていく。教育部の設置過程と人員の配置を明らかにすることで、袁世凱政権期の教育政策に対する従来の一面的な評価に新しい視点を加えることが可能となるであろう。

（1）教育部官制の公布

一九一四年七月十日、中央教育行政機関としての教育部の組織の在り方や職務内容を規定した教育部官制が公布された。しかし、公布までの過程をみると、そこには度重なる修正が加えられたことがわかる。ここでは、主として教育部に関する法令法規によりながら、教育部の設置過程を分析する。

①　南京臨時政府の教育部構想

一九一二年一月三日、臨時大総統孫文は南京臨時政府を組織し、教育総長として蔡元培を任命した。同年一月九日、南京に教育部が設置された[17]。南京臨時政府の教育部は教育部組織の構想として民国教育部官職令草案（以下、草案）を作った[18]。この草案で、教育部には承政庁の他、普通教育司、専門教育司、実業教育司、社会教育司、礼教司、蒙藏教育司の六つの教育司が置かれた。これら承政庁、各教育司には各職務内容が規定される一方、承政庁には秘書長、秘書、編纂科長、会計科長、参事などが置かれ、各教育司には司長および科長が置かれた[19]。さらに、教育部人員として視学員、編纂員および技師、技手が置かれた。しかし、南京臨時政府の教育部は「総次長以下、事にあたる人員はわずかであり、司長、科長は名目に過ぎない」状況であった[20]。つまり、南京臨時政府の教育部は、組織の整備を目指して組織の在り方や職務内容の規程を図りつつも、実態としては人員不足であったとみられる。しかも、職務内容は承政庁、各教育司レベルのものに留まっていた。さらにいえば、清末学部官制に明言された「全国学務総攬」のように、その権限を全国に及ぼす意思を象徴する文言がこの草案にはなかった[21]。したがって南京臨時政府の教育部は、組織的に未成熟であったばかりでなく、教育政策の全国展開という意思が曖昧であったといえよう。

② 北京政府成立時の教育部

一九一二年三月二十二日、北京に南北統一政府の北京政府が成立した。これにより、蔡元培は南京臨時政府の教育部をひとまず解散させ、北京政府下に組織される予定の教育部への引き継ぎを待った[22]。同年三月三十日、袁世凱臨時大総統令により、蔡元培は北京政府の教育総長に任命された[23]。同年四月二十六日、彼は、四月八日にすでに同次長に任命されていた清末学部に詳しい范源濂（一八七六〜一九二七）と共に執務に就き、清末学部の人員数名と事務を接収した[24]。ここに北京政府の教育部が設置された。前述した草案に基づいて比較すると、教育部は主に次の四点について改編を行ったことがわかる[25]。

1　一つの庁（承政庁）、三つの教育司（普通教育司、専門教育司、社会教育司）に整理・統合し、それぞれに科や処（承政庁には四つの科と二つの処、普通教育司には五つの科、専門教育司には二つの科、社会教育司には三つの科）を設置し、組織としての合理化を図った。

2　草案での実業教育司を廃止し、その職務を普通教育司第四科に担わせた。

3　草案での礼教司を廃止し、その職務を社会教育司第一科に担わせた。

4　蒙藏教育司を廃止し、その職務を普通教育司第五科に担わせた。

北京政府成立時の教育部は清末学部の人員と事務を接収することで、南京臨時政府の教育部において不十分であった人員の配置に対応した。さらに、南京臨時政府の教育部に比べ、組織としての一層の合理化を図った。つまり、北京政府成立時の教育部は清末学部と南京臨時政府の教育部が一部合体して成立したのである。さらにいえば、接収という形で人員不足を補うことによって各科や各処への人員配置が行われ、承政庁や各教育司における職務の分担化が進み、組織の細分化が促進されたのである。

③　度重なる教育部官制の修正

一九一二年八月二日、北京政府成立時の教育部は改組された。それは、袁世凱臨時大総統令として公布された参議院議決修正教育部官制（以下、修正教育部官制）にみることができる[26]。修正教育部官制を南京臨時政府の教育部が作った草案や北京政府成立時の教育部官制に照らし、修正された点に着目すると主に次の六点にまとめることができる。

1　草案に規定されていた教育総長による礼教事務の管理規程がなくなった。これは、一九一二年五月、典礼院が内務部に属したためと考えられる[27]。

2　草案では不明確であった教育総長による全国学校の監督規程が明示された。これは前述した清末学部の「全国学務総攬」に似て、中央政府レベルから発信する教育政策の浸透を図るために必要な規程であり、中央教育行政機関としての教育部の存在感を顕わしたものとして注目される。

3　承政庁が総務庁に改称された。

4　草案では教育総長が承政庁および各教育司の事務の分担を決定するとなっていたが、修正教育部官制ではその規程がなくなった。これは、草案で未配分であった職務内容が総務庁および各教育司にほぼ分担され尽くしたためと考えられる。

5　総務庁が文書科、会計科、統計科、庶務科の四つの科と、従来の編纂処、審査処に加え新しく秘書処が設置され、三つの処に改変された(28)。

6　専門教育司第三科が新しく設置され、宗教礼俗を担当していた社会教育司第一科は前述した典礼院の内務部への移行に伴い廃止された(29)。

修正教育部官制の公布以降も変更や追加を伴いながら、総務庁や各教育司の各職務内容は各科レベルにおいて分担されていった。それは、教育部が公布した三回にわたる分科規程に明らかである。分科規程は、一九一二年十二月二十日、一九一三年十一月二十五日、一九一四年一月に随時公布された(30)。これらの分科規程をみると、草案や修正教育部官制で示された職務が総務庁や各教育司の各科へ次々と配分されたことが明白である。三回にわたる分科規程の公布により、総務庁や各教育司への職務分担から各科への職務分担へと整備は進み、組織の細分化が一層図られたといえる。

④　**教育部組織の確立**

度重なる修正を踏まえ、一九一三年十二月、教育部は修正教育部官制案を公布した(31)。そして、一九一四年七月十日、修正を冠しない教育部官制が遂に公布され、北京政府の教育部組織が確立された(32)。この教育部官制は前述した修正教育部官制、あるいは三回にわたる分科規程をほぼ踏襲したものであるが、いくつか注目すべき点がある。まず注目されるのは、教育部が大総統直属機関になったことである。これに先立ち、一九一四年五月、中華民国約法が制定された。それは袁世凱の権力基盤を強化するために制定され、立法府に対して行政府を優位とした憲法であった(33)。これが大総統直属機関としての教育部の誕生を可能にしたと考えられる。さらに注目されるのは、教育総長が大総統に直接任命されることになったことである。教育部官制公布以降の教育部から発信される種々の教育政策が袁世凱の教育意思を無視できないものになったことが窺える。また、教育総長が各省巡按使および各地方最高行政長官の主管事務執行に対し、監督指示の責任を負うことになったと同時に、その主管事務について彼らによる命令あるいは処分が法令違反あるいは越権であると認められた場合に、大総統にその地位の剝奪を申請することが可能となったことにも注目すべきである。このことは、北京政府の教育部が地方に対する中央教育行政機関としての存在感を一層顕わしたことを意味している。

度重なる修正によって、教育部は徐々に中央教育行政機関としての存在感を顕わにし、遂には大総統直属機関となった。さらに、地方教育行政に対する権限をもつかんだ。修正教育部官制にある全国学校の監督規程をどのように具体化していくか。教育部官制は各省巡按使や各地方最高行政長官に地方教育行政の執行権を握らせつつ、大総統との結びつきを強めた教育総長にその監督権を握らせるという形をとった。教育総長の権限を強めることで中央政府レベルの教育政策を展開する基盤を築いたとみられる。

一方、度重なる修正は組織の細分化の過程でもあった。草案では職務内容が示され、修正教育部官制では総務庁や各教育司への職務分担が進み、教育部官制に至るまでには三回にわたる分科規程が公布され、各科への職務分担が達成された。教育部組織の細分化の過程は、各職務に適した人員の配置を実現するための必要不可欠な整備だったとみられる。

教育部官制は、一九二五年七月、広州に国民政府が成立するまで続いた(34)。このことから、教育部官制をもって北京政府の教育部の設置が達成されたといっても過言ではない。つまり、袁世凱政権期において教育部は確立されたのである。また、教育部官制公布までの度重なる修正は、教育部の強化を進めた過程と受け取ることもできる。であるならば、それは「強い中国への追求」という側面に通じる要素を十分にもっていたといえよう。

（２）人員の配置とその特徴

では、袁世凱政権期の教育部にはどのような人員が配置されたのだろうか。ここでは、袁世凱政権期の教育部人員の特徴を見出すために、北京政府成立時の教育部人員と、それ以降、一九一六年六月までの教育部人員の変遷を辿る。

①　北京政府成立時の教育部人員

南京臨時政府の教育部総長を任された蔡元培は、北京政府の教育部が組織された際に南京臨時政府の教育部人員を移行するために三三名を推薦した[35]。同年三月三十日、北京政府の教育部総長に任命された蔡元培は、同年四月二十六日、清末学部事務を接収すると共に、北京政府の教育部人員として清末学部人員一八名を任命した[36]。北京政府成立時の教育部人員を示したものが表１－１である。

人員七五名のうち四二名の出自について判明した。南京臨時政府の教育部からの移行人員として推薦された三三名のうち、実際に北京政府成立時の教育部人員として移行したのは蔡元培を含めて一一名であった[37]。一方、判明した三九名のうち半分以上の二七名が清末学部に関わった経験があった。これらのことから、南京臨時政府の教育部人員と清末学部人員との混成によって北京政府成立時の教育部が成立したことや清末学部に関わった進士、挙人の資格をもつ伝統的エリートが少なからず存在したことがわかる。また、判明した三九名のうち一八名が日本留学組で、四名が日本以外への留学組であった。日本に留学し、近代国家の形成を目の当たりにした日本留学組が中華民国建国当初の中央政府レベルの教育政策に携わったことを確認できる。

②　袁世凱政権期の教育部人員の変動とその特徴

次に、袁世凱政権期の教育部人員の変動を検討する。袁世凱政権期の教育部人員の変動を表１－２に示した。表１－２に示すことができたのは教育部の要職に配置された人員のみである。一目していえることは人事が頻繁

表1－1　北京政府成立時の教育部人員

（総長）		*蔡元培*					
（次長）		范源濂					
（参事）		**鐘観光**	馬隣翼	**蒋維喬**			
（秘書長）		**董鴻禕**					
（承政庁）	（文書科）	呉震春	陳應忠	趙允元	劉唐劭	崇　貴	陳　奇
	（会計科）	厳葆誠	陳問咸	李廷瑛	柯興昌	興　安	
	（統計科）	顧　澄	陳　簡	趙用霖	徳　啓		
	（建築科）	*貝壽同*	范鴻泰	趙世喧			
	（編纂処）	*顧兆熊*	**湯　中**	張軼欧	常福元		
	（審査処）	白作霖	林啓一	陳懋治	高歩瀛	毛邦偉	
（普通教育司長）		袁希濤					
（普通教育司各科）	（第一科）	**許壽裳**	劉寶慈	呉思訓	胡　予		
	（第二科）	陳清震	**謝　冰**	楊乃康	張鼎筌		
	（第三科）	張邦華	伍崇学	談錫恩	李寶圭		
	（第四科）	洪思蓉	陳文哲	王家駒	楊　華		
	（第五科）	徐敬熙	桂詩成				
（専門教育司長）		林　棨					
（専門教育司各科）	（第一科）	**王之瑞**	劉家愉	楊曽誥	蒋履曽	秦錫銘	
	（第二科）	路考植	曹典球	*王煥文*	程良楷	王季點	
（社会教育司長）		夏曽佑					
（社会教育司各科）	（第一科）	沈彭年	樊炳清	**冀貢泉**			
	（第二科）	周樹人	**胡朝梁**	許丹游	洪　度		
	（第三科）	**伍　達**	王章祜	齋宗頤	徐協貞		

出典：教育雑誌社編「記事」『教育雑誌』第4巻第3号，商務印書館，1912年，15～16頁。支那研究会『最新支那官紳録』支那研究会，1919年。外務省情報部『改訂　現代支那人名鑑』東亜同文会調査編纂部，1928年。外務省情報部『現代中華民国満州帝国人名鑑　昭和12年版』東亜同文会，1937年。橋川時雄編『中国文化界人物総鑑』中華法令編印舘，1940年。以上，5点をもとに筆者作成。

注：南京臨時政府の教育部からの移行人員11名をゴシック体で表記した。

清末の学部から接収された人員14名に下線を引き，それ以外の学部関係者に囲み線を引いた。

日本留学組には網かけをし，日本以外の地域への留学組は斜体で表記した。

職務名は北京政府成立時の教育部で使用されたものである。

表1－2　袁世凱政権期の教育部人員の変動

1912年（民国元年）3月以降

（総長）	*蔡元培*	（3月30日任命，7月14日辞任）	范源濂	（7月16日代行，7月26日任命）
（次長）	范源濂	（4月8日任命，7月26日免職）	**董鴻禕**	（7月29日任命）
（参事）	**鐘観光**	（5月3日任命）	馬隣翼	（5月3日任命）
	蒋維喬	（5月3日任命）	**湯中**	（8月21日任命）
	王桐齢	（9月24日任命）		
（普通教育司長）	袁希濤	（5月3日任命）		
（専門教育司長）	林棨	（5月3日任命）		
（社会教育司長）	夏曽佑	（5月3日任命）		

1913年（民国2年）

（総長）	范源濂	（1月28日辞任）	*劉冠雄*	（1月28日兼職代行，3月19日免職）
	陳振先	（3月19日兼職代行，5月1日免職）	**董鴻禕**	（5月1日代行）
	汪大燮	（9月11日任命）		
（次長）	**董鴻禕**			
（参事）	**鐘観光**	（4月30日免職，5月17日任命，10月30日免職）	蒋維喬	（4月30日免職，5月17日代行，10月30日免職）
	湯中	（4月30日免職，5月17日代行，10月30日免職）	王桐齢	（4月30日免職）
	楊曾誥	（5月17日代行）	王振先	（10月30日任命）
	許壽裳	（10月30日任命）		
（普通教育司長）	陳清震	（10月30日任命）		
（専門教育司長）	**湯中**	（10月30日任命）		
（社会教育司長）	夏曽佑			

1914年（民国3年）

（総長）	汪大燮	（2月20日免職）	厳修	（2月20日任命されるが未着任）
	蔡儒楷	（暫定代行）	**湯化龍**	（5月1日任命）
（次長）	**董鴻禕**	（5月7日移動）	梁善済	（5月7日任命）
（参事）	王振先		**許壽裳**	
	湯中	（4月4日代行）	易克皋	（日時不明，兼職代行）
（普通教育司長）	陳清震			
（専門教育司長）	**湯中**		易克皋	（9月4日代行）
（社会教育司長）	夏曽佑			

1915年（民国4年）

（総長）	**湯化龍**	（9月10日休暇，10月5日辞任）	章宗祥	（暫定代行）
	張一麐	（10月5日任命）		
（次長）	梁善済	（10月19日辞任）	袁希濤	（10月19日任命）
（参事）	王振先	（2月19日免職）	**湯中**	
	易克皋	（2月28日免職）	**許壽裳**	
	覃壽堃	（2月28日任命）		
（普通教育司長）	伍崇学	（3月21日任命）		
（専門教育司長）	易克皋	（2月28日任命）		
（社会教育司長）	夏曽佑	（7月31日免職）	高歩瀛	（7月31日任命）

1916年6月（民国5年，但し3月21日まで洪憲元年）まで

（総長）	張一麐	（4月23日免職）	張国淦	（4月23日任命，6月30日辞任）
（次長）	袁希濤	（6月21日免職）		
（参事）	**許壽裳**		**湯中**	
	覃壽堃			
（普通教育司長）	**伍崇学**			
（専門教育司長）	易克皋			
（社会教育司長）	高歩瀛			

出典：劉壽林編『辛亥以後十七年職官年表』文海出版社，1974年，39頁をもとに筆者作成。
注：ここでの表記方法は表1－1と同じである。

に行われたことである。人事の交替の繰り返しの原因は多岐にわたると考えられるが、袁世凱の権力基盤の確立に違和感をもち教育部から離反したメンバーが存在したことがその一つであろう。実際に、袁世凱政権期の教育部の人材としてキーとなる人物が交替している。例えば、范源濂と湯化龍の両教育総長である。

一九一五年秋、彼らは袁世凱による帝政への動きを阻止するべく行動を起こした[38]。教育総長を辞任した時期は違うが、袁世凱の権力基盤の確立に違和感をもち辞任したという点では二人とも同じであった。范源濂教育総長時代には中央臨時教育会議が開かれ[39]、この会議で議決を経た各種教育法令法規が教育部令として、ほぼ一九一二～一三年のうちに公布された。また、湯化龍教育総長時代は袁世凱政権期において最も長期にわたる。この時期は、憲法上、袁世凱の権力基盤が強化された時期でもある。先にみた教育部官制の公布をはじめ、一九一五年一月の大総統特定教育綱要の公布、中央臨時教育会議後に公布の教育宗旨を批判した同年二月の教育宗旨の公布、さらに、国民教育の充実と義務教育の普及を強調した大総統申令の発令、およびその実現に向けて教育部が擬定した同年四月三十日の義務教育施行程序などが、湯化龍教育総長時代の成果である。しかしながら、范源濂も湯化龍も袁世凱の帝政への動きに抵抗を示し、袁世凱打倒に傾斜していく。袁世凱の権力基盤の確立への動きが范源濂と湯化龍の離反を招いたことは、袁世凱政権期の教育部における人事の不安定要因を示唆するものである。

一方、表１－２からわかるように、教育部の要職に配置され続けた人員がいたことも見落とせない。湯中（一八八二～不明）、許壽裳（一八八二～不明）、袁希濤（一八六五～不明）などである。湯中は、途中、専門教育司長を務めるが、大半は参事を務めている。参事は教育部から発せられる法律、命令を起草した。彼は日本大学法科を卒業し、教育関係の法令法規に通じた[40]。許壽裳は、表１－１からわかるように、北京政府成立時の教育部では教育部専門教育司第一科の科員であった。その後、湯中と同様、一貫して参事を務めている。彼は東京高等師範学校地理歴史科を卒業した。袁希濤は、普通教育司長を辞任し、一九一三～一四年の二年間、視学として各省の教育事情を視察した。一九一五年には教育次長に任命され、その後も一貫して教育に身を挺し、第三章や第六章で述べるように、新学制の制定にあたり大きな役割を果たすこととなる。

その他、四年間、社会教育司長を務め、「中国歴史教科書」の編纂経験がある夏曽佑、日本留学経験者の高歩瀛や伍崇学などが注目される人員である。また、表1－1の建築科に配置されたアメリカ留学経験者の貝壽同や日本留学経験者の趙世喧らは留学先で工学を学んでいる。それゆえ、建築科に配置されたことは想像に難くない。湯中をも含め、彼らの配置からは専門知識をもった人員の配置に努めた教育部の姿をみることができる。

総じていえるのは、目まぐるしく交替した人事にもかかわらず、いわゆる伝統的エリート、近代国家の形成を目の当たりにした日本留学経験者、専門知識を取得した専門知識人といった有能な人材を配置しようと努めていたことである。さらに、湯中のように、一貫して教育部に属して教育政策に関わり続けた人員がいたことにも注目しておくべきであろう。

第三節　四年制国民学校構想

前節でみてきたように、袁世凱政権期の教育部は、清末学部人員と中華民国建国当初の南京臨時政府の教育部人員とが合同したものである。教育部の組織の在り方や職務内容の規定は、一九一四年七月の教育部官制公布に至るまで度重なる修正があった。その試行錯誤は中央教育行政機関としての教育部の確立と職務内容の分担による細分化を達成するための必然的なプロセスだったとみることができる。さらに、教育部の強化を進める過程としてみることも可能で、「強い中国への追求」という側面を想起させるだけの要素をもっている。一方、度重なる修正に並行して、教育部に配置された人員は頻繁に交替し、安定した人事には程遠かった。帝政に向けての袁世凱の権力基盤強化が、教育部人員の離反を招き、人事の不安定要因の一つとなったことは否定できない。しかし、袁世凱政権期の教育部には有能かつ多彩な顔ぶれが登場していたし、僅かではあるが一貫して配置され続けた人員も存在したのである。

教育部官制をもって北京政府の教育部組織が確立され、不安定性を有しながらも要職に空白なく有能な人材が配置され続けたことは、袁世凱政権期の教育政策が「不熱心」であり「閑職」であったとの見方を覆す有力な手がかりである。しかも、「強い中国への追求」という側面としてみることも可能である。であるならば、中華民国という国家の形成過程と並行して、袁世凱政権期の教育部が発信した教育政策が具体的にはどのようなものであり、どのように展開されたかという課題に取り組むことは有意義である。

袁世凱政権期の教育政策は、どのように展開されたのか。日本におけるこれまでの中国近代教育史研究によれば、すでに序章でも述べたように「袁世凱政府の反動政策」や「文教反動の嵐」、あるいは「袁世凱の文教反動」と断罪されてきた(41)。その根拠として、おおよそ以下の三点を指摘している。

第一には壬子・癸丑学制において一旦は廃止されていた読経科が、一九一五年七月公布の国民学校令および高等小学校令で復活したこと、第二には一九一五年二月の教育宗旨が、封建的な儒教倫理に基づくこと、第三には一九一五年十一月公布の予備学校令が、初等教育段階に複線型学校系統（国民学校および高等小学校の系統と予備学校の系統）をもちこんだことである。これらの指摘は、現代中国における中国近代教育史研究をみても、日本の場合とほとんど変わらない(42)。

一方で、民国期に『近代支那教育史』を著した陳青之は、袁世凱政権期の教育を国民教育として評価している(43)。しかし彼は、国民教育に関連する袁世凱や湯化龍などによる意見を羅列して、それらを比較するにとどまっている。

ところで先述の三点は、予備学校令の公布を除けば湯化龍が教育総長を務めた時代（以下、湯化龍教育総長時代と略す。一九一四年五月から一九一五年九月までをさす）のことであった[44]。ただし予備学校令の公布を除くとはいっても、本節で論じるようにその公布への経緯は、この湯化龍教育総長時代にみられた。したがってこの時代に対して、一方で教育政策が反動と評価され、他方で国民教育の要素が指摘されていると捉えることができる。

本節では、湯化龍教育総長時代の国民学校に注目する。国民学校が何を意図し、どのように構想され、制度としてどのような特徴をもっていたのかを分析し、国民教育の可能性が存在していたことを明らかにしようとする。周知の通り政治的混乱をきわめた民国初期にあっては、さまざまな国民教育構想が現出したと思われる。そのなかでも、国民学校構想の斬新さに着目する。そのためには、先行研究を踏まえながら、湯化龍教育総長時代における読経科の復活、教育宗旨、初等教育改革を再検討しなければならない。したがって次の手順により、検討していく。①国民学校における読経科を清末の読経講経科と比較し、儒教の位置づけを検討する。②一九一五年二月の教育宗旨に掲げられた愛国の意味を検討し、国民学校のもつ国民像を考察する。③国民学校の制度化過程を分析する。このような再検討を行うことにより、前節に引き続いて袁世凱政権期の教育を再評価すると同時に、民国初年（一九一二年）の初等小学校が国民学校に変えられた意味を考察する。

（1） 国民学校における儒教の利用

① 読経科の復活

『近代支那教育史』を著した陳青之は、民国初期における歴代教育総長の中から自己の主張をもった一人として湯化龍をあげ、国家主義を基調とする国民教育の提唱を彼の特色であるとした。

一九一四年五月一日、湯化龍は教育総長に就任してまもなく、大総統袁世凱に対して国民教育について上申した

（以下、「上申」と略す）[45]。「立国の道については必ず基本があり他国の文物をまねても成功しません。我が国全体に数千年の間に積もった文化と国民を十分に支配する心理とは、最も深い関係にあります。道は原点を探索することです」とその冒頭で述べたように、湯化龍は他国の文物ではなく自国の文化に原点を求めた。そして、立国のための基本を孔子に求めた。その理由は、「我が国教育界が最も激しく論議するのは悪くいえば道徳が堕落しているからであります。さらに、少年がなまけて目標がないということであります」とあるように[46]、国家を支えるはずの国民性に危機感を抱いたからであった。そのため、新しく誕生した中華民国の教育の根本を伝統的な儒教に求めたのであった。

「上申」では、読経科の沿革が紹介されている[47]。沿革は四期に分けられている。一期目は、一九〇四年、近代学制として発足した奏定学堂章程のときである。二期目は、その後の小学堂章程の改革のときである。三期目は、一九一一年に開かれた中央教育会で、経書を選んで修身科の格言とすることが決議されたときである。四期目は、民国に入って小学校における読経講経科が廃止されたときである。こうした沿革に沿って、読経科の復活を検討してみよう。中央教育会で議決されたが、実際には法制化されなかった三期目を除く、一期目、二期目、四期目における初等小学堂および初等小学校の課程表を表したものが表1－3から表1－5までである。

毎週の教授時間数をみると、一期目にはどの学年においても毎週一二時間の読経講経科のあったことがわかる。これに対して、二期目には第三、第四学年においてのみ毎週五時間を教授することとなった。さらに教授内容をみると、一期目には孝経、四書（論語、大学、中庸、孟子）、礼記であったのが[48]、二期目には孝経と論語だけとなった[49]。一期目と二期目とを比べると、毎週の教授時間数も教授内容も大幅に削減されたことがわかる。一方、いうまでもなく四期目には、読経講経科はなかった。

それでは、国民学校になって読経科はどうなったか。一九一五年七月公布の国民学校令に基づき、一九一六年一

表1－3　初等小学堂課程及毎週教授時間表（1904年1月13日）

	第1学年	第2学年	第3学年	第4学年	第5学年
	毎週教授時間	毎週教授時間	毎週教授時間	毎週教授時間	毎週教授時間
修身	2	2	2	2	2
読経講経	**12**	**12**	**12**	**12**	**12**
中国文字	4	4	4	4	4
算術	6	6	6	6	6
歴史	1	1	1	1	1
地理	1	1	1	1	1
格致	1	1	1	1	1
体操	3	3	3	3	3
合計	30	30	30	30	30

注：「1904年1月13日奏定初等小學堂章程」『奏定學堂章程・初等小學堂章程』湖北学務処本，1～26頁。朱有瓛主編『中国近代学制史料』第二集上冊（華東師範大学出版社，1987年6月），179～182頁に所収のものを基にして筆者作成。

表1－4　初等小学堂課程及毎週教授時間表（1910年12月30日）

	第1学年	第2学年	第3学年	第4学年
	毎週教授時間	毎週教授時間	毎週教授時間	毎週教授時間
修身	2	2	2	2
読経講経			**5**	**5**
国文	14	14	15	15
算術	4	4	5	5
体操	4	4	3	3
図画				
手工				
楽歌				
合計	24	24	30	30

注：「1910年12月30日學部奏改訂両等小學堂課程折」『大清教育新法令』第四編，8～11頁。朱有瓛主編『中国近代学制史料』第二集上冊（華東師範大学出版社，1987年6月），222頁に所収のものを基にして筆者作成。

表1－5　初等小学校課程表（1912年11月22日）

	第1学年	第2学年	第3学年	第4学年
	毎週教授時間	毎週教授時間	毎週教授時間	毎週教授時間
修身	2	2	2	2
国文	10	12	14	14
算術	5	6	6	5
手工	1	1	1	1
図画		1	1	男2女1
唱歌	}4	}4	1	1
体操			3	3
裁縫			女1	女2
合計	22	26	男28女29	男28女29

注：「教育部制定小學校教則及課程表文」『中華民國教育新法令』第三冊，67～79頁。朱有瓛主編『中国近代学制史料』第三集上冊（華東師範大学出版社，1990年6月），122頁に所収のものを基にして筆者作成。

表1－6　国民学校課程表（1916年1月8日）

	第1学年	第2学年	第3学年	第4学年
	毎週教授時間	毎週教授時間	毎週教授時間	毎週教授時間
修身	2	2	2	2
読経			**3**	**3**
国文	10	12	14	14
算術	5	6	6	5
手工	1	1	1	1
図画		1	1	男2女1
唱歌	}4	}4	1	1
体操			3	3
裁縫			女1	女2
合計	22	26	男31女32	男31女32

注：「國民學校令施行細則」『政府公報』（政治堂印鋳局発行，1916年1月8日）。多賀秋五郎『近代中国教育史資料』民国篇上（日本学術振興会，1973年），170頁に所収のものを基にして筆者作成。

月に公布された国民学校の課程表を示したものが表1－6である。

この表1－6から、国民学校で復活した読経科は第三、第四学年に毎週三時間が課されたことがわかる。これは、二期目よりもさらに二時間少ない（表1－4を参照）。また、国民学校における読経科の内容は孟子の教授のみとなった[50]。二期目に比べて孝経がなくなり、さらに論語にかわって孟子となった。清末の読経講経科に比べて、国民学校で復活した読経科は、毎週の教授時間数も教授内容もかなり削減されていたとみられる。したがって、読経科の復活は、経書そのものの学習にあったのではなく、中国の国民性を養う上で必須とされて利用されたものであったといえよう。

②　国民道徳のモデルとしての孔子

ところで、湯化龍は孔子の扱い方として次のように二つの説を示していた[51]。

> ひとつには、中小学校で読経を課して聖賢の優れた言葉と奥深い含義を次第に深めさせ、若いときに性格に影響させるという根本となる説であります。もうひとつには、孔子を国教とすることであります。すべては宗教儀式を行って国民を教徒の列に入らせ、教訓を守らせるように孔子の言行を守らせるという信仰を尊ぶ説でありま

す。

孔子の扱い方として中小学校における読経科の復活と儒教の国教化のふたつの説を示していたことがわかる。湯化龍は教育総長に就任してまもなく、ふたつの説のうち儒教の国教化については否定的な見解を表していた。(52)

孔子こそ人倫の師表であり過去より尊崇されてきました。だからといって孔子を教主として尊び、奥深い聖賢の論を宗教の教えとしてこじつければ、国情および西欧宗教の歴史に鑑みてそれを強いることは難しく、孔子の道の真実を失うし、次第に教義間の争いとなってしまいます。

儒教の国教化は国情および西欧の歴史に鑑みて困難であり、教義間の争いになるとして反対していたこともわかる。これに加えて彼は、この「上申」で「孔子を宗教という狭い域に踏ませない」とも述べていた。(53) 要するに、立国の基本として孔子を宣揚しつつも、儒教の国教化については忌避していたと理解される。

彼は右のような見解をほかのところでも示していた。例えば「上申」の翌月六月二十四日、教育部から出された命令では、(54)「尊孔と国教とをひとつにして語ってはいけない」、さらには「読経と尊孔とをひとつのこととして繋いではいけない」と主張していた。前者については、宗教を公認したことは中国の歴史においてないことを示唆し、全ての人を信じさせることは不可能であると指摘していた。尊孔は宗教的な意味をもつが、その国教化に反対していたのであった。また後者については、経書は多すぎて意味が深すぎるので、児童の理解に限界があると指摘し、孔子の言を精選してわかりやすくすることを提案していた。

当時、儒教の国教化論は強く大きな潮流となっていた。一九一三年に国会が成立し、憲法起草委員会が憲法草案を起草する過程で、孔子を教主として孔教を宗教にしようとする国教化の請願が、孔教会からなされていた。(55) 憲法起草委員会では激しく論争が行われ、その結果、孔子を宗教家としないで教育家として尊重するという趣旨に落ち着いていた[56]。つまり、国教化に歯止めがかけられていたのである。湯化龍教育総長時代には国会は既に解散されていたが、湯化龍もまた憲法起草委員会のような結論を出していたとみられよう。先にふれた教育部からの命令で、「国民教育は国民道徳を根本とする。国民道徳の淵源は国民の特性にはじまりそれを集約した者が優れた模範としての人物である。一国の教育はその模範とされる人物を探し当て依りどころとする」とも述べていた[57]。そして、孔子を国民教育の根本として選んだ。湯化龍は、国家宗教としてではなく、国民教育の根本となる国民道徳のモデルとして孔子を提示していたのである。つまり、宗教性の強い尊孔を国民教育の場にもちこむことに反対していたのである。彼は、教育と宗教とを分けるという近代人らしい一面をもっていたといえよう。

このような見解にたって「上申」では、次のように既存の修身、国文科の在り方にまで言及していた[58]。

目的を起草して中小学校の修身、あるいは国文科に経書を採択する。その際、孔子の言をまとめる。不足の場合には孔子と同じ源の説をもって補う。一方で、教授要目を改訂し、初等小学校より中学校までの教材の配分、項目の編纂をすべて児童の程度に応じて徐々に引き伸ばしていく。教育原理は、啓発の方法に基づいてその基本を立てる。全国の人心に従って聖賢の言を中心に修める。

湯化龍は小学校から中学校までの修身、国文科において児童の程度に応じながら孔子の言を中心に学ぶことを提案していた。このことは、翌月の教育部からの命令でも同様に示されていた[59]。

以上のように、湯化龍は教育総長に就任しておよそ二ヵ月間で、読経科の復活、あるいは修身、国文科の在り方に言及していた。国民道徳のモデルとして孔子をとらえ、あくまでもそれを学習の対象としてとらえていた。彼は、近代国家の形成には国民道徳が必要であるという認識をもっていたのである。

先の教育部からの命令では、西欧における聖書の扱い、あるいは日本における万世一系の天皇の扱いを参考にしていたとみられる発言もあった[60]。近代化がすすむ他国を参考にしながら、孔子を国民道徳のモデルとしようとしたことに、湯化龍教育総長時代の特質があったといえよう。清末の教育宗旨にある尊孔と国民学校における読経科とは、湯化龍にいわせれば「ひとつのこととして繋げられる」ものではなかった。先にふれた孔教会が尊孔と読経をセットにし、孔子の信仰で民衆の心を感化する尊孔活動を指向したのとは異なる考えを湯化龍はもっていたのである[61]。

これまでの中国近代教育史研究では、国民学校における読経科を尊孔と結びつけて評価してきたが、両者は厳密に区別する必要があるのではないだろうか。したがって教育における儒教の地位は清末のそれと比べて格段に低下したといえよう。儒教は国民性形成のために利用されただけとみることもできるのである。

(2) 国民学校の教育理念

① 国民の独立心

では、国民学校の教育理念は何であったか。湯化龍教育総長時代には第一次世界大戦が勃発した。一九一四年十一月には青島が陥落した。日本の参戦は山東省の一角に戦火を展開させた。このような状況のもと、同年九月二十一日に教育部は各学校に対して命令を行った。命令では、行き過ぎた国家主義による武力政策に今回の戦争の一大原因が求められていた。結果として各国の社会が衰微し、またさらに学術思想の趨勢の行き先がなくなっているとされていた。続けて、この原因を国民の愛国心、あるいは国民の自覚力の衰微に求め、次のように主張していた[62]。

衰微しているのは国民の愛国心であり、行き先を失っているのは国民の自覚力である。従って、衰微して行き先を失っている国民が適用すべき愛国心と自覚力は何かというと、その品性を高め、その才知能力を鍛え、社会事業に役立つようにすることである。我々は、国家主義を信じて多数の幸福を優先する。（中略）。本総長の責任として教育が心配である。我が国民が戦時に震え、能力を失い、国家建設ができなくなっていることを最も懼れている。（中略）。全国の学生は、深く自省して国家の競争の時代には独立の学問があってはじめて独立の国家となることを知るべきである。むやみやたらと独立するのではなく、世界の問題は一人一人によって解決されるべきであり、実力をつけなければならない。国家が強くなるための基本を身につけ列国と並んで競争するのだ。

ここで注意すべきことは、一人一人の学問が強調され、一人一人が実力をつけるよう促されたことである。さらに、国民の独立心によって国家は強くなり、これにより国家の競争時代に対応できると強調されたことである。湯化龍は、独立した国家の建設のために、学習による一人一人の独立を強く要求していたのであった。

②　愛国の宗旨の継承

国民学校令は一九一五年七月に公布された。この五ヵ月前にあたる二月の教育宗旨「愛国、尚武、崇実、法孔孟、重自治、戒貧争、戒躁進」の冒頭に、愛国が掲げられた。愛国は、一九〇六年の清末学部による教育宗旨「忠君、尊孔、尚公、尚武、尚実」や、一九一二年公布の教育宗旨「道徳教育、実利教育、軍国民教育、美感教育」にはみられない。清末の教育宗旨の冒頭には忠君が掲げられ、一九一二年の冒頭には道徳教育が掲げられていた。一九一五年二月の教育宗旨に、愛国はなぜ掲げられたか。

先に引用した教育部による命令の翌月、一九一四年十月十日、国慶節にあたり共同道徳、独立能力、尚武精神の発揮による愛国が、袁世凱によって訓示された。[63] 共同道徳は、私的所有物と化していた儒教を反省して見直そうとしたものである。[64] 独立能力は、先で述べたものと内容はほぼ同じである。[65] そして尚武精神の発揮とは、次のようなものであった。[66]

国家は国民の後ろ盾である。国が競わなければ民も競わない。我が国は文官が優勢を占めてきた弊害がある。武を講じることが少なかった。退嬰が美徳とされてきた。体格の弱さが敬われ、国家の徴兵は非常のこととみなされ、それが義務のひとつでなければならないとは知らない。今日の国家の強弱は、国民の体力、精神力に表れており、それが基準となっている。諸学生は、尚武精神をもって強国に備える。これが愛国の第三義である。

尚武精神は以前のような文官育成の優勢を憂えて、国民の体力、精神力を高めることで強国に備える意義をもった。

たしかに清末にも、国民教育構想があり、少数の人材だけを養成するのではなく、多数の国民を養成することが目指されていた。[67] さらに、清末学部による教育宗旨には愛国に似たような意味の尚公があった。それは「家を愛するように国を愛する」意義をもった。[68] よって愛国は、清末からの継承であると思われる。しかし、これらは湯化龍がいう国民の独立心と同じであろうか。

清末の教育宗旨には尚公があったといってもそれは三番目に掲げられていたのであり、冒頭にあったのは忠君であった。忠君の次に掲げられていたのは、宗教的な意味をもつ尊孔であった。これに比べて、湯化龍教育総長時代には国民の独立心の義を含む愛国が強く唱えられ、これが一九一五年一月の教育宗旨の冒頭に明記されたのであり、さらにいえば先に述べたように、湯化龍は儒教の国教化に反対する姿勢をみせていた。であるならば、一権力者に服従させる意図を想起させる専制君主制のもとで掲げられた忠君から、国家の構成員としての国民一人一人の独立を促す愛国への転換であったようにみられる。

一方、上の引用でみたように、文官の優勢を転じて武を講じようとする考え自体、中国では伝統的に希薄であった。無論、清末学部による教育宗旨にもその四番目に尚武が掲げられていた。一九一二年九月の教育宗旨には三番目に軍国民教育が掲げられていた。この教育宗旨に強い影響を与えた蔡元培自身によって軍国民教育は尚武と同じであるとみなされていた(69)。愛国の義に含まれた尚武精神に着目すると、民国最初の教育宗旨のひとつである軍国民教育が、清末の尚武を受け継ぎ、さらには湯化龍教育総長時代にもその精神が継承されていたとみられる。したがって愛国の義に含まれた尚武精神は、清末より一貫して教育宗旨に脈打つ基準であったといえよう。

湯化龍による国民の独立心の要求、あるいは袁世凱による愛国の中味を検討してみると、湯化龍教育総長時代における国民像には反動とのひと言では片づけられない一面があったといえる。このような愛国が教育宗旨の冒頭に掲げられながら、その五ヵ月後に国民学校令が公布されたのであった。

（3）国民学校令の公布

①　小学校令の改正

国民学校令の公布に至るまでには、初等教育改革をめぐっていくつかの構想があったようである。愛国を強調した袁世凱は、一九一五年一月一日に国民教育の重視と教育普及への期待を表明していた(70)。この表明は大総統申令として公布された。そこでは現行の初等小学校の修業年限である四年間を義務教育期間とされてはいるものの、いまだに義務意識が国民にないことが指摘されていた。

また同年四月三十日には、教育部によって義務教育施行程序（以下、「施行程序」と略す）が起草され、その施行が要請されていた(71)。この「施行程序」では現行の小学校令の改正が意図されていた。これに関連して、同年一月二十二日に公布された大総統特定教育綱要では五つの項目をもつ総綱が提示され、その第四項においてやはり現行の初等小学校の改革が示されていた。これにより前期初等教育段階において複線型学校体系が構想されていたので

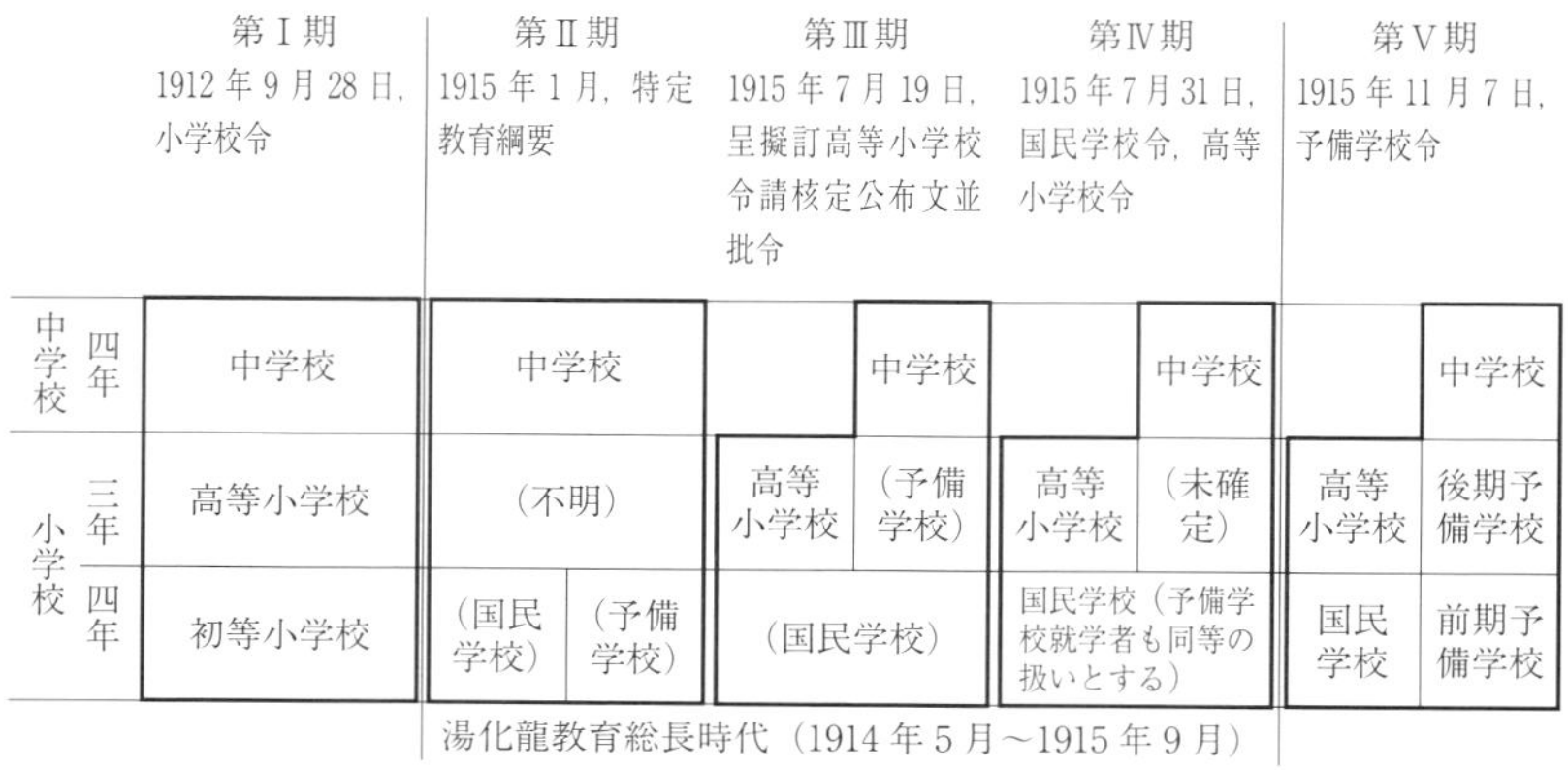

注：括弧内には，不明，未確定，あるいは，構想されていたものを記した。但し，第Ⅳ期の国民学校に付した括弧内の内容については国民学校令第26条に規定された。さらに，この間には壬子・癸丑学制で制定された中学校令に対する改正はない。従って，予備学校構想があっても高等小学校から中学校への接続は継続していたと考えられる。

図1－3　袁世凱政権期における学校系統の変遷（小学校および中学校）

ある[72]。

　図1－3は、袁世凱政権期における学校系統（小学校および中学校）の変遷をまとめて図にしたものである。この図でいえば、総綱第四項での構想は第Ⅱ期にあたる。それは、前期初等教育を国民学校と予備学校とに分けるというものであった。後者の予備学校は、進学準備機関として構想されていた。前頁に挙げた「施行程序」で意図されていた現行の小学校令の改正は、これの三ヵ月前に提示されていた総綱第四項での構想を前提に意図されていたものと考えられる。総綱第四項の構想で注目されるのは、初等小学校を国民学校に改めようとした点、さらには前期初等教育段階に複線型学校体系がもちこまれようとした点にあろう。以下、この二点に沿って、図1－3を参照しながら、湯化龍教育総長時代の国民学校構想を検討してみよう。

②　国民学校の名称

　まず、初等小学校を国民学校に改めようとした理由を考察してみたい。一九一五年七月十四日に国民学校令公布の要請が教育部から大総統に提出されていた。この要請では、国民教育のことが論じられていた(73)。内容は、先に言及した愛国の意義のひとつ、共同道徳によく似ていた。

生存競争は人類の避けることのできない法則であり、国内における人々の競争と世界における国民の競争とは、相異なる範囲の競争であると大総統は述べている。我が国のこれまでの国民の歴史はそれとは大きく異なり、おおよそ一部の優秀な特殊の人物によって構成され、競争は一国の範囲内にとどまり、それゆえに一部の人の競争に過ぎなかった。（中略）。今後の生存の計画をいえば、全国一致の決心で国民全体の品性と生活能力を養成する。そうすれば、世界の競争にしたがって国民が生存を保持することができ、国家が強固、かつ健全となれるような期待がもてる。これは国民教育によって始めなければならない。国民教育は、全体国民に対し、その品性を修養し、その生活能力を発展させるため、世界の競争の趨勢に適応させるためのものである。

人類の避けがたい法則として生存競争をまずは認識し、これを国内における人々の競争と世界における国民の競争とに分類した。その上で、中国のこれまでの国民の歴史が一部の優秀な人物だけで構成されていたために、一国内、あるいは一部の人の間でしか競争が行われなかったことを指摘している。したがって今後は、世界における競争に適応するために全国一致の決心で国民全体の品性と生活能力を養成するという。さらに続けて、国家の国民全体に対する教育上の責任も唱えられていた(74)。

湯化龍にはさらに心配していることがある。それは、前清より小学堂章程を公布して今まで十余年が過ぎたものの、義務教育がいまだ確定されておらず、学校設置が遅々として進まないことである。さらに、士大夫の意見が一致せず、政策に迷いが生じていることである。このことが、国民教育の最大の障壁となっている。その最たるは、放任を主張するものいることである。彼らは、我が国の土地は広大であり、人々が苦境にたたされている時には教育普及が難しいという。（中略）。もとより国家は、国民全体の要求に対して国民教育の責任を負わなければならない。しかし、実際の義務教育の施行は、地方自治団体に委任する。学齢調査は、内務部に行ってもらう。経費の補助は、財政部に依頼せざるをえない。全ての行政にお願いして、国民教育に対する責任を国家がとることによって互いに協力して進めていきたい。

「湯化龍にはさらに心配していることがある」とあるように、国民学校令公布の要請は、明らかに湯化龍の意志を含むものであった。湯化龍の心配は、義務教育に関する法令がいまだに規定されていないことや、あるいは教育政策に関わるものの意見に一致がみられないことにあった。さらに、中国の広大さに教育普及の困難さを感じてしまう者がいることを国民教育の最大の障壁として捉えていた。その上で、国家が国民全体に対して国民教育の責任を負わなければならないと戒めていた。具体的には、義務教育を法令化して全国の官民に伝達することや、学校設立、あるいは就学促進に努めるよう促したのである[75]。

さらに注目されるのは、地方自治団体や内務部、さらには財政部などにも依頼し、行政一体となって国民教育を進めていこうとしている点がみられることである。近代国家における近代教育の普及のためには、中央政府による強力なバックアップが必要であろう。中国近代史研究の成果によれば、湯化龍教育総長時代は行政府優位の権力が確立された時代と時期をほぼ同じくする[76]。しかも前節でみたように、一九一四年七月には実質上、教育部組織が確立されていた[77]。中央政府の権力が整えられようとしていたのに並行して、教育部が主体性をもって国民学校を推進しようとしていたことが窺える。

国民学校令公布の要請内容から、国民学校に改めようとした意図には二点あったと考えられる。第一には、一部の人材だけで構成される国家の歴史から国民一人一人が競争する国家への転換を図ろうとしたことである。第二には、国家が国民全体に対して国民教育の責任を負うことを明示しようとしたことである。こうした二点を、国民学校という名称に託そうとしたと理解されよう。

③　前期初等教育段階における単線型学校体系構想

国民学校令公布の要請にともない問題になったのは、現行の高等小学校の名称のこと、あるいはその性質のことであった。国民学校令の公布が要請されて五日後の七月十九日、高等小学校令の公布が教育部から要請された。ここでは、高等小学校の名称について次のように述べられていた(78)。

初等および高等小学校については、ひとつの法令によって教育部から公布されている。今回、初等小学校が国民学校と改称されることで、高等小学校の名称を存続させるかどうかについても研究せざるをえない。各国の学校をみると、名称を定めて規定もしている。しかし、高等小学校だけを規定した例はない。我が国の高等小学校は国民教育の程度にかれている。（中略）。現制度に照らして高等小学校と称する。

初等小学校の名称を国民学校と改めることで、高等小学校の名称についても検討されたことがわかる。その結果、高等小学校の名称は「現制度に照らして」存続されることになった。

一方、もうひとつの問題になったのは、高等小学校の性質のことであった。その前提として国民学校の性質が検討されていた。そこでは、先の総綱第四項での前期初等教育段階における複線型学校体系構想を覆すような判断のあったことがわかる。このことは、次の引用から明らかである(79)。

教育綱要の総綱第四項には、進学準備をなすものとして中学校に予備学校を付設するとある。各国の予備学校がなす系統と我が国が基準とする小学校制度とは異なる。この点について、教育部では国民学校令草案を計画して制定した。細かい討論、分析を経て、我が国の義務教育年限は短いけれども、その教育課程は普通教育が必要とする基礎を得ていると判断した。それは、各国の予備学校の前期三、四年の教科とだいたい同じである。科目を増減するとか、あるいは系統を分けるとかする必要はない。事実上、これは困難である。

教育部で検討された結果、前期初等教育段階で国民学校と予備学校の二つの系統に分ける必要のないことが判断されたことがわかる。これは、総綱第四項での構想を覆すものであったといえる。しかし、総綱第四項での構想は後期初等教育を対象として展開された。つまり、高等小学校の性質が問われたのである[80]。

ただ、高等小学校は本来ふたつの作用をもっている。ひとつは国民教育の完成であり、もうひとつは進学準備である。両者は異なるものである。教育綱要に照らし、高等小学を二種類に分け、ひとつを単独設置の高等小学校とし、もうひとつを中学校に付設する予備学校とする。

このように、高等小学校の機能として国民教育の完成と進学準備が指摘された。「教育綱要に照らし」てとあるように、総綱第四項での構想はここに顕在化したといえる[81]。要するに、後期初等教育段階における複線型学校体系へと構想は転換されたとみられる。

これから実施しようとする国民学校における教科と各国の予備学校の前期三、四年における教科とが同じだと判断されたことに、その根拠があった。したがって義務教育段階、つまり四年制国民学校の科目を増減するとか、あるいは別系統にする必要がなくなったのと同時に、これにともなって国民学校を土台とした高等小学校の在り方が模索されたのである。この結果、高等小学校の作用は二つに分けられ、単独設置の高等小学校と中学校に付設する予備学校とが構想されたのである。要するに、国民教育の完成と進学準備の二つの機能を国民学校卒業後の段階で働かせようとしたとみられる。このことは、後期初等教育段階で国民教育と進学教育の両方の機能をもたせようとしたことを意味する。別の見方をすれば、このようにすることで前期初等教育段階で国民教育を徹底しようとしたと理解される。図1‐3でいえば、第Ⅲ期にあたる。ここに湯化龍教育総長時代における国民学校構想の特徴がみられる。

以上、二つの要請を経て七月三十一日、それまでの小学校令は改正され、初等教育段階に二つの法令が法制化されるにいたった（図1‐3、第Ⅳ期）[82]。それは、国民学校令と高等小学校令であった。この二分化の意図は、ふたつの要請文の内容から十分にうかがえた。

一方、湯化龍が教育総長を辞任した後、一九一五年十一月七日には予備学校令が公布され、結局は前期四年制、後期三年制の予備学校も規定されることとなった（図1‐3、第Ⅴ期）[83]。このことは、湯化龍教育総長時代における国民学校構想を覆すものであったといえよう。

以上をまとめると、湯化龍教育総長時代に規定された国民学校は当初、前期初等教育段階における複線型学校体系の一系統として位置づけられようとしていた（図1‐3、第Ⅱ期）。その後、教育部による二つの要請を経ることで国民学校は、前期初等教育段階における単線型の学校となった（図1‐3、第Ⅲ期）。つまり、国民学校は「全国民に普通教育を」という国民教育の理想を託されたのである。これによって、当初の複線型学校体系構想は、後期初等教育段階の予備学校へと転換された。

実は、予備学校令ではその第六条において、国民学校卒業者の後期予備学校第一学年への入学が認められていた。日本における中国近代教育史研究において予備学校令は、複線型初等教育体系の出現としてみられ、これをもって反動と評価されてきた。しかし、湯化龍教育総長時代における国民学校構想や、あるいは予備学校令第六条での規定からすれば、そうした反動のひと言では片づけられない要素もあったといわなければならない。特に、前期初等教育段階で単線型学校体系を貫こうとしていた点は、注目に値するであろう。

本節では、袁世凱政権期における国民学校構想を湯化龍教育総長時代に焦点をあてることにより検討してきた。その結果、第一には、国民学校での読経科の性格が、清末の初等小学堂の読経講経科とは明らかに異なることを明らかにした。敢えていえば、それは一九一〇年の読経講経科と類似していた。一方で、修身、国文科でも孔子を中心として児童の程度に応じた学習が提案されていたことがわかった。教育における儒教の地位は大幅に低下していたのである。さらに湯化龍が、孔子を国家宗教として扱うことには否定的であったことも明らかにした。彼は、孔子を国民道徳のモデルとして扱おうとしたのである。いわば、儒教そのものを教えるということではなく、儒教を使うことで国民教育を推進しようとしたのである。

第二には、教育宗旨の冒頭に掲げられた愛国には、国民一人一人の独立心を促す意義のあったことを明らかにした。それは、清末の教育宗旨の冒頭に掲げられた忠君とは異質であることである。さらに、愛国の意義に含まれた尚武精神が、伝統的に希薄であったがゆえに要求されたことを明らかにし、それが清末より一貫して継承されてきたことも指摘した。国民学校のもつ国民像には、反動のひと言で評価できない一面もあったのである。

第三には、湯化龍教育総長時代には前期初等教育段階における単線型学校体系構想の貫徹がみられた事実を示した。これまでの中国近代教育史研究では、一九一五年十一月公布の予備学校令を取り上げることで初等教育段階における複線型学校体系の出現とみ、さらには壬子・癸丑学制における小学校制度と比較した上で、このことを反動と評価してきた。したがって、これを強調するあまり湯化龍教育総長時代に構想され、規定された国民学校の意図については、十分に把握されてこなかったといえる。本節では、この時代において後期初等教育段階における複線型学校体系への構想転換があったことを明らかにしつつ、前期初等教育段階に位置づけられた国民学校が「全国民に普通教育を」という理想を託された学校であったことを意義づけた。一方で、国民学校の名称の意義についても検討し、それにより愛国の意義、あるいは国民教育に対する国家の責任感をその名称にもたせたことが理解された。

このように、袁世凱政権期の教育政策には反動のひと言では片づけられない要素があったのである。とりわけ国民学校は、それ自体が清末にはないものであり、本格的な国民教育を展開させるための産物であったといえよう。国民道徳の学習の場としての読経科の復活や、あるいは国民一人一人の独立心を促す意義をもつ愛国の強調、さらには国民共通の教育を意図した前期初等教育段階における単線型学校体系の貫徹などが、それを証明している。

しかし、後期初等教育段階における複線型学校体系への構想転換もみられた。しかも、それ以後、予備学校令が公布され、国民学校はその理想を覆されもした。これらは袁世凱政権期の国民教育の限界を示したものとみられる。

その後、一九一六年十月九日には予備学校令が廃止され、湯化龍教育総長時代に貫徹された単線型学校体系としての国民学校が復活することとなった。さらに、同日には国民学校令施行細則が一部修正され、読経科も廃止されることとなった。湯化龍教育総長時代における国民学校構想は、読経科の扱いを除いて袁世凱政権期以後において継承されたといえる。六・三・三制導入以前には、教育部を中心として四年制国民学校の普及が力強く推進されようとしていたのである。

第四節　四年制中学校改革——一九一八年開催の全国中学校校長会議を中心に——

前節では、四年制国民学校に注目し、特に袁世凱政権期の国民学校構想を取り上げ、その普及が力強く推進されようとしていたことが明らかとなった。本節では、中等教育の改革として袁世凱政権期以後に行われようとしていた四年制中学校改革を取り上げる。

六・三・三制導入以前に行われた四年制中学校改革は、どのような改革であったか。本節で取り上げる四年制中学校改革のあとの動向、すなわち一九二〇年代に入ってから壬戌学制が制定されるまでの中学校改革の動向については、次第に明らかになりつつある[84]。しかし、一九一〇年代後半の四年制中学校改革の動向については、不明な点が残されている。六・三・三制導入過程をトータルにみるためには、一九一〇年代後半からすでに始まっていた四年制中学校改革の動きを見過ごせない。

すでに第一節でみたように四年制中学校は、一九一二年公布の中学校令により規定された。これは、清末における五年制中学堂の修業年限を一年間、短縮する改定であった。また、一九〇九年には文科と実科とに分ける分科制が再び導入されていたが、「普通教育の完足」という目的のもとに廃止された。こうして国家の中堅となるべき中等国民の幅広い育成が期待されたのであるが[85]、改革の動きはその後も止まなかった。

小林善文が指摘しているように[86]、中国近代における中等教育に関する研究は極めて少ない[87]。しかし、中学校に三・三制が導入されたとし、そこで普通教育と職業教育の両方を兼ねる「総合制」の実現が目指されたことや、それがアメリカの中等教育制度を参考にして導入されようとしたことなど、壬戌学制の三・三制中学校に関する論及は、近年において散見されるようになっている[88]。たとえば、王倫信は中国側が参考にしたアメリカの中等教育に関する書籍や、修業年限の規定をめぐって三・三制と四・二制との間で対立があったことを明らかにしている。[89]また、小林は『教育雑誌』や『新教育』、あるいは『時報』など当時の雑誌や新聞を利用することで、四年制中学校に対する現場レベルからの様々な批判や問題点があったことを描き出している。[90]

王倫信や小林善文などの研究によって明らかになったことは、現状への批判や、アメリカの中等教育制度を導入する試みがあったということであろう。しかし、こうした批判や試みは政策レベルの改革といかに関係したか、この点の解明は十分になされていない。教育部は、一九一七年五月に全国における四年制中学校を把握している。[91]どれだけの中学校を前にして改革は行われようとしていたのか。本節では先ず、そうした問題意識から当時の全国における中学校を一瞥する。

一方、一九一〇年代後半における全国教育会連合会や全国中学校校長会議など、当時の改革に役割を果たしたとみられるこうした会議についても十分明らかにされていない。とりわけ、一九一八年十月に開かれた全国中学校校長会議はいかなる会議であったか。この疑問に解答を示したものは皆無である。[92]本節では、この全国中学校校長会議に着目する。[93]一九一〇年代後半における四年制中学校改革は、どのような改革であったか、あるいはまた壬戌学制の三・三制中学校の導入とどういう関係にあったか。全国中学校校長会議に着目することで、そうした疑問に答えようとするものである。

（1）　四年制中学校の概況

一九一〇年代後半には四年制中学校がどれぐらい存在していたのか。教育部は、一九一七年五月に全国における中学校の一覧表を作成した。[94]これをみると四四三校の存在を確認できる。

この一覧表は、各省区の中学校から教育部に送られた報告を基にして作成されたものであった。[95]またそれらは、

表 1 - 7　全国中学校一覧（1917 年 5 月）

省区	設置形態	学校名
京師	公立	第一
	公立	第二
	公立	第三
	公立	第四
	公立	女子第一
	私立	幾輔
	私立	求実
	私立	山東
	私立	毓英
	私立	安徽
	国立	高等師範附属
	私立	中国大学附属
	私立	正志
京兆	公立	第一
	公立	第二
	公立	第三
	公立	第四
	公立	宝薊
直隷	省立	天津
	省立	天津第二
	省立	順徳
	省立	河間
	省立	宣化
	省立	遵化
	省立	深県
	省立	保定
	省立	趙県
	省立	広平
	省立	冀県
	省立	大名
	省立	正定
	省立	定県
	省立	永平
	県立	南宮
	省立	易県
	省立	高等師範附属
	県立	豊潤
	県立	欒県
	私立	育徳
	私立	陸軍官佐
	私立	天主堂附属
	私立	徳華
	私立	南開
奉天	省立	第一
	省立	第二
	省立	第四
		両級師範附設
	県立	復県
	県立	海城
	県立	西豊
	県立	開原
	県立	興京
	県立	鉄嶺
	県立	荘河
	県立	安東
	県立	岫巌
	県立	鳳城
	県立	蓋平
	県立	遼陽
	県立	海龍
吉林	省立	第一
	道立	延吉第一
	道立	延吉第二
	道立	浜江
	道立	吉長
	県立	双城
	県立	賓県
	県立	扶余
黒龍江	省立	第一
	省立	第一女子
	県立	呼蘭
山東	省立	第一
	省立	第二
	省立	第三
	省立	第四
	省立	第五
	省立	第六
	省立	第七
	省立	第八
	省立	第九
	省立	第十
	県立	高密
	県立	黄県
	県立	濰県
	県立	安邱
	県立	長山
	私立	正誼
	私立	育英
	私立	徳文
	私立	中西
	私立	東運
		青州
山西	省立	第一
	省立	第二
	省立	第三
	省立	第四
	省立	第五
	省立	第六
	県立	崞県
	県立	忻県
	県立	渾源
	県立	晋沁
	県立	陽興
	県立	五台
	県立	定襄
	県立	平定
	県立	新絳
	県立	祁県
	県立	代県
	県立	潞安
	県立	河汾
陝西	省立	第一
	省立	第二
	省立	第三
	県立	漢中聯合
	県立	興安聯合
	県立	楡林聯合
河南	省立	第一
	省立	第二
	省立	淮陽
	省立	洛陽
	省立	沁陽
	省立	安陽
	省立	南陽
	省立	商邱
	省立	汝南
	省立	陝県
	省立	汲県
	省立	潢川

表1－7　（つづき）

省区	設置形態	学校名
河南	県立	固始
	県立	武陟
	県立	永城
	県立	郾城
江蘇	省立	第一
	省立	第二
	省立	第三
	省立	第四
	省立	第五
	省立	第六
	省立	第七
	省立	第八
	省立	第九
	公立	南青
	私立	澄衷
	私立	鐘英
	私立	海門
	私立	麗則女子
安徽	省立	第一
	省立	第二
	省立	第三
	省立	第四
	省立	第五
	県立	桐城
	県立	全椒
	公立	安慶六邑
	公立	池州六邑
	公立	蕪関
浙江	省立	第一
	省立	第二
	省立	第三
	省立	第四
	省立	第五
	省立	第六
	省立	第七
	省立	第八
	省立	第九
	省立	第十
	省立	第十一
	県立	永康
	県立	諸暨
	県立	東陽
	県立	黄巌

省区	設置形態	学校名
浙江	県立	天台
	県立	呉興
	県立	瑞安
	県立	嵊県
	私立	宗文
	私立	安定
	私立	扶雅
	私立	効実
江西	省立	第一
	省立	第二
	省立	第三
	省立	第四
	省立	第五
	省立	第六
	省立	第七
	省立	第八
	省立	第九
	県立	萍郷
	県立	龍河
	県立	東州
	私立	心遠
	私立	昌村
	私立	雩水
	私立	旅贛
	県立	瑞金
湖北	省立	第一
	省立	第二
	省立	女子
	公立	勺庭
	公立	啓黄
	公立	晴川
	公立	蘭台
	公立	漢東
	公立	荊南
	公立	鹿門
	公立	彝陵
	公立	鄖山
	公立	南郡
	公立	龍泉
	国立	高等附属
	県立	蒲圻
	県立	蘄水
	県立	大冶

省区	設置形態	学校名
湖北	県立	広済
	県立	寒渓
	私立	中華大学附属
	私立	旅鄂湖南
	私立	卓立
	私立	荊南
	私立	転徳
湖南	省立	第一
	省立	第二
	省立	第三
	県立	第一聯合
	県立	第二聯合
	県立	第三聯合
	県立	第四聯合
	県立	第五聯合
	県立	第六聯合
	県立	第七聯合
	県立	第八聯合
	県立	第九聯合
	県立	第十聯合
	県立	第十二聯合
	県立	第十三聯合
	国立	高等師範附属
	県立	醴陵
	県立	祁陽
	県立	桂陽
	県立	岳陽
	県立	衡山
	県立	宝慶
	県立	湘潭
	県立	慈利
	県立	湘郷
	県立	石門
	県立	新化
	県立	武岡
	県立	寧郷
	県立	澧県
	県立	零陵
	県立	衡陽
	県立	宝慶駐省
	私立	成章
	私立	公是
	私立	兌澤

表1-7 （つづき）

省区	設置形態	学校名
湖南	私立	嶽雲
	私立	育才
	私立	明徳
	私立	道南
	私立	復初
	私立	修業
	私立	広益
	私立	妙高峯
	私立	蓼湄
四川	省立	第一
	省立	第二
	省立	第三
	省立	第四
	県立	叙州聯合
	県立	龍安聯合
	県立	重慶聯合
	県立	成都聯合
	県立	綏定聯合
	県立	嘉定聯合
	県立	邛州聯合
	県立	永寧聯合
	県立	夔州聯合
	県立	保寧聯合
	県立	潼川聯合
	県立	順慶聯合
	県立	雅州聯合
	県立	眉州聯合
	県立	綿州聯合
	県立	寧遠聯合
	県立	酉陽聯合
	県立	富順
	県立	涪陵
	県立	簡陽
	県立	資陽
	県立	巴県
	県立	達県
	県立	栄県
	県立	墊江
	県立	江北
	県立	広漢
	県立	江津
	県立	梁山
	県立	合江

省区	設置形態	学校名
四川	県立	江安
	県立	南充
	県立	彭県
	県立	成都
	県立	忠県
	県立	瀘県
	県立	資属学
	県立	巴中
	県立	叙属
	県立	合川
	県立	永川
	県立	綿竹
	県立	華陽
	県立	璧山
	県立	萬県
	県立	安岳
	県立	資中
	県立	仁寿
	県立	内江
	私立	済川
	私立	儲才
広東	省立	雷州
	省立	南雄
	省立	羅定
	省立	恵州
	省立	高州
	省立	韶州
	国立	高等師範附属
	省立	欽州
	省立	広州
	省立	第一
	省立	廉州
	省立	瓊崕
	省立	肇慶
	省立	潮州
	省立	梅州
	県立	雲浮
	県立	化県
	県立	龍川
	県立	掲陽
	県立	新寧
	県立	高要
	県立	鬱南

省区	設置形態	学校名
広東	県立	台山
	県立	電白
	県立	海豊
	県立	順徳
	県立	陽江
	県立	東莞
	県立	香山
	県立	南海
	県立	瓊山
	県立	新会
	県立	文昌
	県立	信宜
	県立	平遠
	県立	河源
	県立	霊山
	県立	五華
	県立	蕉嶺
	県立	茂名
	県立	澄海
	県立	始興
	私立	興民
	私立	中徳
	私立	潮属八邑旅省
	私立	八桂
	私立	時敏
	私立	東山
	私立	時習
	私立	岡州
	私立	述善
	私立	茂南
広西	県立	桂山
	県立	桂林
	県立	北流
	県立	鎮南
	県立	平楽八県合立
	県立	南寧
	県立	武宣
	県立	容県
	県立	柳州
	県立	梧州
	県立	平南
	県立	泗鎮色
	県立	靖西

表1-7　（つづき）

省区	設置形態	学校名
広西	県立	鬱林五県合立
	県立	潯州
	県立	陸川
	県立	実県
	県立	慶遠六県合立
	県立	藤県
	県立	岑渓
	県立	懐集
	県立	賓上遷三県合立
雲南	省立	第一
	省立	第二
		昭大八属聯合
	県立	蒙化
	県立	姚安四県聯合
		麗鶴六属聯合
	県立	藤衝
	県立	昆明十一県聯合
		蒙自十三属聯合
	県立	普洱
	道立	普洱
	私立	第一
	私立	正則
	私立	成徳
貴州	省立	模範
	県立	遵義
	県立	安順
	県立	天柱
	県立	都匀十県合立
	私立	南明
福建	省立	第一
	省立	第二
	省立	第三
	省立	第四
	省立	第五
	省立	第六
	省立	第七
	省立	第八
	省立	第九
	省立	第十
	省立	第十一
	省立	第十二
	省立	第十三
	省立	法政専門附属
	県立	杭上
	県立	連城
	公立	閩清
福建	私立	女子
	公立	華僑
甘粛	省立	第一
	省立	第二
	省立	第三
	省立	第四
察爾哈	区立	第一
熱河	県立	朝陽
	公立	熱河
綏遠	区立	帰綏

注：教育部普通教育司編『全國中學校一覧表』（1917年5月），5～42頁を基にして筆者作成。

一九一二年五月から一九一七年五月までの五年間の間に送られてきたものであった(96)。報告のなかった中学校については一覧表に列挙されておらず、その一方でこの五年間の間に閉鎖、あるいは合併などにより存在しなくなった中学校については除外されている(97)。これらのことから四四三校というのは、教会系の中学校を考慮に入れなければ、実態とそれほどかけ離れていない数字とみることができよう。

表1-7は、この一覧表を基にして一九一七年頃の中学校を省区別、あるいは設置形態別に整理したものである。省区別にみると、湖南省や四川省、あるいは広東省で中学校が四〇校以上を数えていたことがわかる。また、二〇校以上を数えたのは直隷省や山東省、さらには浙江省など五つの省

であった。反対に、十校未満は京兆や吉林省、さらには黒龍江省など九つの省や区であった。

一方、設置形態別にみると、直隷省や山東省、さらには河南省などで省立が多く、奉天省や山西省、さらには湖南省などで県立が多かった。また四川省は、そのほとんどが県立である。四川省や湖南省の県立中学校をみると「聯合」と名のつく中学校が多く、いくつかの県の連合により中学校が設立されていたことも窺える。さらにまた省によっては、私立中学校の存在を確認できる。

このように、一九一七年頃の中学校は四〇〇校以上を数える一方、省区別には多寡の違いがあった。また、中学校の設置者は主に省や県などであった。さらに、私立中学校も存在した。このような状況をまえにして、四年制中学校の改革は行われようとしたのである。

（2） 全国教育会連合会による四年制中学校改革に関する要求 ―― 職業教育の導入 ――

小林善文は、一九一四年一月の時点で中学校に文科と実科とに分ける分科制を導入する動きがすでにあったこと、さらには一九一五年一月の特定教育綱要においてそれが明確に打ち出されていたことを指摘している(98)。一方、壬戌学制の三・三制中学校における「総合制」の導入に向けても、分科制という表現が散見される(99)。ここでいう分科制は、普通教育と職業教育の両方を中学校で行うことを目指し、農科や工科、あるいは商科など職業教育に関する学科を普通科に並置することを指した。この時期の諸史料をみると「総合制」という表現は見当たらない(100)。であるならば、文科と実科とに分けるという意味での分科制と、職業教育に関する学科を普通科に並置するという意味での分科制とを識別しなくてはならない。その上で全国教育会連合会や教育部の目指していた方向をみていく必要があろう。

次章でみるように、全国教育会連合会は省や区に存在した教育会が全国の教育の進行を目的に年に一度あつま

表1－8　1910年代後半の全国教育会連合会における中等教育や職業教育に関する決議

第1回全国教育会連合会　1915年4月23日から5月13日まで（21日間）

決　議　名	決議の扱い
實業教育進行計劃案	教育部に上申

第2回全国教育会連合会　1916年10月10日から10月25日まで（16日間）

決　議　名	決議の扱い
中學校改良辦法案	教育部に上申ならびに各省区に通告
各特別區域應速設實業學校案	教育部に上申

第3回全国教育会連合会　1917年10月10日から10月27日まで（18日間）

決　議　名	決議の扱い
職業教育進行計劃案	教育部に上申

第5回全国教育会連合会　1919年10月10日から10月25日まで（16日間）

決　議　名	決議の扱い
中等以下教育宜注重工藝案	教育部に上申
普通教育應注重職業科目及實施方法案	各省区教育会に送付

注：第1回大会は全國教育會編『民國第一次全國教育會聯合會報告』（1915年6月）を，第2回大会以降は『暦届全國教育聯合會議決分類彙編』（第十一届全國教育會聯合會事務所，1925年9月）を，それぞれ基にして筆者作成。なお，第1回大会については後者も参照した。また後者には，「中等教育類」や「職業教育類」という項目があるため，それを基にして作成した。

り、そのさい教育に関する提案を各々持ち寄り、これらを審議する場であった。表1－8のとおり、一九一五年四月に第一回大会が開かれ、このときは實業教育進行計劃案が議決された。この案は当時、四年制中学校と同程度に規定されていた甲種実業学校の増設を図ろうとするものであり、そのために中学校の拡充をしばらく緩めるというものであった[101]。

翌年一九一六年十月に開かれた第二回大会では、中學校改良辦法案が議決された。この案では、

　中学校は本来、普通教育の完足を原則とする。近頃の中学校の課程は進学準備教育に偏しているため、進学しないで就職できない卒業生のことが心配である。また、文科と実科とに分ける分科制というのは進学準備教育のもくろみを深めるも

のである。（中略）。本会での各省区代表による報告では、中学校卒業後に進学する者はおおよそ一〇分の一か、それに及ばない。進学しないで就職できない者が大多数である。

と述べられ[102]、学校関係者に上述の問題点の早期解決が促されていた。また、普通教育の完足を主目的としつつも、職業教育および進学準備教育の両方の機能が中学校に期待されていた[103]。さらに、中学校の第三学年より職業科目を授けるとともに他の科目時間を減少させるといった方法も提示されていた[104]。

翌年一九一七年十月に開かれた第三回大会では、職業教育進行計劃案が議決された。職業教育を全般的にどう進めていくか。この案では、これについての具体的な提案がなされ、教育部がそのための調査や研究を行うことが要求されていた[105]。しかし、職業教育の中学校への導入に関する内容は示されていなかった。

翌年一九一八年十月に開かれた第四回大会では、中等教育や職業教育に関する決議は行われなかった[106]。

翌年一九一九年十月に開かれた第五回大会では、普通教育應注重職業科目及實施方法案が議決された。この案では、男子を対象に農工商、また女子を対象に家事園芸や手工、さらには裁縫など職業教育に関する科目が設定された上で、これらの科目の小学校や中学校、さらには師範学校への導入が提案されていた[107]。

上述のとおり、全国教育会連合会における中等教育や職業教育に関する決議をみると、一九一五年に開かれた第一回大会の時点で要求されていたのは甲種実業学校の増設だけであり、このことから中学校における職業教育の導入が要求されるようになったのは一九一六年に開かれた第二回大会以降であったことがわかる。しかし、一九一八年に開かれた第四回大会において中等教育や職業教育に関する決議が行われなかったことは興味深い。第四回大会の開催と時期をほぼ同じくして、全国中学校校長会議が開かれたからだろうか。

一方、第二回大会の中學校改良辧法案では、本節の冒頭でふれたような一九一四年一月や翌年一九一五年一月の中学校政策の方針、すなわち文科と実科とに分ける分科制のほうが特に問題視されていたようにみられる。このことは留意すべきであろう。全国中学校校長会議でも全国教育会連合会と同様に、文科と実科とに分ける分科制のほうが問題視されていたのだろうか。さらには、中学校における職業教育の導入が要求されていたのだろうか。

（3）全国中学校校長会議の開催および決議

①　教育部による開催

全国中学校校長会議は、一九一八年十月十四日から同年十一月二日までのおよそ二〇日間、北京で開かれた[108]。開催のおよそ五ヶ月前の五月十一日、教育部は各省区の教育庁長や学務局、さらには各高等師範学校校長に対し、十月に全国中学校校長会議を予定していると通知していた[109]。教育部は、中学校校長会議規程や中学校校長会議予行討論問題、あるいは中学校校長会議細則（以下、それぞれ規程、予行、細則と略す）をあらかじめ規定し、これらを通知に付していた[110]。この通知にしたがい各教育庁長や学務局、各高等師範学校は、派遣する会員を選ぶと同時に、予行をもとに協議を開き、参加に備えていた[111]。

②　参加者

参加者は、表1‐9のとおりである。規程第三条によると、高等師範学校附属中学校主任の参加のほか、一〇校以上の中学校がある省や区からは三名、五校以上一〇校以下であれば二名、五校以下であれば一名の中学校校長を派遣できることが規定されていた。

前掲の表1‐7とこの表1‐9とを照合してみると、ほぼ規程どおりに参加していたことがわかる。また、北京より遠方にある省や区からの参加はなかった[112]。しかし、五〇名近くの校長がこの会議に参加していた。このうち圧倒的に多いのは省立中学校の校長であった。さらに学歴をみると、中国の高等教育を卒業した者が最も多く、その

表1－9　全国中学校校長会議に出席した会員

交通部	唐山高等工業専門学校教員	■
京師	北京高等師範学校附属中学校主任	●
	第二中学校校長	○
	第四中学校校長	○
	公立第一女子中学校校長	不明
	中国大学附属中学主任	○
	北京女子師範附属中学主任	●
京兆	第三中学校校長	○
直隷	直隷高等師範附属中学校主任	●
	省立第七中学校校長	○
	省立第十五中学校校長	○
	省立第十六中学校校長	○
奉天	瀋陽高等師範附属中学主任	○
	省立第一中学校校長	○
	省立第二中学校校長	○
	省立第四中学校校長	○
	県立海城中学校校長	○
吉林	省立中学校校長	○
	毓文中学校校長	○
黒龍江	省立第一中学校校長	○
山東	省立第二中学校校長	○
	省立第七中学校校長	○
	省立第五中学校校長	○
	省立第六中学校校長	●
山西	省立第一中学校校長	○
	省立第三中学校校長	○
陝西	省立第二中学校校長	○
	省立第一中学校校長	●
河南	省立第二中学校校長	○
	省立安陽中学校校長	○
	省立淮陽中学校校長	○
江蘇	南京高等師範附属中学校主任	不明
	省立第五中学校校長	不明
	省立第四中学校校長	●
	省立第八中学校校長	○
	公立南青中学校校長	●

安徽	省立第六中学校校長	○
浙江	省立第二中学校校長	●
	第五中学校校長	○
	省立第八中学校校長	○
江西	省立第一中学校校長	●
	省立第五中学校校長	○
湖北	武昌高等師範学校附属中学校主任	●
	省立第一中学校校長	●
	啓黄中学校校長	両湖書院卒業
	漢東中学校校長	○
湖南	県立第一聯合中学校校長	○
	省立第一中学校校長	○
	私立兌澤中学校校長	○
四川	不参加	
広東	広東師範附属中学校主任	●
	省立梅州中学校校長	●
	省立第一中学校校長	○
	南武中学校校長	香港大書院卒業
広西	不参加	
雲南	不参加	
貴州	不参加	
福建	省立第一中学校校長	●
	帰綏中学校校長	○
甘粛	不参加	
察爾哈	区立第一中学校校長	○
熱河	熱河中学校校長	○
綏遠	不参加	

注：「會員題目録」，『全國中學校校長會議録』（1919年春），3～8頁を基にして筆者作成。なお，○は中国，●は日本，■はアメリカの高等教育の卒業をそれぞれ示している。

一方で日本留学経験者が一四名いた。ちなみにアメリカ留学経験者は一名のみであった。

③　四年制中学校改革に関する多面的な要求

規程第一条によると、開催の目的は中学校校長による意見交換や討論を行い、これにより中学校教育の改善を図るということであった[113]。また通知によると、専門学校や大学に進学できない卒業生が社会に出て自立できていないことが憂慮されていた[114]。全国教育会連合会と同様に、教育部もまた中学校卒業生の現状を問題視していたことがわかる。さらに予行によると、中学校に対する教育部の具体的な問題意識を知ることができる。教育部の予行は全部で七項目にわたった。ここには、第四項目までを引用する[115]。

1　現行の中学校科目を増減したり、教授の順序を変更したりする必要はあるか。
2　中学校の卒業生には、進学希望者もいれば就職する者もいる。教授上、この両方を顧みる方法はあるか。
3　上は専門学校、下は高等小学校と均しく接続させるため、中学校では教材の配置や分量をどう改良すべきか。
4　専門学校の新入生の答案用紙を調べたところ、教育部は中学校の卒業生の国文、数学、外国文などの科目で成績が良くないことに気づいた。程度を上げるため、教授上どう注意すべきか。

残りの三項目は、理科教育（第五項目）や体育（第六項目）、あるいは学生の管理や訓練（第七項目）に関するものであった[116]。

会議期間中に中心的な議題となったのは、後でも述べるようにここで引用した第二項目であった。全国教育会連合会と同様に、教育部もまた進学希望者と就職する者への対応策を探っていたといえる。

一方、教育部の提示した予行のほかにも、各省区の会員からの提案が併せて四〇件ほどあった[117]。予行については一つ一つそのまま審議されたが、会員からの提案は合併が必要とされた[118]。会員からの提案には、内容が似通うも

表 1 - 10　全国中学校校長会議における諸決議

教育部による予行に基づく決議	1	現行中學科目有無增減變通講授次序之必要案
	2	中學校畢業學生有志願升學者有從事職業者教授上有無雙方並顧之法案
	3	中學校應如何改良教材配置分量俾上與專門學校下與高等小学均能銜接案
	4	本部調閲專門學校新生入學試巻発見中學校畢業生國文數學外國文各科成績均欠優良教授上應如何注意以求程度之増進案
	5	理化學之應用至歐戦而益顕著吾國中學校理科教育欲應時代之趨勢喚起學生研究興味教授上應如何籌改進之法案
	6	中學校學生體育應如何從生理上體察施行規律的訓練並如何訂定運動標準以収實行鍛錬之效案
	7	中學校應如何注意管理訓練養成學生為社會中堅之人物案
諸会員による提案に基づく決議	8	擬請全國中學校一律添習武術案
	9	請令各高等專門學校及大學校變通招攷新生辦法並宣布招生程度以資預備而宏造就案
	10	請教育部對於審定中學教科書應特別審愼案
	11	延長中學校修業年限案
	12	請確定中學教育宗旨案
	13	陳請劃一科學名詞案
	14	女子中學校課程宜詳定標準呈請教育部採擇施行案
	15	女子中學校已設立者宜充實内容未立者宜擴充校數案
	16	擴充女子小學設立女子高等師範及女子大學案
	17	凡女子研究科學著作宏富確有心得者或辦學多年任事熱心卓著成功者請特設奨學金以示鼓勵案
	18	女子學校家事一科應注重實習案
	19	女子中學校應附設簡易職業科並須擴充女子職業案
	20	請部編修身課本以崇徳育案
	21	嚴訂中學生入學弁級畢業辦法案
	22	請派中學校員赴各處攷査中學教育案
	23	中學校習外國語擬請不規定以英語為主案
	24	請組織中學校聯合會案
	25	請定體育成績攷査規程案

注：「議決案」，『全國中學校校長會議録』（1919 年春），1 ～ 3 頁を基にして筆者作成。1 ～ 7 までの決議は，教育部が会議での討論のために予め準備していた諮問に基づき議決されたものである。その他の決議は，個々の会員による建議に基づいて議決されたものである。

の、または予行の内容に類似するものがあり、このため合併して審議される場合があった。

こうして全国中学校校長会議では、二五本におよぶ大会決議が生み出された。[119] 表1-10にまとめた通りである。表1-10には、予行七項目に基づく決議（1から7まで）のほかに、諸会員による提案に基づく決議一八本（8から25まで）など、すべて記している。これをみると、中学校の教育目的の改定（12）や科学の専門用語の統一（13）、あるいは女子中学校の拡充や独自の課程標準の作成など女子教育に関するもの（14から19まで）、さらには進級や卒業の条件を厳しくするもの（21）など、[120] 四年制中学校改革に関する要求が多面的に行われていたことがわかる。これらのうち、以下では予行第二項目（2）に着目してみたい。

④　文科と実科とに分ける分科制の導入

表1-11は、予行第二項目の審議過程をまとめたものである。

先に引用したように、予行第二項目は「中学校の卒業生には進学希望者もいれば就職する者もいる。教授上、この両方を顧みる方法はあるか」という教育部からの諮問であった。会議ではこの諮問の審議開始がいちはやく告げられた。[121] 会議の開幕は十月十四日であり、この諮問の審議開始は開幕二日後のことであった。当日の審議は、文科と実科とに分ける分科制の導入をめぐり行われた。表決の結果、三六名の支持を得て分科制の導入が可決された。「両方を顧みる方法はあるか」という諮問に対して会議では、文科と実科とに分ける分科制の導入という解答がいちはやく示されたのである。

この後、予行第二項目に関する審査会が設置された。[122] 表1-11に示したように審査会に指名されたのは一五名であった。省立や区立中学校の校長が多数を占めるなか、高等師範附属中学校の主任も四名含まれていた。

十月二十三日、審査会のリーダーとなった陸規亮が審査報告を行った。その後、どの学年で文科と実科とに分けるかをめぐって論争があった。このため、主席により、第一学年からの導入が提案された。表決の結果、賛成多数

表 1－11　全国中学校校長会議・予行第 2 項目の審議過程

10 月 16 日（午前 9 時開会，午後 12 時閉会）

出席会員 52 名，特別に傍聴を許可された者 6 名，欠席会員 5 名，教育部 3 名，交通部 1 名。	
主席による審議開始の宣言。	
審議の結果，文科と実科とに分ける分科制を支持する者 36 名。	
審査会を設置し，継続して審査を行うことになり主席は以下の 15 名を審査員として指名。	
氏名	（上段は所属，下段は学歴）
許洪綬	京師第二中学校校長
	○北京高等師範卒業
劉鵾書	直隷省立第十五中学校校長
	○直隷優級師範及国立北京大学文科卒業
李荃	江蘇省立第八中学校校長
	○江北高等学堂卒業
李樹滋	奉天省立第一中学校校長
	○京師大学堂卒業
陸規亮	南京高等師範附属中学校主任
	不明
鐘祥鸞	江西省立第五中学校校長
	○両江優級師範手工図書選科卒業
孫士琦	浙江省立第八中学校校長
	○北京高等師範文科卒業
黎貫	広東省立梅州中学校校長
	●日本東京高等師範学校卒業
盧公輔	広東師範附属中学校主任
	●日本広島高等師範卒業
韓迺賡	吉林毓文中学校校長
	○天津南開学校卒業
帥培寅	湖北啓黄中学校校長
	○両湖書院卒業生，挙人
郭葆珍	山東省立第二中学校校長
	○優級師範学堂卒業
薛徳焴	武昌高等師範学校附属中学校主任
	●日本東京高等師範卒業
彭国鈞	湖南省県立第一聯合中学校校長
	○湖南明徳学校師範部卒業
栗宗周	奉天省瀋陽高等師範附属中学主任
	○奉天両級師範数理化科卒業

10 月 23 日

（午前 9 時開会，午後 12 時閉会）

出席会員 50 名，特別に傍聴を許可された者 8 名，欠席会員 8 名，教育部 3 名，交通部 1 名。
審査長である陸規亮より審査報告。
科目と弁法の二項目の検討の開始を主席は宣言。検討の結果，どの学年から文科と実科とに分けるのかをめぐって論争があった。第 1 学年からの分科を主席は主張し，表決の結果，賛成多数により可決した。

10 月 24 日

（午前 9 時開会，午後 12 時 10 分閉会）

出席会員 46 名，特別に傍聴を許可された者 8 名，欠席会員 12 名，北京大学附属中学より派遣された主任 1 名，教育部 3 名，交通部 1 名。
前日に引き続き，条項ごとに検討した。論争が続いたため，やむを得ず表決できず。

10 月 25 日

（午前 9 時開会，午後 12 時 10 分閉会）

出席会員 45 名，特別に傍聴を許可された者 4 名，欠席会員 13 名，教育部 3 名，交通部 1 名。
前日に引き続いての検討を主席は宣言し，検討の結果，文字上の修正を経て本案は可決された。

注：「議場日記」，『全國中學校校長會議録』（1919 年春），1 ～ 28 頁より関係のある記事を抜粋し，それを基にして筆者作成。審査員 15 名の経歴は，「会員題目録」，前掲書，3 ～ 8 頁により確認を行い作成した。なお，○は中国，●は日本の高等教育の卒業を示している。

により主席の提案が可決された。引き続き翌二十四日も、予行第二項目に関する審議が行われ、これが可決されたのは二十五日であった。

可決された予行第二項目のなかみ（表1-10の2）をみると、以下のことが冒頭に明記されている。[123]

生徒の進学準備を原則とし、就職準備を附則とする。職業準備のためには甲種および乙種の実業学校が正式に存在する。現行の学制における中学校の科目は多く、また、年限は短い。卒業する生徒の就職が特に難しいのではなく、進学する者もまた困難となっている。中学校制度を文科または実科のふたつの学科に改めることを要請する。

この引用からわかるように、全国中学校校長会議では、進学準備を原則化する方向が明確に指し示されたのである。

引用に続いては「分科制を定めたとしても本案だけで解決したことにはならない。第一、第三、第四の予行もまた関連するものである」とあった。[124]第一、第三、第四というのは、教育部の提示していた予行のことであり、前に引用したとおりである。これらの審議は、予行第二項目の可決後に始まり、次々と可決されていった。[125]予行第二項目は、会議における中心的な課題であったのである。

全国中学校校長会議では、開幕二日後にして文科と実科とに分ける分科制の導入が早々と可決される一方で、可決された予行第二項目において進学準備を原則化する方向が明確に指し示された。このことから、教育部の諮問に対して進学準備または職業準備の両方を中学校において顧みるのは困難であるとの解答が出されたといえる。職業準備は各種の実業学校に担わせ、これを中学校に担わせる必要はないという見解が会議では支持されたのである。

全国中学校校長会議とは反対に、中学校に職業準備を担わせる新しいやり方を要求したのは全国教育会連合会であった。一九一六年に開かれた第二回大会以降、この方向性は明確となった。しかし、一九一八年に開かれた第四回大会で中等教育や職業教育に関する決議はなされなかった。このことは、時期をほぼ同じくして開かれた全国中学校校長会議においても同じ方向が示されるといった期待があったからかもしれない。この点、不明ではある。しかし一方、翌年一九一九年に開かれた第五回大会では、農、工、商など職業教育に関する科目が設定され、中学校への導入が要求された。

要するに、一九一〇年代後半の四年制中学校改革をめぐる全国教育会連合会の目指した方向と全国中学校校長会議の目指した方向とは明らかに逆であったと考えられる。

その後、中学校に「総合制」を導入しようとする動きが全国教育会連合会で顕著となった[126]。全国中学校校長会議を主催した教育部においてもこれが支持されることとなった[127]。したがって、全国中学校校長会議で支持された分科制は影を潜めたといえる。

しかし、本書の第三章や第五章、さらには第六章でみるように、中等教育改革をめぐる全国教育会連合会と教育部との対立は他にもみられた。対立点は主として、中学校の修業年限を六年間とした上で、段階区分を三・三制とするか、それとも四・二制とするか、さらには中学校と同程度に職業教育に関する学校を設置するか否か、などであった。

注

(1)「学校系統元年九月三日部令第七號」、『教育法規彙編』(一九一九年五月)、八七～八八頁(多賀秋五郎『近代中国教育史資料 民国編上』日本学術振興会、一九七三年、四〇三～四〇四頁に所収)。なお、図1-1は、ここに掲載された学校系統図を転載したものである。

（2）陳青之著・柳澤三郎訳『近代支那教育史』（生活社、一九三九年）、二〇三頁。

（3）少なくとも、北京政府教育部刊行の『教育公報』には掲載されていない。

（4）前掲（2）、陳著・柳澤訳、二〇四頁。なお、図1－2は、ここに掲載された学校系統図を転載したものである。

（5）『政府公報』第一五二号、一九一二年九月二十九日（多賀秋五郎『近代中国教育史資料　民国編上』日本学術振興会、一九七三年、一四二～一四三頁に所収）。

（6）「中學校令元年九月二十八日部令第十三號」、『教育法規彙編』（一九一九年五月）、一八一～一八二頁（多賀秋五郎『近代中国教育史資料　民国編上』日本学術振興会、一九七三年、四二七頁に所収）。

（7）「中學校令施行規則元年十二月二日部令第二十八號　三年一月二十三日部令第七號改正第十八條」、『教育法規彙編』（一九一九年五月）、一八三～一九五頁（多賀秋五郎『近代中国教育史資料　民国編　上』日本学術振興会、一九七三年、四二七～四三〇頁に所収）。

（8）「實業學校令二年八月四日部令第三十三號」、『教育法規彙編』（一九一九年五月）、二五一～二五二頁（多賀秋五郎『近代中国教育史資料　民国編上』日本学術振興会、一九七三年、四四四～四四五頁に所収）。

（9）「實業學校規程二年八月四日部令第三十五號」、『教育法規彙編』（一九一九年五月）、二五二～二六五頁（多賀秋五郎『近代中国教育史資料　民国編上』日本学術振興会、一九七三年、四四五～四四八頁に所収）。

（10）斉藤道彦「序論　民国前期中国と東アジアの変動」、中央大学人文科学研究所編『民国前期中国と東アジアの変動』（中央大学出版部、一九九九年）、二七頁。

（11）高田幸男「第四章　教育史」、野澤豊編『日本の中華民国史研究』（汲古書院、一九九五年）、二一七頁。

（12）平塚益徳『近代支那教育文化史』（目黒書店、一九四二年）、二〇三頁。

（13）渡辺惇「袁世凱政権の財政経済政策――周学熙を中心として――」、『近きに在りて』第十一号（汲古書院、一九八七年）、三七頁。

（14）前掲（11）、二一七頁。

（15）山田辰雄「第三節　袁世凱の政治と帝政論」、宇野重吉・天児慧編『二〇世紀の中国　政治変動と国際契機』（東京大学出版会、一九九四年）、六三～六四頁。

（16）例えば、以下の三点を参照されたい。齋藤秋男・新島淳良『中国現代教育史』（国土社、一九六二年）、七九～八〇頁。多賀秋五郎「第二章　中国教育史概説Ⅱ（民国以後）」、長田新企画『東洋教育史』（御茶の水書房、一九六三年）、五一～五三頁。阿部洋『中国近代学校史研究』（福村出版、一九九三年）、二二三～二二六頁。

(17)「記事」、『教育雑誌』第三年第一〇期（商務印書館、一九一一年）、六九頁。

(18)「附録」、『教育雑誌』第三年第一二期（商務印書館、一九一一年）、六三～六五頁。

(19)「記事」、『教育雑誌』第三年第一二期（商務印書館、一九一一年）、八八～八九頁。

(20) 前掲（19）、「記事」、八八頁。

(21)「奏定学部官制暨帰併国子監改定額缺事宣摺」、『学部奏咨輯要　巻一』（学部総務司案牘科、一九〇九年）。

(22) 前掲（19）、「記事」、八八頁。

(23)「記事」、『教育雑誌』第四巻第一号（商務印書館、一九一二年）、一頁。

(24)「記事」、『教育雑誌』第四巻第二号（商務印書館、一九一二年）、九頁。

(25) 以下の二点を参照し、まとめた。「記事」、『教育雑誌』第四巻第四号（商務印書館、一九一二年）、二五～二六頁。教育部編審処編纂股「専件」、『教育公報』第三年第七期（教育部教育公報経理処、一九一六年）、一～二頁。

(26)「法令」、『教育雑誌』第四巻第六号（商務印書館、一九一二年）、三～四頁。

(27) 前掲（25）、「専件」、一頁。

(28) 前掲（25）、「専件」、一頁。

(29) 前掲（25）、「専件」、一頁。

(30) 前掲（25）、「専件」、二～三頁。

(31)『政府公報』五八九号、一九一三年十二月二十三日（多賀秋五郎『近代中国教育史資料　民国編上』日本学術振興会、一九七三年、一五四～一五五頁に所収）。

(32) 教育部編審処編纂股『教育公報』第二冊（教育部教育公報経理処、一九一四年）、四～一〇頁。

(33) 前掲（15）、六四頁。

(34) 李華興主編『民国教育史』（上海教育出版社、一九九七年）、四〇八頁。

(35) 前掲（19）、「記事」、八八～八九頁。

(36) 前掲（24）、「記事」、九頁。なお、表１‐１では督学局に属した四名を省略した。

(37) 表１‐１と前掲（19）とを照合した結果、一一名の移行が判明した。

(38) 外務省情報部『改訂　現代支那人名鑑』（東亜同文会調査編纂部、一九二八年）に所収の「范源濂」の項目に記載。

(39) 前掲（26）、「特別記事」、一～一六頁。

(40) 後述する各人員については、次を参照した。支那研究会『最新支那官紳録』(支那研究会、一九一九年)。前掲(38)、外務省情報部『改訂　現代支那人名鑑』。外務省情報部『現代中華民国満州帝国人名鑑　昭和十二年版』(東亜同文会、一九三七年)。橋川時雄編『中国文化界人物総鑑』(中華法令編印舘、一九四〇年)。
(41) 例えば、この点について以下のものを参照されたい。多賀秋五郎『中国教育史』(岩崎書店、一九五五年)、一七七〜一八五頁。前掲(16)、齋藤・新島著、七九〜八一頁。前掲(16)、多賀著、五一〜五三頁。前掲(16)、阿部著、二二三〜二二六頁。
(42) 例えば、以下のものを参照されたい。前掲(34)、李華興主編、一一八〜一二四頁。田正平主編『中国教育史研究』近代分巻(華東師範大学出版社、二〇〇一年)、二一五〜二一九頁。
(43) 前掲(2)、陳著・柳澤訳、一八六〜一九四頁。
(44) 拙稿「袁世凱政権期における教育政策の再検討」、『広島東洋史学報』第七号(二〇〇二年十一月八日)、六三〜六八頁。
(45) 「上大総統言教育書」、『庸言』第二巻第五号(一九一四年五月)。陳学恂主編『中国近代教育文選』(人民教育出版社、一九八三年)、三七〇〜三七一頁に所収。
(46) 前掲(45)、「上大総統言教育書」。
(47) 前掲(45)、「上大総統言教育書」。
(48) 「一九〇四年一月十三日奏定學堂章程・初等小學堂章程」、湖北学務処本、一〜二六頁。朱有瓛主編『中国近代学制史料』第二集上冊(華東師範大学出版社、一九八七年六月)、一七七頁を参照。
(49) 「一九一〇年十二月三十日學部奏改訂両等小學堂課程折」、『大清教育新法令』第四編、八〜一一頁。前掲(48)、朱有瓛主編、二二二頁を参照。
(50) 「國民學校令施行細則」、『政府公報』(政治堂印鋳局発行、一九一六年一月八日)。多賀秋五郎『近代中国教育史資料』民国編上(日本学術振興会、一九七三年)、一七〇頁を参照。
(51) 前掲(45)、「上大総統言教育書」。
(52) 前掲(45)、「上大総統言教育書」。
(53) 前掲(45)、「上大総統言教育書」。
(54) 「飭京内外各學校中小學修身及國文教科書採取経訓務以孔子之言為指帰文」、『教育公報』第一冊(一九一四年六月)、陳学恂主編『中国近代教育文選』(人民教育出版社、一九八三年)、三七三〜三七五頁に所収。
(55) 肖啓明「民国初年の国会における国教案審議について」、東洋文庫編『東洋学報』第七九巻第二号(東洋文庫、一九九七年九月)、三五頁。

(56)前掲(55)、肖啓明、三六頁。
(57)前掲(54)、「飭京内外各學校中小學修身及國文教科書採取経訓務以孔子之言為指帰文」。
(58)前掲(45)、「上大総統言教育書」。
(59)前掲(54)、「飭京内外各學校中小學修身及國文教科書採取経訓務以孔子之言為指帰文」。
(60)前掲(54)、「飭京内外各學校中小學修身及國文教科書採取経訓務以孔子之言為指帰文」。
(61)民国初期における孔教会の活動については次のものが参考になる。肖啓明「民国初年における孔教会の活動」、国際アジア文化学会編『アジア文化研究』第四号(一九九七年六月八日)、二五〜三七頁。
(62)「為歐州戦事訓飭各學校文」、『教育公報』第四冊(一九一四年)、部飭、一九一四年九月二十一日、二〜四頁(多賀秋五郎『近代中国教育史資料　民国編上』、一九四頁)。
(63)「大総統訓詞」、『教育公報』第五冊(一九一四年)、命令、一九一四年十月十日、一〜三頁(多賀秋五郎『近代中国教育史資料　民国編上』、一九五頁に所収)。
(64)前掲(63)、「大総統訓詞」。
(65)前掲(63)、「大総統訓詞」。
(66)前掲(63)、「大総統訓詞」。
(67)前掲(16)、阿部著、一五〜一九頁。
(68)「一九〇六年學部奏請宣示教育宗旨折」、『大清新法令』、二一三頁。
(69)蔡元培「蔡元培自述」、孫常輝編『蔡元培先生全集』(台湾商務印書館、一九六八年)。尚、多賀秋五郎「解説」、『近代中国教育史資料　民国編上』(日本学術振興会、一九七三年)、五五頁を参照した。
(70)「大総統申令」、『教育公報』第八冊(一九一五年)、命令、一九一五年一月一日、一〜三頁。
(71)「呈擬具義務教育施行程序呈請核示施行並批令」、『教育公報』第十二冊(一九一五年)、公牘、一九一五年四月三十日、五〜九頁(多賀秋五郎『近代中国教育史資料　民国編上』、一九六〜一九八頁に所収)。
(72)多賀秋五郎『近代中国教育史資料　民国編上』(日本学術振興会、一九七三年)、五七五〜五七八頁。
(73)「呈擬訂國民學校令呈請核定公布文」、『教育公報』第二年第四期(一九一五年)、公牘、一九一五年七月十四日、一〜四頁(多賀秋五郎『近代中国教育史資料』民国編上、一九八〜一九九頁に所収)。
(74)前掲(73)、「呈擬訂國民學校令呈請核定公布文」。
(75)前掲(73)、「呈擬訂國民學校令呈請核定公布文」。

(76) 前掲(15)、山田著、六三〜六四頁。
(77) 一九一四年七月十日、「教育部官制」が公布される。前掲(32)、四〜一〇頁。
(78) 「呈擬訂高等小學校令請核定公布文並批令」、『教育公報』第二年第四期(一九一五年)、公牘、一九一五年七月十九日、七〜九頁(多賀秋五郎『近代中国教育史資料　民国編上』、一九九〜二〇〇頁に所収)。
(79) 前掲(78)、「呈擬訂高等小學校令請核定公布文並批令」。
(80) 前掲(78)、「呈擬訂高等小學校令請核定公布文並批令」。
(81) 前掲(73)、「呈擬訂國民學校令呈請核定公布文」。教育綱要の総綱第四項によれば中学校に予備学校を付設して、いったんは前期初等教育段階で進学準備機能を働かせようとしていたことがわかる。
(82) 国民学校令については、以下のものを参照されたい。「大総統申令」、『政府公報』第一一六一号(一九一五年八月一日)、一九一五年七月三十一日(多賀秋五郎『近代中国教育史資料　民国編上』、一六二〜一六三頁に所収)。また、高等小学校令については、以下のものを参照されたい。「大総統申令」、『政府公報』第一一六一号(一九一五年八月一日)、一九一五年七月三十一日(多賀秋五郎『近代中国教育史資料　民国編上』、一六一〜一六二頁に所収)。
(83) 「大総統申令」、『政府公報』第一二四五号(一九一五年)、一九一五年十一月七日(多賀秋五郎『近代中国教育史資料　民国編上』、一六六〜一六七頁に所収)。
(84) 近年においては、以下のものを挙げることができる。王倫信『清末民国時期中学教育研究』(華東師範大学出版社、二〇〇二年十月)、四八〜七四頁。小林善文『中国近代教育の普及改革に関する研究』(汲古書院、二〇〇二年十二月)、「第三章　中学教育改革の理念と現実」、八九〜一三八頁。
(85) 前掲(84)、小林著、九六頁。
(86) 前掲(84)、小林著、八九頁。
(87) しかしながら、前掲(84)、王著、二二〜三〇頁や同(84)、小林著、九四〜一〇二頁を参照する必要はある。
(88) 前掲(84)、王著、あるいは小林著。
(89) 前掲(84)、王著、五六〜六〇頁。
(90) 前掲(84)、小林著、九七〜一〇二頁。
(91) 教育部普通教育司編『全國中學校一覧表』(出版元不明、一九一七年五月)。
(92) 前掲(84)、王著、二六〜二七頁や小林著、一〇一〜一〇二頁で言及されてはいるが、会議の詳細は不明である。
(93) 『全國中學校校長會議録』(出版元不明、一九一九年春)を本節では用いた。会議録は一三〇頁ほどにおよび、撮影、公牘、職員題名録、会員題名録、総次長訓辞及主席答辞（開会式）、総次長訓辞及主席答辞（閉会式）、議場日記、議決案、附録により構成されている。

(94) 前掲（91）、『全國中學校一覧表』。

(95)「例言」、前掲（91）、『全國中學校一覧表』、一頁。

(96) 前掲（95）、「例言」、一頁。

(97) 前掲（95）、「例言」、一頁。

(98) 前掲（84）、小林著、九五頁。

(99) たとえば、本書の第三章第二節を参照されたい。

(100) 分科制という言い方のほかに集合制といった場合もある。たとえば、一九二一年開催の第七回全国教育会連合会に甘粛省教育会が提出した案において確認できる。甘粛省教育会の案は「改革學制系統案　甘粛省教育會提議」、『第七次全國教育會聯合會會務務要』（出版元不明、一九二一年十月）、五八頁に所載。

(101)「實業教育進行計劃案」、『歴屆全國教育聯合會議案分類彙編』（第十一屆全國教育會聯合會事務所、一九二五年九月）、一二九～一三二頁。

(102)「中學校改良辦法案」、前掲（101）、『歴屆全國教育聯合會議案分類彙編』、九七～九八頁。

(103) 前掲（102）、「中學校改良辦法案」。

(104) 前掲（102）、「中學校改良辦法案」。

(105)「職業教育進行計劃案」、前掲（101）、『歴屆全國教育聯合會議案分類彙編』、一三三～一三四頁。

(106) 前掲（101）、『歴屆全國教育聯合會議案分類彙編』で確認した。

(107)「普通教育應注重職業科目及實施方法案」、前掲（101）、『歴屆全國教育聯合會議案分類彙編』、一三八～一四〇頁。

(108)「議場日記」、前掲（93）、『全國中學校校長會議録』、一～二八頁で確認。

(109)「公牘」、前掲（93）、『全國中學校校長會議録』、一頁。

(110) 前掲（109）、「公牘」、一～五頁。

(111) 前掲（109）、「公牘」、一～三〇頁には、省や区などの地方教育庁や学務局、あるいは各高等師範学校など下級機関と教育部との往来に関する文書が掲載されている。

(112)「会員題目録」、前掲（93）、『全國中學校校長會議録』、三～八頁。

(113) 前掲（109）、「公牘」、二頁。

(114) 前掲(109)、「公牘」、一頁。
(115) 前掲(109)、「公牘」、三頁。
(116) 前掲(109)、「公牘」、三頁。
(117) 「訓辞」、前掲(93)、『全國中學校校長會議録』、九頁。
(118) 前掲(108)、「議場日記」で確認した。
(119) 「議決案」、前掲(93)、『全國中學校校長會議録』、一～三頁。
(120) 前掲(119)、「議決案」、五～四二頁では二五本すべての決議内容が掲載されている。
(121) 前掲(108)、「議場日記」、三頁。
(122) 前掲(108)、「議場日記」、三～四頁。
(123) 前掲(119)、「議決案」、七～一〇頁。
(124) 前掲(119)、七頁。
(125) 前掲(119)、予行第一項は五～六頁、予行第三項は一〇頁、予行第四項は一〇～一三頁にそれぞれ掲載されている。
(126) 前掲(84)、王著、あるいは小林著、もしくは本書の第三章第二節を参照されたい。
(127) 本書の第五章第一節を参照されたい。一九二二年九月の学制会議開催に備えて教育部は、学制改革に関する独自の立案を行ったが、これをみると三年制高級中学からの導入を認めたことが明らかである。

第二章　全国教育会連合会の誕生

教育部組織が確立し、国民学校を全国的に普及させようとしていた頃、全国教育会連合会は結成された。本章では、この全国教育会連合会を取り上げる。全国教育会連合会はどのようにして始まったか。これを明らかにするために、第一節では、第一回大会の開催経緯に焦点をあてる。当初どのような人が集まったか、あるいは審議はどう進められたか。こうした点についても引き続き明らかにする。先ずは、以上により結成時の全国教育会連合会の性格を考察しておきたい。

第一節　全国教育会連合会の結成

（1）第一回大会開催までの経緯

①　直隷省教育会の教育部への開催要請

第一回大会が開かれたのは、一九一五年四月のことであった。その発端は、直隷省教育会から教育部に提出された全国教育会連合会開催の要請文にみることができる[1]。これには、一九一四年八月二十八日の日付が記されている。これは、第一回大会開催の八ヵ月前のことであった。この要請文で直隷省教育会は、全国の教育家を集めて様々な教育の計画について議論する必要を唱えていた[2]。それは「常に連合会を開き、教育の利害得失を討論、教育行政官庁に陳情を行っている」欧米各国の事情に触発されてのことであった[3]。そこで、直隷省教育会は、省教育会から「教育家や学識経験に豊かな者を選んで」招集し、共同して討論を行おうと考えたのである[4]。開催候補地は直隷省に属する天津が提案され、開催日は翌年一九一五年四月が提案された[5]。

さらに、直隷省教育会は教育部員の参加も要請していた[6]。要請文を受け取った教育部は、全国教育会連合会の開催を承諾し[7]、さらには大会への教育部員の派遣も決定した[8]。

ところで、一九一二年九月公布の教育会規程によれば[9]、教育会を省教育会、県教育会、城鎮郷教育会の三種類とした上で、これらが互いに連絡しあうことは認めても、互いに統轄してはいけないとされていた。これに加え、省教育会を組織する場合には、省行政長官から教育部に報告し、教育部の取り調べを受けなければならないとされていた。教育会は、組織化の段階から教育部の干渉を受けることになっていたのである。

こうしたことから、全国教育会連合会は教育部による省区教育会の統轄の場となる可能性をもったと思われる。教育事業の全国普及に腐心していた当時の教育部にとって、直隷省教育会の要請は全国の省区教育会を通じた教育普及の機会と映ったであろう。

② 教育部承諾後の開催準備

教育部の承諾を取り付けた直隷省教育会は、省区教育会に通告し、さっそく全国教育会連合会への参加を呼びかけた。このことは、一九一四年十一月五日の教育会ごとに代表を選んで今大会に集合するよう通告する文書にみることができる[10]。この通告文では、省区教育会の代表として二、三名の推薦が依頼されていた。また、代表の旅費は自ら工面すること、あるいは開催にかかる経費は直隷省教育会が準備することなどが伝えられていた。こうしたことは、第一回大会初日（一九一五年四月二十三日）に議決された全国教育会連合会会章（以下、会章と略す）の、代表旅費はそれぞれ地方で負担すると規定された第四条や[11]、あるいは大会期間中の経費は主催教育会が算段すると規定された第一九条と符合していた[12]。

直隷省教育会は、直隷省巡按使に開催経費の工面を要請した。当初、巡按使は出費に戸惑いをみせたが、結果的には財政庁の協力が得られ、教育会の希望額の半分程度が出費されることとなった[13]。第一回大会の開催に向けて教育部と直隷省教育会のみならず、直隷省も一体となったことが理解されよう。

また、直隷省教育会は、全国教育会連合会への参加を省区教育会の代表のみならず、副大総統馮国璋、陸軍部、北京蒙藏院、内務部、農商部、天津で教育事業に勤しむ厳修[14]、国務卿徐世昌などにも要請していた。馮国璋には、列強が激しく戦っているにもかかわらず、当時の教育宗旨のひとつである軍国民教育が実行されていないとし[15]、彼が「平素より軍学を主張している」ため[16]、参加を要請していた。陸軍部には、様々な教育のなかでも日ごとに軍国民教育の必要が増しているとし、そのための計画や実施方法を請うため[17]、参加を要請していた。北京蒙藏院には、辺境の地における教育事情を詳しく知るため[18]、参加を要請していた。内務部には、教育普及のために社会教育や、あるいは戸口調査および学童総数の調査を必要とするが、これらの見当がついていないとした上で[19]、内務部が「全国の戸籍に通じており民間の事情をよく知っている」ため、参加を要請していた。農商部には、富国の基となる実業教育の方法を請うため、参加を要請していた。この他にも、「教育に熱心である」厳修や徐世昌にも参加を要請していた[20]。このように、第一回大会は教育部以外の政府機関の参加も計画されていたのである。

さらに、直隷省教育会は、各国にいる中国人留学生に対して文書を送り、海外の教育事業をまのあたりにしている彼らの意見も求めていた[21]。そもそも、教育部は、第一回大会を承諾した際、大会への教育部員の派遣とともに、意見および学説などを国内から徴集して第一回大会に備えるよう決定していた[22]。国内のみでは不十分と判断した直隷省教育会は、海外の見聞や研究が「祖国に」伝わるように、留学生に対しても要請したのである[23]。具体的に、第一には、海外での見聞からみたとき民国で実施されている様々な教育制度に弊害があるか意見を求めた(24)。第二には、各国の教育制度はどう変遷しているか、あるいは各科教授法はどうなっているか情報を求めた(25)。第三には、第一次世界大戦による教育への影響を各国の人はどう評価し、またどんな態度でいるか説明を求めた(26)。これらを一九一五年三月一日までに返送するよう求めた(27)。直隷省教育会は、留学生の意見をまとめて提案とし、第一回大会に提出するつもりでいたのである(28)。

③　全国教育会連合会結成の目的

上述のように、第一回大会は、全国的な規模で、さらには官民あげて結成されようとしていたことがわかる。この音頭は、直隷省教育会がとったといえる。ただし、教育部の承諾があってはじめて結成への本格的な動きは始まった。なぜなら、直隷省教育会は、全国教育会連合会の開催承諾を教育部から取り付けた上で、省区教育会などに参加を要請し始めていたからである。このことは、直隷省教育会による開催準備の経過が逐一、教育部に報告されていたことからも窺える(29)。

ときの教育部総長は湯化龍であった。すでに前章でみたように、湯が教育部総長を務めた時代には教育の全国普及に力が尽くされていた。さらに、その基盤となる教育部組織が確立されていた。全国教育会連合会の結成は、教育の全国普及を図らんとした教育部の思惑に一致するものであったと思われる。

一方、第一回大会の音頭をとった直隷省教育会は、省区教育会の代表を集めて教育事業の全国的な展開を目指していた(30)。教育会ごとに代表を選んで今大会に集合するよう通告する文書では、次のようにも述べられていた(31)。

強く統一された政府として対外的に機能を生じさせるためには、必ず人心を統一するように養成しなければならない。お上に対して職分を尽くさせるためには、教育をおいてほかにはない。（中略）。同じ仕事をしても見方は異なるし、国民の精神は個別である。国家の発展にとって害となっているものは、実に根深く、巨大である。教育による人心の統一や政府の対外的な機能の強化にまで言及されている。実は、このような意図は、ほかの教育会でも共有されていた[32]。先の会章の第二条では「本会は国内教育状況を観察し、世界情勢に応じて全国教育事業を討論し、共同して進行する」という目的が規定されていた[33]。全国教育会連合会の結成時には、教育の全国普及のみならず、教育事業の全国展開も目指されていたとみられる。

（2）第一回大会の開催

①　参加者

第一回大会は、一九一五年四月二十三日午後二時に開幕した[34]。省区教育会の参加代表者名は、すでにこの数ヶ月前から直隷省教育会に伝わっていた[35]。一八の教育会から三九名の参加表明があった。結局、大会期間中に代表として参加したのは、第一回大会の会員録にしたがえば五三名にのぼったと理解される。表２-１は、省区教育会の代表者名、所属教育会、学歴、職業などを示したものである。

所属教育会をみると二四の教育会からの参加があったことがわかる。会章の第三条に規定された推薦枠三名をいっぱいに使って参加したのは[36]、八つの教育会、二名の参加は七つの教育会、一名だけの参加は七つの教育会であった。推薦枠を超えて四名が参加した教育会も二つあった。学歴をみると日本留学経験者一〇名、アメリカ留学経験者二名のいたことがわかる。留学経験者は、五名に二名という割合であった。職業をみると教育関係者が、圧倒的に多かった。一方、教育部や陸軍部からの参加もあった[37]。教育部からは許寿裳、湯中、また陸軍部からは劉鴻恩が参加していた。さらに天津警察庁長の楊以徳も参加していた。

表2－1　第1回全国教育会連合会に参加した各省教育会代表の会員録

氏　名	所属教育会	年齢	学　歴	職　業
江謙	安徽	39		安徽省教育会会長，南通師範代理校長，南京高等師範校長
方新	安徽			安徽第二師範学校教務主任
周鍾嶽	雲南	38	日本弘文学院師範卒業	前雲南省教育司司長，北京経界局
楊潤蘭	雲南	32	雲南優級師範選科卒業	前雲南省視学，雲南雲龍県立中学校長
王卓午	河南	35	保定優級師範卒業	河南省教育会副会長
董景常	河南	50	直隷保定師範卒業	河南省教育会評議員，師範第一中学教員
李鈵	甘粛	29	甘粛省高等学校卒業	甘粛巡按使署教育科科員
廖道傳	広東	37	京兆大学師範科卒業	広東高等師範学校校長
曹冕	広東	35	アメリカワシントン大学文学士	広東高等師範教員
楊作舟	吉林	41	巡警学校卒業	広東省立第二中学校校長
聶樹滋	吉林	39	北京法政大学卒業	吉林図書館館長
劉哲	吉林	35	京兆大学文科卒業	吉林法政専門学校校長，吉林省教育会評議員
李搢榮	京兆	44		京兆教育会副会長，武清梅厰両等小学校，志成女学経理
王桂照	京兆	31	優級師範卒業	京兆第一中学校教員，京兆教育会評議長
蔡以観	京兆	30	京師優級選科師範卒業	京兆第一中学校教員，京兆教育会副会長
佟永元	京兆（北京）	34		京師学務局科員，京兆教育会評議員
梁錫光	京兆（北京）	35		京兆教育会幹事，周行宣講社副主任
劉潜	京兆（北京）	42		京師学務局副局長，京兆教育会会長
周爾璧	江西	39	京兆大学堂師範卒業	江西省高等師範学校校長
程臻	江西	31	日本慶應義塾理財科卒業	江西省立第一中学校長
袁希濤	江蘇	50		政事堂教育諮議
沈恩孚	江蘇	52	挙人	江蘇省教育会幹事
郭秉文	江蘇	35	アメリカコロンビア大学師範専科博士	南京高等師範学校校務主任
馬庶蕃	黒龍江	35	黒龍江師範学堂卒業	東布徳哈小学校校長
符定一	湖南	36	北京大学校師範科卒業	高等師範学校校長，湖南省教育会会長
熊非龍	湖南	32	湖南中路師範優級撰科卒業	湖南行政公署教育司科長
易克臬	湖南	32	京兆訳学館卒業	教育部専門司長
蔣謙孫	湖南	約40		参議会議員

表2－1（つづき）

牟鴻勳	湖北	30	両湖総師範卒業	湖北省教育会評議員
范鴻勳	湖北	26		湖北省教育会評議員
張祝南	湖北	33	両湖総師範卒業	湖北省教育会評議員
蘭承榮	山西	35	日本明治大学師範卒業	山西省教育会会長
張秀升	山西	36	京兆大学師範卒業	山西省教育会副会長，山西省立第一師範学校校長
王蜀瓊	四川	39	四川高等学校師範班卒業	四川省立第一師範教務主任，模範講演所経理
張介禮	山東	38	前清山東師範学堂卒業	私立育英中学校校長
許名世	山東	40	山東省師範学校卒業	山東省教育会副会長兼山東省会慈善公処十処小学校稽査
鞠承穎	山東	44		山東省立師範学校校長
周樹楨	山東	41	日本弘文学院師範卒業	山東省立第一女子師範学校校長
楊增炳	新彊	39	前清附貢法政卒業	前清四川補用道，民国参議院議員，政治会議議員，新彊参謀長
経亨頤	浙江	39	日本東京高等師範学校卒業	浙江省教育会会長，浙江第一師範学校校長
張世杓	浙江	37	日本弘文学院師範生	浙江両級師範附属小学校主任，甯波師範浙江女子師範教員
蔡敦辛	浙江	31	浙江両級師範学校優級卒業	浙江省立第一師範附属小学校主任，浙江省教育会評議員兼編集員
張佐漢	直隷	40	直隷省高等学校卒業，日本師範卒業	直隷師範学校教員，巡按使公署教育顧問，直隷省教育会会長
劉続曽	直隷	39	直隷省師範科卒業，日本師範科卒業	直隷第二師範学校校長，直隷省教育会副会長
李雲錦	直隷	32	京兆文科大学卒業	直隷第一師範教員，直隷省教育会評議員及び編集主任
蘇寶侠	陝西	30	保定法政学校卒業	陝西省巡按使公署教育科科員，陝西省視学
劉以鍾	福建	30	日本東京高等師範学校卒業	福建京兆高等師範学校教員
鄧萃英	福建	31	日本東京高等師範学校卒業	福建女子師範女子職業学校校長
関海青	奉天	34	京兆大学優級師範卒業	奉天法政専門学校校長
魏福錫	奉天	38	奉天省高等学校卒業	奉天第一小学校校長
曽有翼	奉天	44	京兆大学師範卒業	蒙文学校監督
李杏田	察哈爾	37	直隷保定師範卒業	教育事務所編集
王徴善	綏遠	31	北洋大学法科法律卒業	綏遠道公署第二科科長兼道視学員

注：全國教育會編『民國第一次全國教育會聯合會報告』，1915年6月，會員録，1～11頁を基にして筆者作成。なお，聶樹滋，沈恩孚，馬庶蕃，張介禮の学歴と蒋謙孫の年齢及び職歴については，支那研究会編『最新支那官紳録』支那研究会発行，1918年8月や外務省情報部編『改訂現代支那人名鑑』東亜同文会調査部発行，1928年10月を参照して書き加えた。

ここでは、特に二四の教育会からの参加に注目してみよう。当時の中国は、中央は地方を、法律は派閥をそれぞれ統御できないという状況をかかえ、大きく南北に分かれていた[38]。「北」は、東北三省、直隷、河南、山東、江蘇、浙江、安徽、および陝西の北部と中部、湖北の東部と中部、江西の北部と中部、福建の東北部と中部を含む地域であった[39]。「南」は、雲南、貴州、広西を含む地域であった[40]。「北」に位置する山西は中立、あるいは孤立した地域であり、「南」の広東は各派の勢力が争う区域であった[41]。このような政治的な分裂をかかえながらも二四の教育会は参集していたのである。したがって、政治による全国統一は困難であったとしても、全国教育会連合会の結成によって教育による全国統一が目指されていたといえないだろうか。

② 審査会

さて、大会初日（一九一五年四月二十三日）には、まず全八章二〇条からなる会章が議決された[42]。大会の主席および副主席それぞれ一名は主催教育会の代表から推薦して決定すると規定された第八条により[43]、主席に直隷省教育会会長の張佐漢が、副主席に直隷省教育会副会長の劉続曽が選出された[44]。翌日には、審査会の設置について規定された第一六条および審査会会員の指定権は主席がもつと規定された第一七条により[45]、審査会の設置が決められた。これにしたがい張佐漢主席は、会員を甲組審査会と乙組審査会とに振り分けた[46]。それぞれの審査会では、第一四条および第一五条の規定により[47]、省区教育会名義で大会前に提出されていた提案が審議された[48]。表２－２の通り、提議数は計七一本であった[49]。

表２－２に基づきながら、十二の教育会や、あるいは陸軍部や馮国璋からの提議七一本を検討してみよう。最も多くみられたのは、師範教育関係（九本）であった。これは広東省教育会提議に特徴的であった。次に多くみられたのは、学校系統に関するもの（七本）であった。特に初等・中等教育段階の系統についてのものが多かった。なかには中学校における分科制（江蘇省教育会提議）や、あるいは小学校年限の延長を要求するもの（直隷省教育会

表2－2　第1回全国教育会連合会に提出された議案

所属	提出議案
陸軍部	軍國民教育案
馮国璋	軍國民教育研究芻議
広東省教育会	小學各科教授方法應趨重實用案 擬整頓師範案 初等小學擬加課孝經案 擬小學教科增減案 擬設繼續學校以振興實業教育案 擬請設師範分習科及規定講習科程度案 擬酌改師範課程案 擬師範練習及訓練方法案 擬從新組織中小學之系統案
京兆教育会	變通學期案 變通入學章程案
北京教育会	擬請將義務教育列入憲法建議案 擬請教育總長特開教育法令修訂委員會並編訂教育行政法建議案 組織中華全國教育會案 整理小學教育建議案 改訂學期及變通假期案 外人在國内設學宜加限制案 國立專門以上各學校宜酌設半費生及免費生或貸費生額使寒畯子弟得受高等教育案 擬請提唱中國舊有武術列入體操科以振起國民尚武精神案 各校招考新生宜限定畢業資格以杜流弊而維學系案 中國文字繁難為義務教育之障礙亟宜籌備改良案 整理師範教育建議案 提唱社會教育建議案
江西省教育会	實行小學教員年功加俸案 全國學校設立日曜日講演會闡明孔教整飭人心案 變通中學教育制度案
江蘇省教育会	各省省教育會聯合辦法案 提議修正師範課程案 提議中學仍分文實兩科案 提議實業教育進行計劃案 擬請初等小學校名稱無庸改定建議案
湖南省教育会	県視學試驗暫行條例草案 改革學校系統案 請設地方教育專官案 義務教育會草案 初等教育檢定條例草案
山西省教育会	提議變更師範課程案 提議改良初小國文教科書案 提議各省宜設教育專署並劃定教育經費案
四川省教育会	小學中學師範各校課外遊藝會請明文規定並宜注重體育以體育會為主要案
浙江省教育会	實行軍國民教育案 組織國教育會案 擬改三學期為二學期案 任用校長不得用委狀案 修身教授宜注重禮法案 任用教員取專任制案 檢定中小學校教員方法案 擬設教育學講演會案
直隷省教育会	變更學期制度案 實行軍國民教育案 强迫教育案 義務教育改四年為五年案 教育官廳行政人員須與學校職教員互相更調以收實益案 規復全國勸學所案 地方教育經費宜逐漸增加案 請設各省教育廳案 修正師範課程案 請復法政別科案 修正教育會規程案 變更中等學制案
福建省教育会	提議維持教育經費案 軍國民教育主義實施案 教育宗旨不宜屢行改定案 維持教育統系建議案 尊重教育者人格建議案
奉天省教育会	提議發起聯合會為永久機關案 提議修正省教育會規程案 提議推廣私立小學校由國庫補助案 提議更訂學期案

注：全國教育會編『民國第一次全國教育會聯合會報告』，1915年6月，各處提出議案目録，1～7頁を基にして筆者作成。

表２－３　第１回全国教育会連合会の審査会編制と提出議案

組	審査内容	審査員氏名	各組提出議案	共同提出議案
甲組審査会	小学校教育 中学校教育 師範教育	沈恩孚　張介禮　江謙 鄧萃英　李鈉　王蜀瓊 佟永元　董景常　李搢榮 経亨頤　李杏田　曽有翼 周鍾嶽　廖道傳　熊非龍 張秀升　曹冕　楊作舟 劉續曽　周樹楨　牟鴻勳	整理小学教育案 修正師範課程案 軍國民教育施行方法案 提唱中國舊有武術列入體操科以振起國民尚武精神案	組織國教育會議案 請設各省教育廳案 改革學校系統案 尊重教育者人格建議案
乙組審査会	実業教育 専門教育 社会教育 教育行政	袁希濤　張世杓　馬庶蕃 李雲錦　郭秉文　劉哲 程臻　楊潤蘭　關海青 劉潜　魏福錫　楊増炳 符定一　梁錫光　劉以鍾 蔡敦辛　蘇寶侠　蘭承榮 聶樹滋　王桂照　蔡以観 范鴻勳　張祝南　王卓午 鞠承穎	改三學期為二學期案 實業教育進行計劃案 義務教育列入憲法案 各學校宜利用日曜日講演道徳激勵人心案 擬設教育講演會案 規復全國勸學所案 義務教育令草案 各學校招考新生宜限定卆業資格以杜流弊案 社會教育進行計劃案 任用教育官廳行政人員建議案 學校宜用専任教員案	

注：全國教育會編『民國第一次全國教育會聯合會報告』，1915年6月，審査會之編制，1～2頁及び會場記事，1～5頁を基にして筆者作成。

提議）もあった。壬子・癸丑学制に対する改革の動きがすでに第一回大会からあったことがわかる。また、江蘇省教育会提議のように、初等小学校の名称を改める必要はないというものもあった。これは、すでに前章でみたような国民学校構想に対するものであったと思われる。さらに注目されるのは、軍国民教育に関係するもの（六本）であった。このほかで目立ったのは、学期制（五本）、教育会（六本）、教育費（六本）、小学校教育（五本）、義務教育（四本）、教員政策（五本）、道徳教育（四本）などであった。

　こうした七一本の提議は、甲組審査会と乙組審査会に振り分けられて審議された。表２－３に示したが、前者では小学校教育、中学校教育、

表2-4　第1回全国教育会連合会における大会決議

憲法起草会及び国民会議への報告	請將義務教育列入憲法案
大総統ならびに教育部への報告	請設各省教育廳案
教育部への報告	軍國民教育施行方法案 請改三學期為二學期案 擬請修改師範課程案 實業教育進行計劃案 社會教育進行計劃案 擬設教育講演會案 學校教員宜専任案
各教育会への通告	小學教育注意要項案 各學校宜利用日曜日講演道德激勵人心案 徵集義務教育意見案 徵集學校系統應否改革意見案

注：全國教育會編『民國第一次全國教育會聯合會報告』，1915年6月，大會議決案，1～52頁を基にして筆者作成。

師範教育に関する提議が、後者では実業教育、専門教育、社会教育、教育行政に関する提議が審議された。また、審査員の両組への振り分けを表2-1と照合してみても、それは学歴や職業に応じて行われたのではなかった。しかし、代表がもともと一名のみであったところを除けば、両組に省区教育会からそれぞれ一名ずつが振り分けられていたようにもみえる。

一方、七一本の提議は、中身を同じくするものが多かった[50]。このため、両組で整理・統合された。この結果、表2-3にみられるように、組ごとの提議（甲組四本、乙組一一本）と共同の提議（四本）が生まれた。こうした計一九本の提議は、最終的に大会の全体審議に移された。

③　第一回大会の決議

大会審議では、先の審査会を通過した提議のうち六本が廃案にされた。それは、組織國教育會議案（国の教育会を組織する案）、規復全國勸學所案（全国に勧学所を取り戻す案）、各學校招考新生宜限定卆業資格以杜流弊案（それぞれの学校で新入生を募集する際は卒業資格を限定すべきだとする案）、提唱中國舊有武術列入體操科以振起國民尚武精神案（中国にもともとある武術を体操科に取り入れて国民の尚武の精神を振るわせる案）、任用教育官廳行政人員建議案（教育官庁の人員を登用する案）、尊重教育者人格建議案（教育者の人格を尊重する案）であった。このうち、規復全國勸學所案は、すでに教育部により公布されていた義務教育施行程序で規定されているという理由で廃案にされた(51)。またもうひとつの提唱中國舊有武術列入體操科以振起國民尚武精神案は、軍國民教育施行方法案に統合されたことで廃案にされた(52)。

反対に、第一回大会決議として成立したのは、一三本であった。これらを全て表2－4に示した。請將義務教育列入憲法案（義務教育を憲法に入れる案）は、憲法起草会および国民会議に具申され、その議決が要請された(53)。請設各省教育廳案（省教育庁を設置する案）は、大総統ならびに教育部に上申された(54)。軍國民教育施行方法案、改三學期為二學期案（三学期制を二学期制に改める案）、擬請修改師範課程案、實業教育進行計劃案、社會教育進行計劃案、擬設教育講演會案（教育講演会を設置する案）、學校教員宜專任案（学校教員は専任とする案）など七本は、教育部に上申された(55)。また、小學教育注意要項案、各學校宜利用日曜日講演道德激勵人心案（各学校は日曜日を利用して道徳を講演して人心を激励すべき案）の二本は、省区教育会に通告された(56)。さらに、徴集義務教育意見案、徴集学校系統応否改革意見案の二本は、様々な意見を集めて再び審議する扱いとなった(57)。後者については、特に第一回大会途中で湯化龍教育部総長がこれを重大な問題だとし、社会の趨勢をみて審議される必要があると述べていた。このため、それは省区教育会の意見を徴集する扱いとなり(58)、意見が集まるのをまってから教育部で改革すべきかどうか議論されることとなった(59)。

こうした諸決議のうち注目されるのは、第一に請將義務教育列入憲法案である。第一回大会の開催直前に教育部により義務教育施行程序が公布されていたが(60)、これに並行して第一回大会で憲法における規定までもが要請されるに至ったことは、教育部の義務教育政策を後押しするものであったとみられる。第二に軍國民教育施行方法案である。軍国民教育は一九一五年二月の教育宗旨のひとつ、すなわち尚武に通じるものであり、湯化龍により強く唱えられていた教育理念であった。第三に学校系統の改革要求があったのに対して湯化龍が、自らの意思で意見徴集を先としたことである。本書の第三章でみるように、一九二一年十月に開かれることとなる第七回大会では、広東省教育会提議を骨子とした学制系統草案が議決され、これにより学制改革が進む。これに照らせば、第一回大会での学制改革に対する姿勢は慎重であったとみられる。

上記三点からすれば、全国教育会連合会はその結成時、教育部の政策を補完、または追認する性格をもっていたと理解されよう。

本節でみてきたように第一回大会は、直隷省教育会によって提案されたが、教育部による承諾や、他の行政府の参加なくして実現できなかった。このことから結成時、全国教育会連合会は官民一体の性格をもっていたといえるのではないだろうか。教育部も全国教育会連合会も遅々として進まない教育の全国普及を意図し、さらにまた全国教育会連合会の結成によって教育事業の全国的な展開が目指されていたのである。

一方で、第一回大会決議には教育部の政策を補完、または追認するものが多くみられ、このことからすれば結成時には、教育部が主導権を握っていたように思われる。次節以降で論じることとなるが、全国教育会連合会はその後、第六回大会までは特に地方教育行政改革を教育部に要求し続け、そして第六回大会以降は学制改革に取り組むこととなる。さらにいえば、本書の第五章で明らかとなるように、第七回大会決議の学制系統草案は教育部が学制改革に取り組む大きなきっかけとなった。こうしたその後の働きはいずれも、教育部より先に全国教育会連合会が始めたとみられ、主導権は次第に全国教育会連合会それ自体に移っていったと考えられる。

第二節　地方教育行政改革の要求

全国教育会連合会の活躍については、学制改革に果たした役割のことがこれまでにも言及されてきたが、[61] それ以外のことについては注目されることがほとんどなかったといってよい。[62] しかし、本節で明らかとなるように中華民国北京政府期に全国教育会連合会は、年に一度の大会が一一回開かれ、大会ごとに決議が生みだされていた。それは、二四八本にも及んだ。[63] 本節では、全国教育会連合会の大会決議を取り上げ、特に学制改革以外の決議について検討する。

大会決議を取り上げた先行研究は、五〇年近く前のアメリカにおいてのもののみであろう。[64] この研究では、大会決議が分析された結果、次の三点が明らかにされている。第一には、軍閥混戦の時代であったにもかかわらず教育の成果が生み出されていたこと、第二には、省または区教育会の代表が結集したことにより、当時かかえていた教育上の問題が処理されていたこと、第三には、実施を目的として教育行政機関や教育専門機関に大会決議が通知されていたことなどである。

しかし、この研究で対象とされた諸決議は一七二本であり、本節で取り扱う決議総数二四八本に比べると大差がある。また、大会決議はどのようにして生まれたのか。その審議システムは明らかにされていない。さらにいえば、大会決議が教育行政機関などに通知されていたことが明らかにされてはいるものの、その後どうなったのか。換言すれば、例えば教育部は大会決議を実施したのかどうか。こうした問題に解答を示さずして「教育の成果が生み出されていた」とか、あるいは「教育上の問題が処理されていた」というのは些か早急であろう。したがって、中華民国北京政府期の「教育改革をめぐる多極構造は明確にされてはいない」という近年の指摘に対して頷けるものである(65)。

そこで、本節では、毎回の開催年月および開催地や大会を主催した事務所、あるいはまた全国教育会連合会への参加形態などをまずは概観する。次に、審議システムの解明を行い、さらには大会決議の扱い方にも言及する。その上で、大会決議二四八本を分類別に整理し、その結果、最も多くみられた決議が教育行政に関するものであったため、これらの決議に焦点をあてる。その際、教育部は実施したかどうかにも着目する。以上により、全国教育会連合会が、学制改革だけではなく地方教育行政改革にも一役買っていたことが明らかとなるであろう。

（1）全国教育会連合会の性格

①　毎回の運営および参加形態

全国教育会連合会（以下、全教連と略す）は、一九一五年四月に天津で第一回大会が開かれ、その後一九二五年十月に長沙で開かれた第一一回大会まで、毎年一回、定期的に開かれていた。毎回の開催期間はおおよそ二週間から三週間程度で、開催地は転々とした。また、開催地には所在の省または区教育会に事務所が設置され、大会は毎回ここにより運営された。さらに、毎回、主席および副主席が選任された。彼らは、主催事務所が設置された省教育会の代表から選ばれた。表２－５は、以上の内容をまとめたものである。

参加状況もみておこう。表２－６は、省または区教育会の出欠や、あるいは出席した場合の派遣代表人数を大会ごとに示したものである。表の下には、省または区教育会の参加総数および代表の総人数を明記した。全大会を通してみると、平均して二〇前後の教育会から四〇名前後の参加があったことがわかる。また、河南省など七つの教育会は毎回、広東省など五つの教育会は一〇回、安徽省は九回、雲南省など五つの教育会は八回、代表を派遣していたことがわかる。

表 2－5　全国教育会連合会の開催状況

回数	開催期間	開催場所	主催事務所	大会主席(括弧内は副主席)	参加総数	代表参加者総数
第 1 回	1915 年 4 月 23 日から 5 月 13 日まで（21 日間）	天津	直隷省教育会	張佐漢（劉続会）	24	53
第 2 回	1916 年 10 月 10 日から 25 日まで（16 日間）	北京	北京教育会	陳宝泉（梁錫光）	24	57
第 3 回	1917 年 10 月 10 日から 27 日まで（18 日間）	杭州	浙江省教育会	経亨頤（不明）	20	39
第 4 回	1918 年 10 月 10 日から 25 日まで（16 日間）	上海	江蘇省教育会	沈恩孚（庄兪）	18	33
第 5 回	1919 年 10 月 10 日から 25 日まで（16 日間）	太原	山西省教育会	馮司直（張秀弁）	23	51
第 6 回	1920 年 10 月 20 日から 11 月 10 日まで（22 日間）	上海	江蘇省教育会	黄炎培（沈恩孚）	19	36
第 7 回	1921 年 10 月 26 日から 11 月 7 日まで（13 日間）	広州	広東省教育会	汪兆銘（金曽澄）	17	35
第 8 回	1922 年 10 月 11 日から 21 日まで（11 日間）	済南	山東省教育会	許名世（郭葆珍）	21	46
第 9 回	1923 年 10 月 22 日から 11 月 5 日まで（15 日間）	昆明	雲南省教育会	由雲龍（不明）	17	23
第 10 回	1924 年 10 月 11 日から 28 日まで（18 日間）	開封	河南省教育会	不明（不明）	19	35
第 11 回	1925 年 10 月 14 日から 27 日まで（14 日間）	長沙	湖南省教育会	不明（不明）	23	56

注：第 1 回大会は全國教育會編『民國第一次全國教育會聯合會報告』（1915 年）を，第 2 回大会から第 10 回大会までは第 11 届全國教育會聯合會事務所『歴届全國教育會聯合會議決分類彙編』（1925 年）を，第 11 回大会は李石岑編『教育雑誌』第 17 巻第 12 号（1925 年）をそれぞれ基にして作成した。なお，参加総数は参加した省または区教育会を数えたものである。

ここで注意すべきことは、全国教育会連合会は、誰でも参加できたのではなく、省または区教育会の代表により構成されたということである。第一回大会決議である全国教育会連合会章程（以下、章程と略す）第三条によると、[66]「本会の会員は各省教育会および特別行政区域教育会により推薦された代表三名で構成される」とあり、省または区教育会で選ばれた代表により構成されたことが明らかである。したがって、誰でも自由に参加できる大会ではなかったと理解できる。

②　大会における審議

省または区教育会からは毎回のように様々な提案が出され、大会ではそうした諸提議を基に審議が

表 2－6　大会別にみた全国教育会連合会への省または区教育会の代表参加人数

教育会名	第1回	第2回	第3回	第4回	第5回	第6回	第7回	第8回	第9回	第10回	第11回
安徽省教育会	2	2	3	3	3	2	2	2	1	×	×
雲南省教育会	2	2	×	×	2	×	2	1	3	1	2
河南省教育会	2	2	3	2	2	3	3	3	1	3	3
甘粛省教育会	1	1	×	×	3	1	×	2	2	3	3
広東省教育会	2	2	1	1	1	1	3	3	2	×	3
貴州省教育会	×	×	×	×	×	×	×	×	2	2	2
吉林省教育会	3	2	2	2	3	2	1	1	1	×	3
京兆教育会	3	3	2	1	2	1	2	2	×	1	3
広西省教育会	×	×	×	×	1	×	1	×	1	1	2
江西省教育会	2	3	2	1	2	2	3	3	1	1	3
江蘇省教育会	3	3	3	3	2	3	3	3	2	1	3
黒龍江省教育会	1	2	1	1	1	1	×	2	×	×	3
湖南省教育会	4	1	2	2	2	1	1	3	1	3	3
湖北省教育会	3	3	2	1	×	×	×	1	1	3	×
山西省教育会	2	2	2	2	3	2	2	3	2	3	3
四川省教育会	1	1	×	×	×	×	×	×	×	1	2
山東省教育会	4	6	2	2	3	2	2	3	1	3	3
新疆教育会	1	×	×	×	×	×	×	×	×	×	×
浙江省教育会	3	2	3	3	2	3	3	3	1	1	×
直隷省教育会	3	4	1	2	3	3	1	3	1	1	3
陝西省教育会	1	1	2	×	2	×	×	1	×	2	×
熱河教育会	×	3	×	×	2	1	×	×	×	×	×
福建省教育会	2	2	3	1	3	3	3	×	×	×	2
北京教育会	3	4	2	2	2	1	1	2	×	1	1
奉天省教育会	3	3	2	3	4	2	×	2	×	×	3
察哈爾教育会	1	2	1	×	1	×	×	1	×	1	3
綏遠教育会	1	1	×	×	2	2	2	2	×	3	×
南洋華僑学務総会	×	×	1	×	×	×	×	×	1	×	2
南洋何属学務総会	×	×	×	1	×	×	×	×	×	×	×
庚款委員会	×	×	×	×	×	×	×	×	×	×	1
庚款董事会	×	×	×	×	×	×	×	×	×	×	1
参加総数	24	24	20	18	23	19	17	21	17	19	23
参加者総数	53	57	39	33	51	36	35	46	23	35	56

注：「歴届全國教育會聯合會各省區代表姓名録」，第 11 届全國教育會聯合會事務所『歴届全國教育會聯合會議決分類彙編』（1925 年），1 ～30 頁を基にして作成した。なお，×印は代表が派遣されていなかったことを表す。また，参加総数は参加した省または区教育会を数えたものである。

表２－７　大会別にみた省区教育会の提議総数および大会決議数

回数	第１回	第２回	第３回	第４回	第５回	第６回	第７回	第８回	第９回	第10回	第11回
開催年 開催地	1915 天津	1916 北京	1917 杭州	1918 上海	1919 太原	1920 上海	1921 広州	1922 済南	1923 昆明	1924 開封	1925 長沙
提議総数 大会決議数	69 13	58 12	43 17	不明 16	62 29	75 24	31 17	33 25	53 31	82 39	84 25

注　第１回大会から第８回大会までの省区教育会の提議総数は朱有瓛・戚名琇・銭曼倩・霍益萍編『中国近代教育史資料匯編』教育行政機構及教育団体（上海教育出版社，1993年），200～246頁を，第９回大会の提議総数は「教育界消息」，李石岑編『教育雑誌』第15巻第12号（1923年），４～６頁を，第10回大会の提議総数は「教育界消息」，李石岑編『教育雑誌』第16巻第12号（1924年），１～９頁を，第11回大会の提議総数は「教育界消息」，李石岑編『教育雑誌』第17巻第12号（1925年），４～８頁を基に明記した。また，第１回大会から第10回大会までの大会決議数は「歴届全國教育會聯合會議案分類彙編目録」，第11届全國教育會聯合會事務所『歴届全國教育會聯合會議決分類彙編』（1925年），３～28頁を，第11回大会の大会決議数は前掲，李石岑編（1925年），４～８頁を基にして明記した。

行われ、採択が行われていた。表２－７は、省区教育会の提議総数および大会決議数を示したものである。例えば、第一回大会では、省区教育会から計六九本の提案が出され、一三本の大会決議が生まれた。

それでは、審議はどのように行われたのか。全国教育会連合会の審議に関する規程は、第一回大会で議決された章程第六章と第七章にみられる(67)。

第六章　議事および提案

第一一条　本会における会議は、会への到着会員が過半数に満たない場合には開くことができない。

第一二条　議案の採択は、多数決によって決める。同数の場合には、主席により決定される。

第一三条　各種議案は、審査会で審査されていない場合には議決できない。ただし、会員の過半数の同意が得られる場合には審査会を経ずに直接議決できる。

第一四条　会員による提案は、代表される教育会名義により行われる。

第一五条　議案は、開会の二ヶ月前までに各教育会に送ることとし、先行して討論されるものとする。

第七章　審査会

第一六条　本会の開会時に、審査会を設置しなければならない。

第一七条　審査会の会員は、主席により臨時に指定される。

第一八条　審査会では、審査員のなかから主任一名が選出される。

第一一条によると、過半数の出席がなければ会議を開くことができなかったことがわかる。一方、第一三条には「各種議案は審査会で審査されていない場合には議決できない」とあり、省区教育会の諸提議は審査会での協議を必ず経過していなければならなかったことがわかる。同時に「本会の開会時に、審査会を設置しなければならない」と第一六条にあり、先の会議とこの審査会とが別物であることもわかる。

引用した事項は、第三回大会決議の全七章二七条からなる全国教育会連合会議事細則（以下、議事細則と略す）でより詳細なものとなったが[68]、その第一九条によれば「審査会の開会時間は、審査主任が臨時に決定してこれを通知する。ただし、会議の時間と衝突することがあってはならない」とあり、全教連での審議は、全体的な会議と審査会を通じて行われていたことが明らかである。

全体的な会議では、三読会形式による採択が行われていたようである。議事細則第一二条には「会議は初読、二読、三読に分ける。初読時の協議では本案を成立させるかどうか、これをおよそ決定する。再読時には逐条的に協議する。三読時には文字の修正を行い、完全に成立させる」とあり[69]、また、議事細則第一六条には審査会にまわされる提案は「初読会で決定された場合、主席がこれを宣告する」とある[70]。さらに、議事細則第二〇条には「審査会の審査結果は書面により報告されなければならない。主席は印刷して各代表に送ると共に、会議において報告しなければならない」とあった。[71] 要するに、全体的な会議の初読時において審査会にまわされる提案がまずは決定され、その後そうした提案が審査会で審議され、その結果が全体的な会議に戻されて二読会と三読会で審議され、ようやく最終的な決議が行われていたことがわかる。

このように、全教連では全体会議と審査会という二つの場を通じて省区教育会の諸提議が審議され、最終的な大会決議が生みだされていたとみられる。したがって、諸提議を審議して決議を行っていたことから、全教連は、教育研究や教員研修を行うというような場ではなく、一種の議決機関であったと理解されよう。

表2－8　大会決議の扱い

	扱　　い	本数
1	大総統に上申	2
2	国務院に上申	5
3	内務部に上申	2
4	教育部に上申	122
5	国会に請願	2
6	各省区教育庁に通告あるいは送付	85
7	各省区教育会に通告あるいは送付	141
8	各書店に送付	3
9	その他	18
10	記載無し	9

注：6および7には「各省區」や「各省區教育機関」と記載されているものも含めた。また，例えば「憲法起草委員会への報告」，「国会への報告」，「各商業学校に通知」などの場合には9に一括した。なお，ここでの本数を合計すると全決議総数248本をはるかに上回る。これは決議によっては複数に扱われたためである。

③　大会決議の扱い

大会決議は、教育部に上申されたり、あるいは省区の教育会や教育庁に通告もしくは送付されたりするほかに、大総統や国務院にも上申され、さらには書店にも送付されるなど、様々に扱われていた。

表2－8は、二四八本の決議それぞれに付された決議の扱いを、項目別に示したものである。[72] この表によれば、省区教育会に通告あるいは送付されたものが一四一本と最も多く、続けて教育部に上申されたものが一二二本、そして省区教育庁に通告あるいは送付されたものが八五本であったことがわかる。全国教育会連合会では、このよう

な三通りの扱いが主流にされていたといえる。

それでは、これらの決議はその後どうなったか。実施に移されたのだろうか。

(2) 地方教育行政改革の要求

① 教育行政に関する決議

まずは、決議内容を検討してみよう。全国教育会連合会の決議のなかでも、第七回大会で議決された学制系統草案のことはよく知られている。それでは、ほかにはどのような決議があったか。

そこで、全決議を分類別に整理した。結果は、表2－9の通りである。分類別にすると、全国教育会連合会では全大会を通じて教育全般に関する決議が生みだされていたことが、一目瞭然である。このうち、学校系統に関するものは四本だけであった。一方で、教育行政に関するものが五四本と圧倒的に多い。これは、全体の二一・八パーセントを占めた。これにしたがい、以下では、教育行政に関する決議に焦点をあてることにより、大会決議のその後を考察する。

② 省区教育庁の設置要求

教育行政に関する決議は、扱われ方でみると教育部に上申された場合が最も多く、四五本もあった。前で述べたように、教育行政に関する全決議は五四本であったから、そのうちの八割以上が教育部に上申されていたことになる。

教育部に上申された四五本全てを大会ごとに列挙すると、表2－10の通りとなる。注目できることは、同類の決議がみられるということである。同類というのは省区教育庁の設置が要求されていた諸決議のことである。表2－10の番号にしたがうと、1、3、8、13、21、25など計六本のことであり、決議名から明らかであるように、これらの決議は全て省区教育庁の設置が要求されたものであった。(73) さらに、この六本が第一回大会から第六回大会まで連続して議決されたものであることは興味深い。全国教育会連合会では、なぜそうした要求が教育部に行い続けられていたのだろうか。その理由を解くために、まずは当時の地方行政制度を簡単にみておきたい。

第一回大会が開かれたのは一九一五年春のことであった。ちょうどその一年前の一九一四年五月二十三日に公布されていた省官制は、それ以前の行政公署を巡按使署に改めるというものであった。(74) 巡按使署には政務庁が設置され、政務庁には総務、内務、教育、実業などの四科が置かれることになった。また、これらの事務の管轄は全て政務庁長官に任せられることになった。要するに、四種に及ぶ事務の統轄をたった一人の政務庁長官に任せるという

表2-9 大会決議の分類

	分類	本数（割合）
1	教育行政	54（21.8%）
2	学校系統	4（1.6%）
3	教育経費	12（4.8%）
4	学校行政	21（8.5%）
5	高等教育	3（1.2%）
6	中等教育	10（4.0%）
7	初等教育	8（3.2%）
8	師範教育	6（2.4%）
9	女子教育	10（4.0%）
10	職業教育（農村教育を含む）	13（5.2%）
11	社会教育	17（6.9%）
12	義務教育	8（3.2%）
13	教育課程（教育方法を含む）	12（4.8%）
14	科学教育	7（2.8%）
15	国語教育	6（2.4%）
16	童子軍教育	3（1.2%）
17	体育	9（3.6%）
18	教育会会務及規程	13（5.2%）
19	本会会務及細則	8（3.2%）
20	歴届提案方針	3（1.2%）
21	雑件	21（8.5%）
合計		248（100.0%）

注：『歴届全國教育會聯合會議決分類彙編』（第11届全國教育會聯合會事務所，1925年9月）および『中国教育年鑑』第1次第6冊を基にして作成した。第10回大会までの決議は前者を，第11回大会の決議は後者に所載のものを参照した。また，第11回大会の決議についてのみ，作成者がその分類を判断した。なお，分類項目は上記『歴届全國教育會聯合會議決分類彙編』で使用されたものを基にした。

表 2 - 10　教育部に上申された教育行政に関する決議

回数	開催年		決　　議　　名	その他の扱い
第 1 回	1915	1	請設各省教育廳案	大総統に上申
		2	軍國民教育施行方法案	
第 2 回	1916	3	請速設各省區教育廳案	大総統，国務院に上申ならびに国会に請願
		4	請頒行縣知事辦學懲勸條例案	国務院に上申
		5	請速頒優待小學教員規程案	
		6	請頒國歌案	
第 3 回	1917	7	請從速劃定大學添設大學案	
		8	請速設各特別區域教育廳案	
		9	請在哈爾籌設國立農業専門學校並由察綏熱墾務局酌撥荒地充各區學校經費案	
		10	請教育部通咨各省區實行知事辦學可成條案	
		11	整頓縣教育行政案	
第 4 回	1918	12	請勵行教育政策	国務院に上申
		13	請續設各省區教育廳案	
		14	各省區每年派員攷察國外教育案	
		15	今後我國教育之注重點案	各省区に送付
第 5 回	1919	16	請廢止教育宗旨旨宣布教育本義案	
		17	各省區設立教育行政人員講習會案	
		18	請速設國立陝西高等師範學校案	
		19	請設國立學術研究會議案	
		20	請分區籌設國立農業専門學校案	
		21	各特別區廳設専管教育機關案	
		22	請簡任教育廳長不必限定他省人案	
第 6 回	1920	23	請從速恢復地方自治以固教育根本案	国務院，内務部に上申
		24	小學教員不宜停止被選舉權案	内務部に上申
		25	請速設各特別區教育廳案	
		26	請修改學校及教育團體公文書式案	
		27	請修改選派留學生條例並增定各區留學専額案	
		28	任用校長應注重相當資格案	
		29	請速增設國立大學案	
		30	各省區教育行政機關宜聯合本省區教育會組織評議會以謀教育進行案（『教育雑誌』第 12 巻第 12 号に明記）	
		31	民治教育設施標準案	各省区教育會に送付
第 8 回	1922	32	改革地方教育行政制度案	
		33	建議蒙藏回教育案	
		34	各省區教育行政機關宜添聘中學各科教授臨時輔導専員案	

表2-10（つづき）

第9回	1923	35	優待學校教員辦法案	各省区教育庁，各省区教育会に送付
		36	擬組織學業成績考試委員會案	各省区教育庁，各省区教育会に送付
		37	各省區應規定校長資格案	各省区教育庁，各省区教育会に送付
		38	西北各省宜速設大學案	各省区教育庁，各省区教育会に送付
第10回	1924	39	請教育部嚴定大學設立標準案	
		40	催請教育部將「扶助無力就學之優良學生使得受均等教育案」通令遵行案	
		41	各省區宜組織教育委員會案	
		42	取締外人在國内辦理教育事業案	各省区教育庁，各省区教育会に送付
		43	各省區宜酌加省縣視學名額案	各省区教育庁，各省区教育会に送付
第11回	1925	44	否認教育部議訂各省教育廳長囘避本籍案	
		45	今後教育宜注意民族主義案	各省区教育庁，各省区教育会に送付

注：『歴届全國教育會聯合會議案分類彙編』（第11届全國教育會聯合會事務所，1925年9月），「歴届全國教育會聯合會議案分類彙編」，1～46頁および『中國教育年鑑』第1次第6冊を基にして作成した。第10回大會までの決議は前者を，第11回大會の決議は後者に所載のものを参照した。

改革が、第一回大会開催のちょうど一年前に行われていたのである。

このあり方に対して、全教連では不満がもたれたようである。第一回大会では、すでに政務庁内の一科に格下げとなった教育科のことが「地方教育行政の凋落」といわれ、非難されていた。[75] さらにまた「巡按使は省の大政処理に休む暇がないため、これに代わって政務庁長官が事にあたっているが、これにとってもまた膨大である」ために、[76] 教育事務が全く疎かとなっていた。このため、教育事務に専念できる官庁が必要という認識に達し、第一回大会では早くも地方における教育のための独立官庁の設置要求が議決されたのである。この要求の実現を目指し、全国教育会連合会ではその後も議決が続けられ、教育部への上申が続けられた。表2-10にみられる省区教育庁の設置促進に関する決議六本が示す通りである。

教育部は、どのように対応したか。結論を先に述べると、一九一七年九月になって教育庁暫行条例を公布し[77]、これにより全国教育会連合会の要求を実現したとみられる。また、教育庁暫行条例の公布二日後となる九月八日には、政務庁内に置かれていた教育科が大総統令により廃止された[78]。続いて、同年十一月八日には、教育部により教育庁署組織大綱も公布された[79]。

こうした一連の動きについては、一九一六年七月に巡按使署が省長公署に改められた地方行政改革に対応して教育部が動いた結果、実現していったとみることもできる。しかし、全国教育会連合会では、その地方行政改革よりも前に開かれた第一回大会において、すでに省区教育庁の設置が要求されていたのであり、このことを見逃すわけにはいかない。換言するならば、いち早く巡按使署の時代から全国教育会連合会ではそうした要求が始まっていたとみられる。要するに、全国教育会連合会の要求は、すでに省長公署に改められる前から始まり、一九一七年に開かれた第三回大会を前後して教育部によりようやく実現されたと理解できる。

ところで、全国教育会連合会によって把握されたところによると、教育庁の設置は各省で実際に開始されていたことがわかる。第四回大会が開かれた一九一八年の時点で二二省中「一二省」に[80]、第六回大会が開かれた一九二〇年の時点で「一六省」に設置されていた[81]。このように実施に移されていたが、依然として教育庁を設置できていないところも存在したため、全国教育会連合会は教育部に対して教育庁設置の要求を第六回大会まで持続的に行ったと考えられる。

③　地方自治による教育普及の提唱

教育庁の設置要求ばかりではない。全国教育会連合会は地方教育行政全般にわたる要求を教育部に対して行っていた。表2-10の11、12、15、17に着目すると、県教育行政の整備[82]、教育経費の確保[83]、義務教育の普及[84]、職業教育や補習教育の重視[85]、地方教育行政人員の質の向上などが内容に含まれていた[86]。さらに、23では地方自治による教育普及が提唱されていた[87]。こうした地方教育行政の今後のあり方が示された決議もまた、教育庁の設置要求と同様に

表2-11　大会別にみた教育部への上申と省区への通告あるいは送付との比較

回　　数	第1回	第2回	第3回	第4回	第5回	第6回	第7回	第8回	第9回	第10回	第11回	合計
開催年 開催地	1915 天津	1916 北京	1917 杭州	1918 上海	1919 太原	1920 上海	1921 広州	1922 済南	1923 昆明	1924 開封	1925 長沙	合計
教育部に上申	8	10	12	8	16	15	−	8	12	19	14	122
省区教育庁に通告あるいは送付	−	3	−	2	−	−	5	11	27	17	20	85
省区教育会に通告あるいは送付	4	3	5	6	13	7	15	14	30	23	21	141

注：『歴届全國教育會聯合會議案分類彙編』（第11届全國教育會聯合會事務所，1925年9月），「歴届全國教育會聯合會議案分類彙編目録」，3〜28頁および『中國教育年鑑』第1次第6冊を基にして作成した。第10回大会までの決議は前者を，第11回大会の決議は後者に所載のものを参照した。

全て一九二〇年に開かれた第六回大会までのものであった。

とりわけ、第六回大会で議決された23は、教育部だけではなく国務院や内務部にも上申されており、そこでは、地方自治を中心とした教育普及の展開が中央政府に対して請願されていた。決議名は「請従速恢復地方自治以固教育根本案（地方自治を速やかに回復して教育の基礎を固めてください）」であり、次のように述べられている。(88)

> 教育部により公布された地方学事通則や国民学校令および施行細則などは、地方自治と密接な関係がある。地方自治の成立がなければ、地方の教育事業はないに等しい。近況、義務教育の計画・準備のために、各省は皆、あらゆる調査、または財源の確保を積極的に進めている。これらのことは、地方自治の助けを最も頼りとしている。

義務教育の計画・準備などが地方自治を頼りに進められているとされ、これにしたがい地方自治によって教育の基礎を固めることが中央政府に対して促されたのである。

これに対して教育部は、さっそく第六回大会終了直後の翌月には実施義務教育研究会の設置を省区の長官に要請するなどし(89)、全国教育会連合会の請願を承諾する姿勢を示したとみられる。

このように、全国教育会連合会では、地方教育行政全般にわたる要求が一九二〇年の第六回大会まで行われ続け、同時に第六回大会では、地方自治による教育普及が提唱された。教育部は、そうした要求を受け入れ、教育庁署組織大綱の公布や、さらには省区ごとにおける実施義務教育研究会の設置など、具体的な施策を講じた。こうしてみると、全国教育会連合会は省区を主体とした教育普及を方向づける、そうした役割を果たしたといっても過言ではない。

さらに注目しておきたいことは、教育庁設置の持続的な要求が具現化されたことにともない、全国教育会連合会の大会決議の扱い方に変化がみられるようになったことである。表2－11は、全国教育会連合会により主流とされた三通りの扱いを大会別にまとめたものであるが、特徴的なことは省区教育庁に通告あるいは送付される決議が第七回大会以降に急激に増加したということである。こうした扱いは、第六回大会までにはほとんどみられなかった。全国教育会連合会の決議は、教育部や省区教育会のみならず、一九二一年以降は地方教育行政レベルにまで行き届くようになったと理解される。

第三節　第六回全国教育会連合会における学制系統研究会設置の省教育会への要求

前節でみたように、全国教育会連合会では第一回大会から第六回大会までの間に省区を主体とした教育普及構想が展開されていたとみられる。省区教育庁設置の持続的な要求に区切りがついたのは、第六回大会であった。このとき、地方自治による教育普及の提唱もなされた。また一方、第七回大会以降に省区教育庁に通告あるいは送付された決議が増加した。このようなことから、一九二〇年に開かれた第六回大会は省区を主体とした教育普及構想の一応の決着点とみることができる。

実は、この第六回大会は、全国教育会連合会が本格的に学制改革に取り組み始める大会でもあった。第六回大会では、次の大会、すなわち第七回大会までに学制系統研究会を組織して学制改革に関する提案を作成するように省区教育会に対して指示が出された。このことは、第六回大会で議決された「改革學制系統案（学制系統を改革する案）」にみることができる。(90)

去年の提案方針に基づき、本大会に提出された学制改革に関する諸案は安徽の二案、奉天、雲南、福建の各一案ずつであった。これらは重大な議案である。しかし、少数の意見を集めただけで、短期間のうちに議決することはできない。左記のように、全四ヶ条を規定する。

一　明年の第七回大会の二ヶ月前までに、学制系統研究会を組織し、研究の結果により議案を作成し、他の教育会および第七回全国教育会連合会事務所に送付するように省区教育会に要請する。

一　第七回全国教育会連合会では、まず先に学制系統案を議決し、その後他の諸案を協議することとする。

一　明年の第七回大会の開催に際し、学制についての意見を表明するように教育部の特派員に要請する。

一　本大会事務所は、従前の大会に届けられた学制に関する提案および教育会以外から出された意見をまとめた上で、これらを研究の備えとして省区教育会に送ることとする。

「少数の意見を集めただけで、短期間のうちに議決することはできない」とあり、学制改革が慎重に進められようとしたことが窺える。換言するならば「少数の意見を集めただけで」は省区を主体とした教育普及構想の延長線上に沿わず、このため省区教育会に対して学制改革に関する提議が改めて求められたことは、当然であったように思われる。

次章以降で詳しくみるように、その後、第七回大会には学制改革に関する諸案が提出された。これらとすでに第六回大会で提出されていたものとを合わせると、全部で十二にのぼった。第七回大会では、そうした諸案が審議され、先の引用にみられたように「まず先に学制系統案を議決」することになった。第七回大会で議決された学制系統草案は、その翌年に開かれた第八回大会で再協議の対象となり、第八回大会では学制系統案が議決され、これが教育部に上申された。この学制系統案がほぼ踏襲されるかたちで、一九二二年十一月には学校系統改革案が公布された。この学校系統改革案が壬戌学制と呼ばれている。

公布された学校系統改革案の標準のひとつに「各地方の伸縮の余地を多く留める」とある。第一回大会から第六回大会までにみられた省区教育庁設置の持続的な要求や、さらには第六回大会での地方自治による教育普及の提唱など全国教育会連合会による地方教育行政改革の要求は、教育部により具体的に実施に移された。そうした素地の上に、学制改革の取り組みが始まったとみることができる。第六回大会から本格化した学制改革の取り組みは、それまでに展開した省区を主体とした教育普及構想の延長線上にあったといえる。ここに「各地方の伸縮の余地を多く留める」壬戌学制との連続性を看取できる。

全国教育会連合会の開催目的は、そもそも「国内の教育状況を観察し、全国の教育事業を討論し、ならびに世界の趨勢に達するため、共同して進行する」ことであった[91]。軍閥混戦という混乱のなか、全国教育会連合会では年に一度とはいえ省または区教育会の代表が集まり、「国内の教育状況」を知ることができていた。また、「全国の教育事業を討論」し、「共同して進行する」ために、省区教育会はその開催に合わせて独自の提案を準備していた。そうした諸提議を基に、全国教育会連合会では審議が進められ、大会ごとに決議が生み出されていた。

前節で明らかにされたように、大会決議は教育部に上申される場合も多く、教育庁の設置など教育部により実施に移されたものもあった。こうしてみると、全国教育会連合会は中華民国北京政府期における「教育立法機関」としての役割を実質的に担っていたと考えられる[92]。

総じて、地方教育行政改革も、また学制改革も、全国教育会連合会の決議なくして具体化されることはなかったであろう。その意味で、全国教育会連合会は中華民国北京政府期における教育改革をリードしていたといえ、このリードは省区を主体とした教育普及の方向へと導くものであったと考えられる。さらにまた、ここにはひとつの構造があった。それは、教育部が全国教育会連合会の決議を受け入れて実施に移したという構造である。全国教育会連合会は、自らの決議を実施に移すために教育部に上申しなければならなかったのである。後で論じるように、そうした構造は六・三・三制の導入に際しても同じであった。

注

(1)「請開全國教育會聯合會文並批　一九一四年八月二十八日」、全國教育會編『民國第一次全國教育會聯合會報告』、一九一五年六月、文件摘要、一～二頁。
(2)前掲(1)、「請開全國教育會聯合會文並批　一九一四年八月二十八日」。
(3)前掲(1)、「請開全國教育會聯合會文並批　一九一四年八月二十八日」。
(4)前掲(1)、「請開全國教育會聯合會文並批　一九一四年八月二十八日」。
(5)前掲(1)、「請開全國教育會聯合會文並批　一九一四年八月二十八日」。
(6)前掲(1)、「請開全國教育會聯合會文並批　一九一四年八月二十八日」。
(7)前掲(1)、「請開全國教育會聯合會文並批　一九一四年八月二十八日」。
(8)前掲(1)、「請開全國教育會聯合會文並批　一九一四年八月二十八日」。
(9)「教育會規程　一九一二年九月六日」、『教育法規彙編』、一九一九年八月、八四～八六頁。多賀秋五郎『近代中国教育史資料民国編上』(日本学術振興会、一九七三年)に所収。
(10)「通告各教育會推選代表届期蒞會公啓　一九一四年十一月五日」、全國教育會編『民國第一次全國教育會聯合會報告』、一九一五年六月、文件摘要、二～三頁。
(11)全國教育會編『民國第一次全國教育會聯合會報告』、一九一五年六月、全國教育會聯合會會章、一頁。

(12) 前掲（11）、全国教育会連合会会章、三頁。
(13)「詳請巡按使籌撥経費文並批　一九一四年十一月六日」、全國教育會編『民國第一次全國教育會聯合會報告』、一九一五年六月、文件摘要、三～四頁。
(14) 支那教育会編『最新支那官紳録』（支那教育会発行、一九一八年八月）、厳修、七八二～七八三頁を参照した。
(15) 一九一二年九月の教育宗旨のひとつ、軍国民教育をさす。袁世凱政権期における新しい教育宗旨は、一九一五年二月に公布される。
(16)「致宣武上将軍馮華甫先生函　一九一四年十二月八日」、全國教育會編『民國第一次全國教育會聯合會報告』、一九一五年六月、文件摘要、四～五頁。
(17)「詳請陸軍部派員莅會文並批　一九一五年三月二十二日」、全國教育會編『民國第一次全國教育會聯合會報告』、一九一五年六月、文件摘要、八～九頁。
(18)「致北京蒙藏院函　一九一五年四月六日」、全國教育會編『民國第一次全國教育會聯合會報告』、一九一五年六月、文件摘要、九～一一頁。
(19)「詳請内務部派員莅會文並批　一九一五年四月十二日」、全國教育會編『民國第一次全國教育會聯合會報告』、一九一五年六月、文件摘要、一三～一四頁。
(20) 厳修については、「致厳範孫先生函　一九一五年四月十五日」、全國教育會編『民國第一次全國教育會聯合會報告』、一九一五年六月、文件摘要、一五～一六頁。徐世昌については、「致徐相國函　一九一五年四月二十九日」、全國教育會編『民國第一次全國教育會聯合會報告』、一九一五年六月、文件摘要、一六～一七頁。
(21)「致各國留學生　一九一四年十二月十五日」、全國教育會編『民國第一次全國教育會聯合會報告』、一九一五年六月、文件摘要、六～七頁。
(22) 前掲（21）、「致各國留學生　一九一四年十二月十五日」。
(23) 前掲（21）、「致各國留學生　一九一四年十二月十五日」。
(24) 前掲（21）、「致各國留學生　一九一四年十二月十五日」。
(25) 前掲（21）、「致各國留學生　一九一四年十二月十五日」。
(26) 前掲（21）、「致各國留學生　一九一四年十二月十五日」。
(27) 前掲（21）、「致各國留學生　一九一四年十二月十五日」。
(28) 前掲（21）、「致各國留學生　一九一四年十二月十五日」。

(29)「詳教育部續報聯合會籌備情形文　一九一五年四月十二日」、全國教育會編『民國第一次全國教育會聯合會報告』、一九一五年六月、文件摘要、一一～一三頁。
(30)前掲（1）、「請開全國教育會聯合會文並批　一九一四年八月二十八日」。
(31)前掲（10）、「通告各教育會推選代表届期蒞會公啓　一九一四年十一月五日」。
(32)前掲（10）、「通告各教育會推選代表届期蒞會公啓　一九一四年十一月五日」では「以前、浙江奉天それぞれの省教育会は、全国教育会連合会を開く相談をした」とあり、さらに、直隷省教育会の意図は浙江奉天それぞれの省教育会と同じだと述べられている。つまり、直隷省以外の教育会でも全国教育会連合会の結成は考えられていたことがわかる。
(33)前掲（11）、全國教育會聯合會會章、一頁。
(34)全國教育會編『民國第一次全國教育會聯合會報告』、一九一五年六月、會場紀事、一頁。
(35)前掲（29）、「詳教育部續報聯合會籌備情形文　一九一五年四月十二日」。
(36)前掲（11）、全國教育會聯合會會章、一頁。
(37)前掲（34）、会場紀事、一頁。
(38)ジェローム・チェン著／北村稔・岩井茂樹・江田憲治訳『軍紳政権　軍閥支配下の中国』（岩波書店、一九八四年十一月二十二日）、三八頁。
(39)前掲（38）、ジェローム・チェン著／北村・岩井・江田訳、三九頁。
(40)前掲（38）、ジェローム・チェン著／北村・岩井・江田訳、三九頁。
(41)前掲（38）、ジェローム・チェン著／北村・岩井・江田訳、三九頁。
(42)前掲（34）、会場記事、一頁。
(43)前掲（11）、全国教育会連合会会章、二頁。
(44)前掲（34）、会場記事、一頁。
(45)前掲（11）、全国教育会連合会会章、三頁。
(46)前掲（34）、会場記事、一頁。
(47)前掲（11）、全国教育会連合会会章、二頁。
(48)「詳報聯合會開成立會情形文並批　一九一五年四月三十日」、全國教育會編『民國第一次全國教育會聯合會報告』、一九一五年六月、文件摘要、一七～一八頁。
(49)全國教育會編『民國第一次全國教育會聯合會報告』、一九一五年六月、各處提出議案目録、一～七頁。

(50)「通告各教育會函　一九一五年五月二十三日」、全國教育會編『民國第一次全國教育會聯合會報告』、一九一五年六月、文件摘要、二二〜二三頁。
(51) 前掲（34）、會場紀事、三頁。
(52) 前掲（34）、會場紀事、三頁。
(53) 前掲（34）、會場紀事、二頁。
(54) 前掲（34）、會場紀事、二頁。
(55) 前掲（34）、會場紀事、一〜五頁。
(56) 前掲（34）、會場紀事、一〜五頁。
(57) 前掲（34）、會場紀事、一〜五頁。
(58) 前掲（34）、會場紀事、四頁。
(59) 前掲（34）、會場紀事、四頁。
(60)「呈擬具義務教育施行程序呈請核示施行並批令」、『教育公報』第十二冊（一九一五年）、公牘、一九一五年四月三十日、五〜九頁。
(61) 例えば以下を参照されたい。齋藤秋男『中国現代教育史』（田畑書店、一九七三年）、二二一〜三二頁。阿部洋『中国近代学校史研究』（福村出版、一九九三年）、二四八頁。銭曼倩・金林祥主編『中国近代学制比較研究』（広東教育出版社、一九九六年）、二三〇〜二七六頁。田正平主編『中国教育史研究』近代分巻（華東師範大学出版社、二〇〇一年）、二九三〜三〇〇頁。小林善文『中国近代教育の普及と改革に関する研究』（汲古書院、二〇〇二年）、一〇九〜一二三頁。
(62) 前掲（61）、阿部著や田正平主編、あるいは小林著で、学制改革以外の大会決議を散見することはできる。
(63)「歴届全國教育會聯合會議案分類彙編目録」、第十一届全國教育會聯合會事務所『歴届全國教育會聯合會議決分類彙編』（出版元不明、一九二五年）三〜二八頁を参照した。これには第十一回大会の決議のみ掲載されていないため、これについてのみ『中国教育年鑑』第一次第六冊を参照した。
(64) Tai Chen Hwa, *A Critical Study of the Resolutions of the Chinese Federation of Educational Associations (1915-1926)*, 1954 では、全教連の大会決議一七二本が分析の対象とされ、著者独自の視点によってそれらが一〇に分類されている。しかし、前掲（63）、「歴届全國教育會聯合會議案分類彙編目録」に基づくと、一七二本が全てではないということがわかる。
(65) 高田幸男「小林善文著『中国近代教育の普及と改革に関する研究』」、アジア教育史学会編『アジア教育史研究』第十二号（アジア教育史学会、二〇〇三年）、七六頁。

(66) 前掲（11）、全國教育會聯合會會章、一〜三頁。
(67) 前掲（11）、全國教育會聯合會會章、一〜三頁。
(68) 「歴届全國教育會聯合會議決分類彙編」、前掲（63）、『歴届全國教育會聯合會議決分類彙編』、二四四〜二四六頁。
(69) 前掲（68）、「歴届全國教育會聯合會議決分類彙編」、二四四〜二四六頁。
(70) 前掲（68）、「歴届全國教育會聯合會議決分類彙編」、二四四〜二四六頁。
(71) 前掲（68）、「歴届全國教育會聯合會議決分類彙編」、二四四〜二四六頁。
(72) 前掲（63）、「歴届全國教育會聯合會議案分類彙編目録」を参照した。この目録に記載されている諸決議には決議の扱いについても記されている。
(73) いずれも、前掲（68）、「歴届全國教育會聯合會議決分類彙編」に掲載されており、1は一〜二頁、3は四〜五頁、8は七頁、13は一一頁、21は一七〜一八頁、25は一九頁にある。
(74) 韋慶遠『中国政治制度史』（中国人民大学出版社、一九八九年）、四八七頁。
(75) 前掲（68）、「歴届全國教育會聯合會議決分類彙編」、一〜二頁および表2－10の1。
(76) 前掲（68）、「歴届全國教育會聯合會議決分類彙編」、一〜二頁および表2－10の1。
(77) 「教育廳暫行條例六年九月六日教令第十四號」、『教育法規彙編』、一九一九年五月、六〜七頁（多賀秋五郎『近代中国教育史資料　民国編上』、三八三頁に所収）。
(78) 「廢止省長公署政務廳内教育實業両科六年九月八日大総統令」、『教育法規彙編』、一九一九年五月、九頁（多賀秋五郎『近代中国教育史資料　民国編上』、三八四頁に所収）。
(79) 「教育廳署組織大綱」、『教育法規彙編』、一九一九年五月、七〜八頁（多賀秋五郎『近代中国教育史資料　民国編上』、三八三〜三八四頁に所収）。
(80) 前掲（68）、「歴届全國教育會聯合會議決分類彙編」、一一頁および表2－10の13。
(81) 前掲（68）、「歴届全國教育會聯合會議決分類彙編」、一九頁および表2－10の25。
(82) 前掲（68）、「歴届全國教育會聯合會議決分類彙編」、八〜一〇頁および表2－10の11。
(83) 前掲（68）、「歴届全國教育會聯合會議決分類彙編」、八〜一〇頁および表2－10の11や、あるいは一〇〜一一頁および表2－11の12。
(84) 前掲（68）、「歴届全國教育會聯合會議決分類彙編」、一〇〜一一頁および表2－10の12や、あるいは一二〜一三頁および表2－11の15。

(85) 前掲(68)、「歴屆全國教育會聯合會議決分類彙編」、一二〜一三頁および表2-10の15。
(86) 前掲(68)、「歴屆全國教育會聯合會議決分類彙編」、一四頁および表2-10の17。
(87) 前掲(68)、「歴屆全國教育會聯合會議決分類彙編」、一八〜一九頁および表2-10の23。
(88) 前掲(68)、「歴屆全國教育會聯合會議決分類彙編」、一八〜一九頁および表2-10の23。
(89) 「咨各省區行政長官請籌設各省區實施義務教育研究會文第一千五百八十三號九年十一月二十五日」、『教育公報』第八年第一期、「公牘」、六〜七頁（多賀秋五郎『近代中国教育史資料　民国編中』、三二一〜三二三頁に所収）。
(90) 前掲(68)、「歴屆全國教育會聯合會議決分類彙編」、五六頁。
(91) 前掲(11)、全國教育會聯合會會章、一〜三頁。
(92) 教育部に上申された決議がそのまま制度化される場合もあったことから、このように評価できるのではないだろうか。

第三章　第七回全国教育会連合会における立案

第一節　省教育会による初等教育改革の提案

すでに第一章でみたように、壬子・癸丑学制の初等・中等教育段階では、四年制初等小学校（一九一五年に国民学校に改称される）、三年制高等小学校、四年制中学校が普通教育の系統をなし、また、高等小学校と同程度には乙種実業学校が、四年制中学校と同程度には甲種実業学校や師範学校が置かれていた。

一方、第二章でみたように、一九二〇年に開かれた第六回全国教育会連合会では省教育会ごとに学制系統研究会を設置して学制改革に関する案を作成するように要求されていたが、本節でみるように、これに応じて一二もの省教育会により旧学制に対する改革案がそれぞれに作られ、一九二一年に開かれた第七回全国教育会連合会に提出された。第七回大会では、そうした諸提議が協議された結果、学制系統草案が議決されたが、周知の通り実際には広東省教育会提議の学制系統案（以下、広東案と略す）が基となり、他案との比較・検討が行われながら審議が進められたのであった。(1)

図3－1および図3－2に示したように、たしかに基とされた広東案（図3－1）を議決した第七回草案（図3－

2）に比べるとかなりよく似ており[2]、したがって広東案を基に審議が進められたことは事実であろう。しかし、他の省教育会によって作られた案については、これまで見過ごされてきたといえる[3]。

そこで、本章第一節および第二節では、これまでにも検討されてきた広東案に加え[4]、他の省教育会による立案についても検討を行うこととする。なぜなら、広東案を基に審議されたことは事実であるにしても、第三節以降で詳しく論じるように、実際には広東案の初等教育段階は修正されていたからである。

ここで、前もって広東初等教育案の特徴を指摘しておくと、それは旧学制の四・三制小学校を完全一貫制の六年制小学校に改めると同時に、義務教育年限を旧学制の四年間から六年間に延長することにあった[5]。しかしながら、第七回草案の初等教育段階をみると、それは六年制小学校に改める点で広東初等教育案と同じではあったが、しか

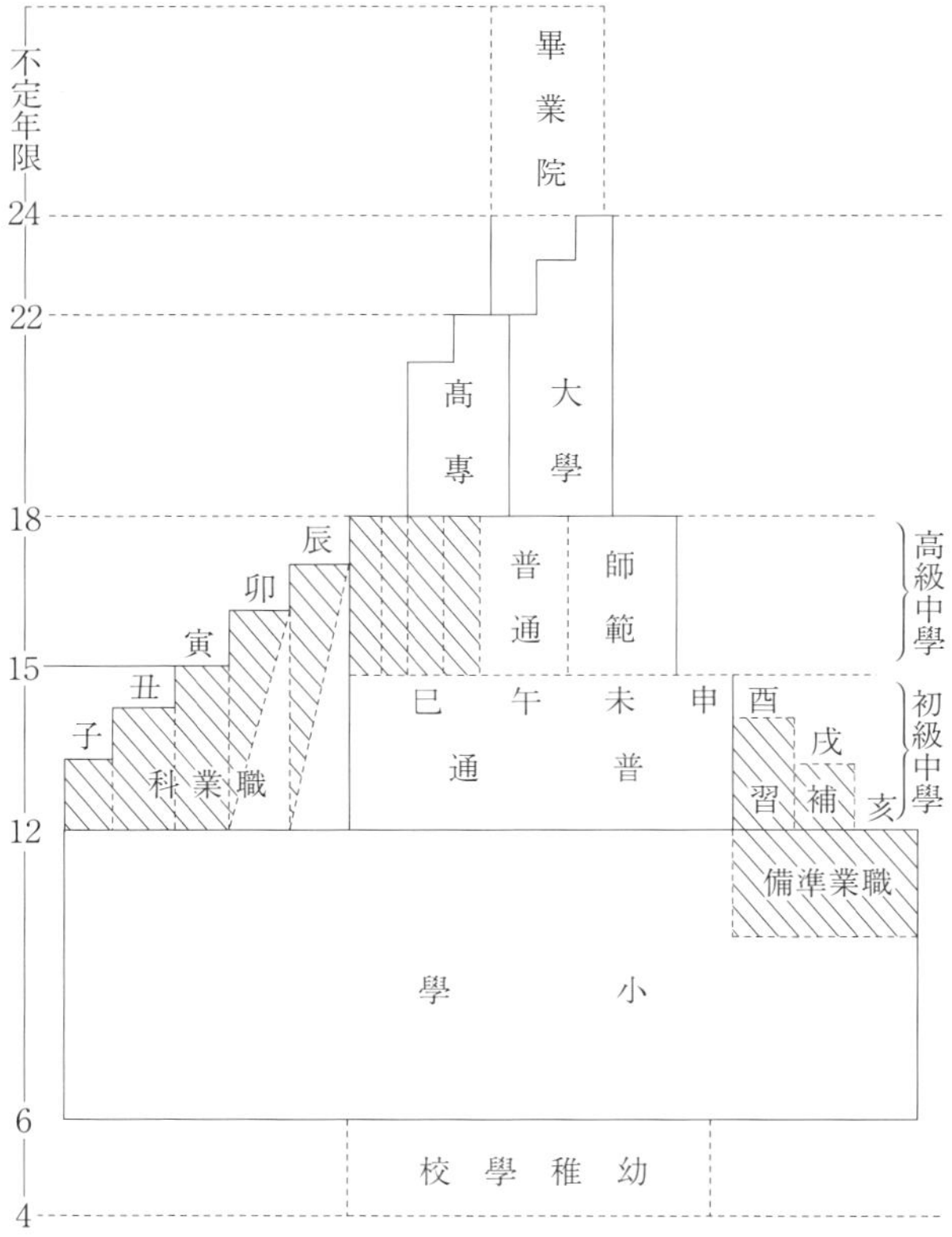

図3-1　広東案（広東省教育会提議）

し第一期四年制と第二期二年制というように段階に区分され、さらには旧学制の義務教育年限である四年間については、これをしばらく維持するというものであった(6)。このように、第七回大会において広東初等教育案は明らかに修正されたとみられる。

修正の根拠はどこにあったか。広東初等教育案に対立する点をもつ案が他にあったのではないか、この点を明ら

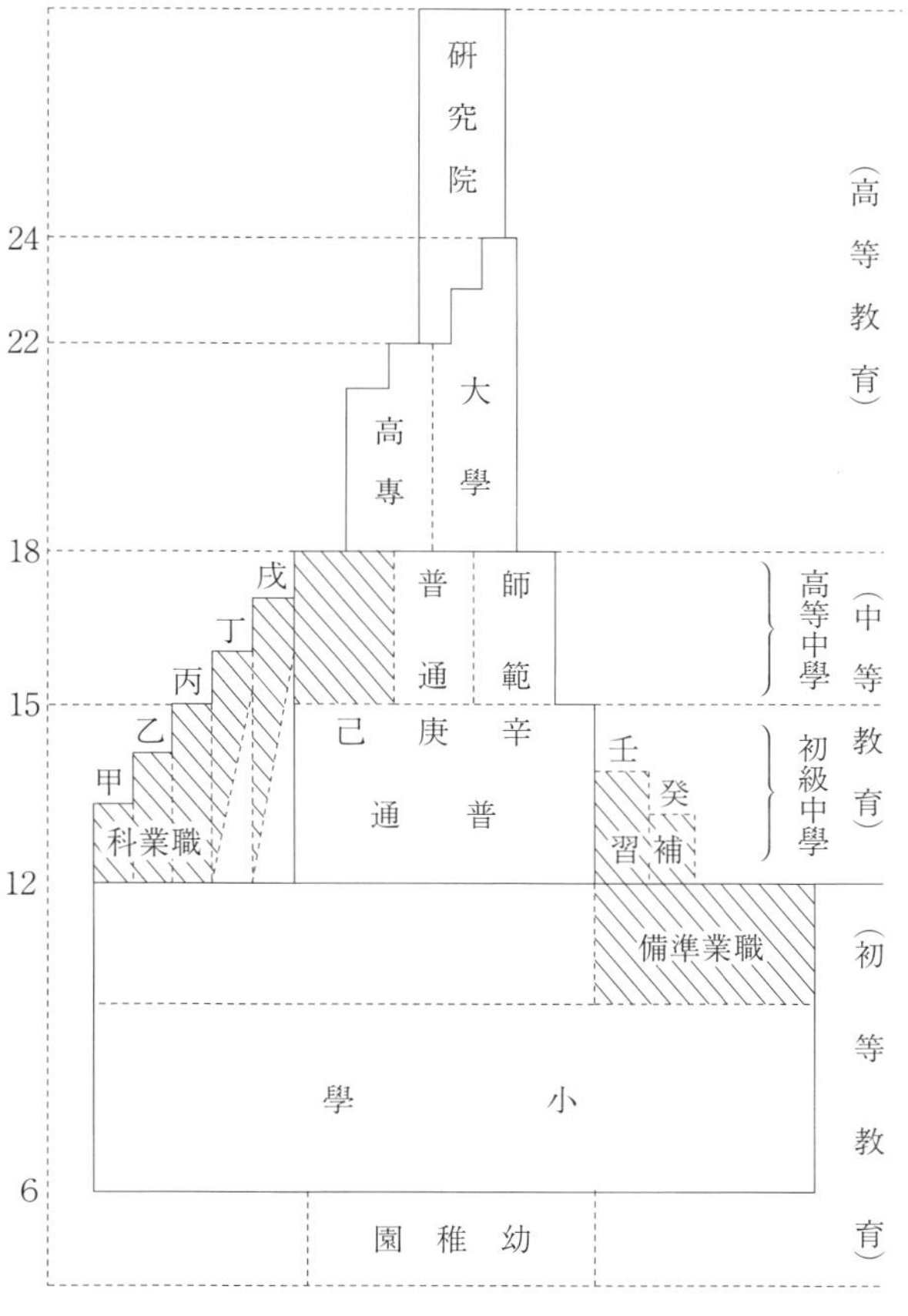

図3－2　第7回草案〔学制系統草案〕

表3-1　12の省や区教育会による義務教育年限延長の提案

広東	小学校修業の期間を義務教育の期間とする。
黒龍江	義務教育年限を延長し，国民の程度を高めるため，小学校の修業年限を7年とする。
甘粛	小学校は義務教育の期間とし，7年とする。
浙江	義務教育年限は12年とする。
湖南	義務教育は6年に延長する。
江西	義務教育年限は，地方の実情により，4年か6年と規定する。
山西	国民教育の機関は国民学校といい，修業年限を6年とする。
直隷	義務教育は6年とし，国民の基礎を十分に養う。
奉天	日本の義務教育は6年と定め，ドイツは8年と定めている。我が中国でも6年と定めなければならない。
雲南	義務教育年限が短すぎる。
福建	7年制義務教育を実行できる。
安徽	義務教育年限を6年とし，6歳から12歳までとする。

注：注(1)に記載の諸提議に基づき，該当部分を引用してまとめた表である。

かにする必要があると思われる。そのため、他の教育会提議にみられる初等教育案を手がかりとし、とりわけ広東初等教育案に対立する点をもつ案に着目することにより、このとき修正された根拠を考察してみることにしよう。

(1)　完全一貫制の小学校構想

①　義務教育年限延長の提案

広東初等教育案の修正に関わる対立点が、他の初等教育案にあったかどうか検討する前に、まずは一致点を明らかにしておこう。

表3-1にまとめたように、広東省教育会をはじめとする一二すべての省教育会により義務教育年限の延長が提案されたことは明白であった。具体的に年限をみると、広東初等教育案と同様に旧学制の四年間から六年間への延長を提案した教育会は六であり、最多であった。また、七年間への延長を提案した教育会もあり、これは三であった。

それでは、延長を提案する理由はなんであったか。まずひとつには、諸外国の義務教育年限に比べて、旧学制の四年間は短すぎるということが挙げられた。具体的にみると「国民義務教育は、東西各国において少なくとも六年間、多くて九年間である。我が国の学制は、わずかに四年間である。国民の程度は東西各国に比べようがない[7]」、「旧学制で定められている国民学校は義務教育期間であるが、わずか四年間しか定められていない。これは短すぎる。（中略）。アメリカの制度を参考にして、また国情を考え、六年間を採用する[8]」、「日本の義務教育年限は六年間と定められ、ドイツでは八年間と定められている。我が中国においても六年間と定めなければならない[9]」、「義務教育年限が短すぎる。第一次世界大戦後、世界各国では国民の程度の向上に努めている。共和国家は民を主体とする。義務教育年限が四年間というのはことさら短すぎる[10]」、「国家文明の消長は国民の程度の高低によりみる。それは義務教育年限の長短にみる。文明諸国では、国民の程度が日に日に進歩しているとみえる」など、アメリカをはじめ、日本やドイツなど諸外国の義務教育年限が参考にされながら、旧学制の四年間が短いと批判された[11]。さらに、そのことは、諸外国のように国民のレベルを向上させるためであった。このように、義務教育年限の延長は、全ての省教育会により提案されていたのである。

②　旧学制の四・三制小学校に対する批判

もうひとつの理由は、旧学制の四年制国民学校を卒業しても、三年制高等小学校に進学しない児童の実態が問題視されていたことにあった。例えば、奉天省教育会提議では、

児童は、国民学校卒業後、進学できない場合がきわめて多く、わずか四年間の義務教育を終えるだけであり、短すぎる。完成した普通教育を身につけさせることができないし、社会に出ても欠陥のあることが免れない。児童は、七歳で入学し、一一歳で国民学校を卒業する。これにより、社会的能力があるといえるだろうか。やはり、義務教育年限は延長されるべきである。高等小学校の二年間も義務教育期間としてひとつにまとめることで六年間とすれば、児童は完成した普通知識を身につけられるだろう。その後、社会に出たとしても、どんな欠陥もないであろう。

とあった[12]。国民学校卒業後、進学できない児童が社会に出たとき、四年間で学んだ知識のみでは不足であり、社会に出ても通用しない。より長い期間で普通教育を授けることができれば、社会に出たとしても旧学制に比べれば不都合がなくなるという理由であった。

安徽省教育会提議でも、同じような理由が挙げられた[13]。

現行制度の義務教育年限は四年間である。進学する児童については論じるまでもない。社会に出る者が受ける教育としては都合がわるい。情勢に応じて義務教育年限を延長しなければ、その要求には応えられない。ゆえに、児童の程度を高めるために義務教育年限を六年間とするのである。

以上のように、諸外国の義務教育年限に比べたとき四年間は短すぎることや、さらには旧学制の四年制国民学校を卒業して社会に出ようとする児童の能力のことなどが問題とされていたことがわかる。すなわち、国民のレベルの向上が求められたことにより、義務教育年限の延長は提案されていたのである。

それでは、義務教育年限の延長が提案されたとき、どのようなかたちの小学校が提案されたか。旧学制では、四年制国民学校の上の段階に三年制高等小学校が置かれていた。換言すれば、四・三制小学校であった。

ここで注目されることは、旧学制の四・三制小学校を改革し、完全一貫制にするという提案が比較的多数であったということである。広東省教育会提議をはじめ、浙江、湖南、山西、奉天、雲南、安徽（以下、教育会を略す）の七つの省教育会提議で、完全一貫制が提案されていた[14]。全体の半分以上の提議によって提案されていたことがわかる。このうち、雲南を除く、広東、浙江、湖南、山西、奉天、安徽において六年制小学校が提案されていた[15]。多くの省で完全一貫制が提案されたとき、同時に六年制小学校が提案されたといえる。

図３－３から図３－７までは、順に浙江案（図３－３）、湖南案（図３－４）、山西案（図３－５）、奉天案（図３－

6）、雲南案（図3－7）の五つの提議に記された学校系統図である。

さて、安徽案では、完全一貫制の小学校に改めるために、四つの理由が挙げられた。諸案のなかでもっとも具体的である。以下に、その一部を引用してみよう[16]。

完全一貫制の小学校を採用し、高等小学校、国民学校の別を廃止し、小学校と称する。この条文を建議する理由は四つあり、次に説明する。

（甲）国民学校を庶民が字を習うところ、高等小学校を人材を生むところというようにもし区別するのであれば、設

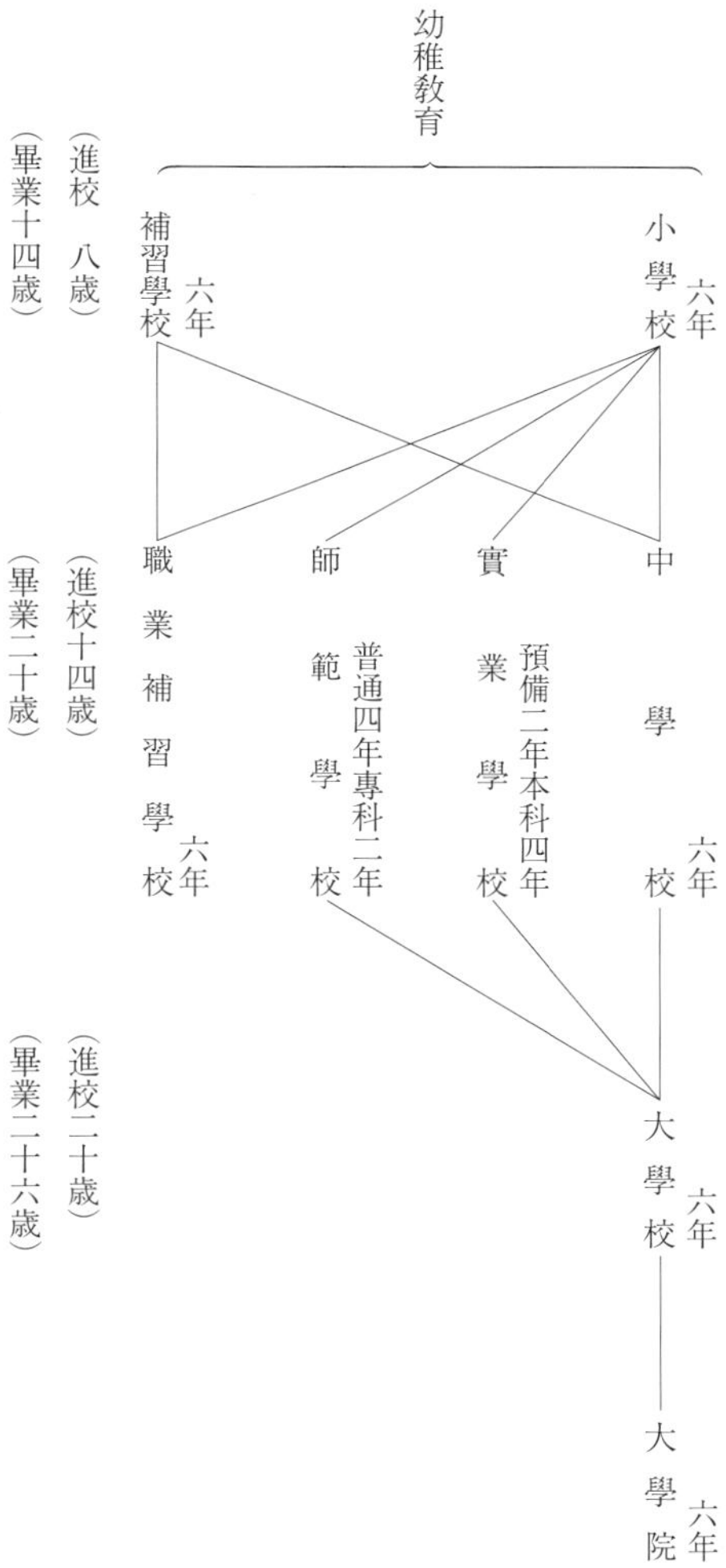

図3－3　浙江案（浙江省教育会提議）

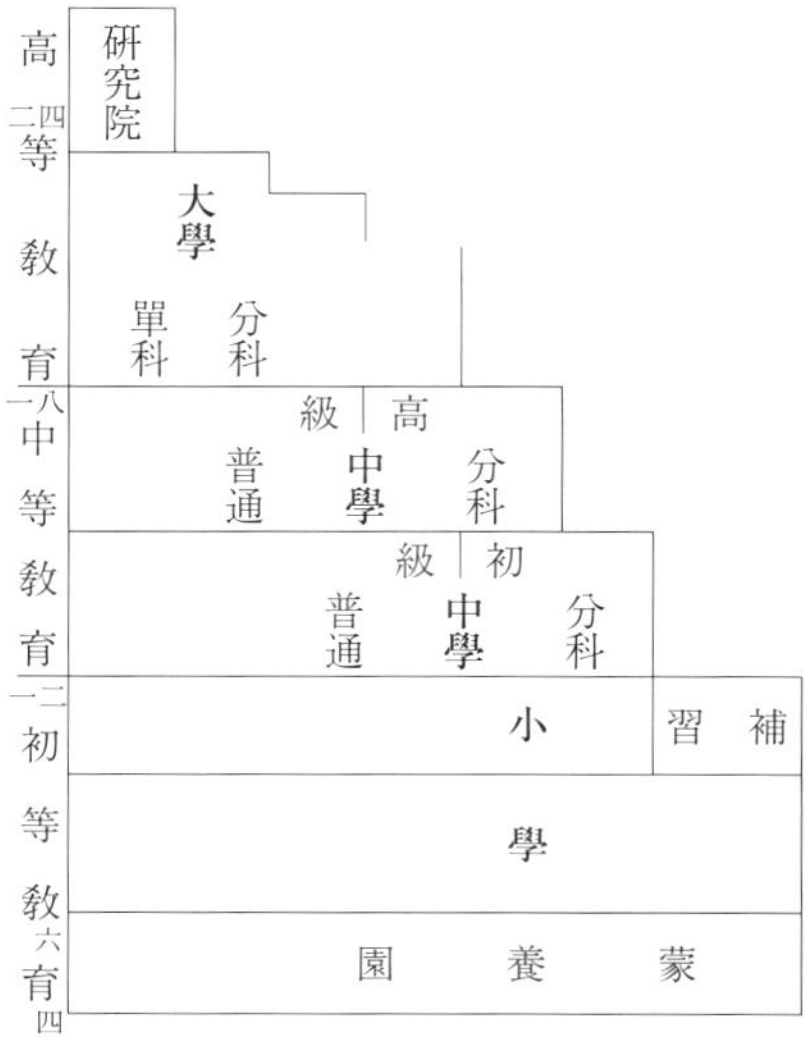

図3-4　湖南案（湖南省教育会提議）

置者も就学者も高等小学校のほうが貴いと思う。国民学校がもし重要性をもたないなら、内地の各校における多くの児童にとっては、私塾を経て高等小学校に入学するほうが効果的という一面がある。完全一貫制にもし改めるなら、特別な事情を除いて、中学校への入学希望者が義務教育年限を満たさずに入学してしまうことはない。貧富貴賤の別なく義務教育を受けられるようになれば、階級思想は自然となくなり、私塾もまた減少していくだろう。

（乙）　国民の心理は、高等小学校に傾倒している。高等小学校において地方財力の占めるところは、大である。高等小学校の教員の待遇のほうがよりよいために、才能ある小学校の教員がここにおいて競っている。高等小学校の教員のほうに群らがり、国民学校の教員が欠乏し、これに従事しようとしていない。ここ九年来の義務教育がいまだ進展しないひとつの大きな原因となっている。完全一貫制の小学校に改めて、教員の待遇を一律とすれば、そうした偏りの弊害はなくされることとなろう。

（丙）　高等小学校は各地で少なく、国民学校を卒業した児童を受け入れられていない。国民学校の卒業生が進学を願っていたとしても、機会に恵まれずに失望する苦しみにあっている。完全一貫制の小学校に改めたとしても、その経費の増額はわずかである。すでに在学している児童は、在学中の学校で進学する機会をもてるし、別に高等小学校を設立する必要もなく、地方に負担をかけることもない。

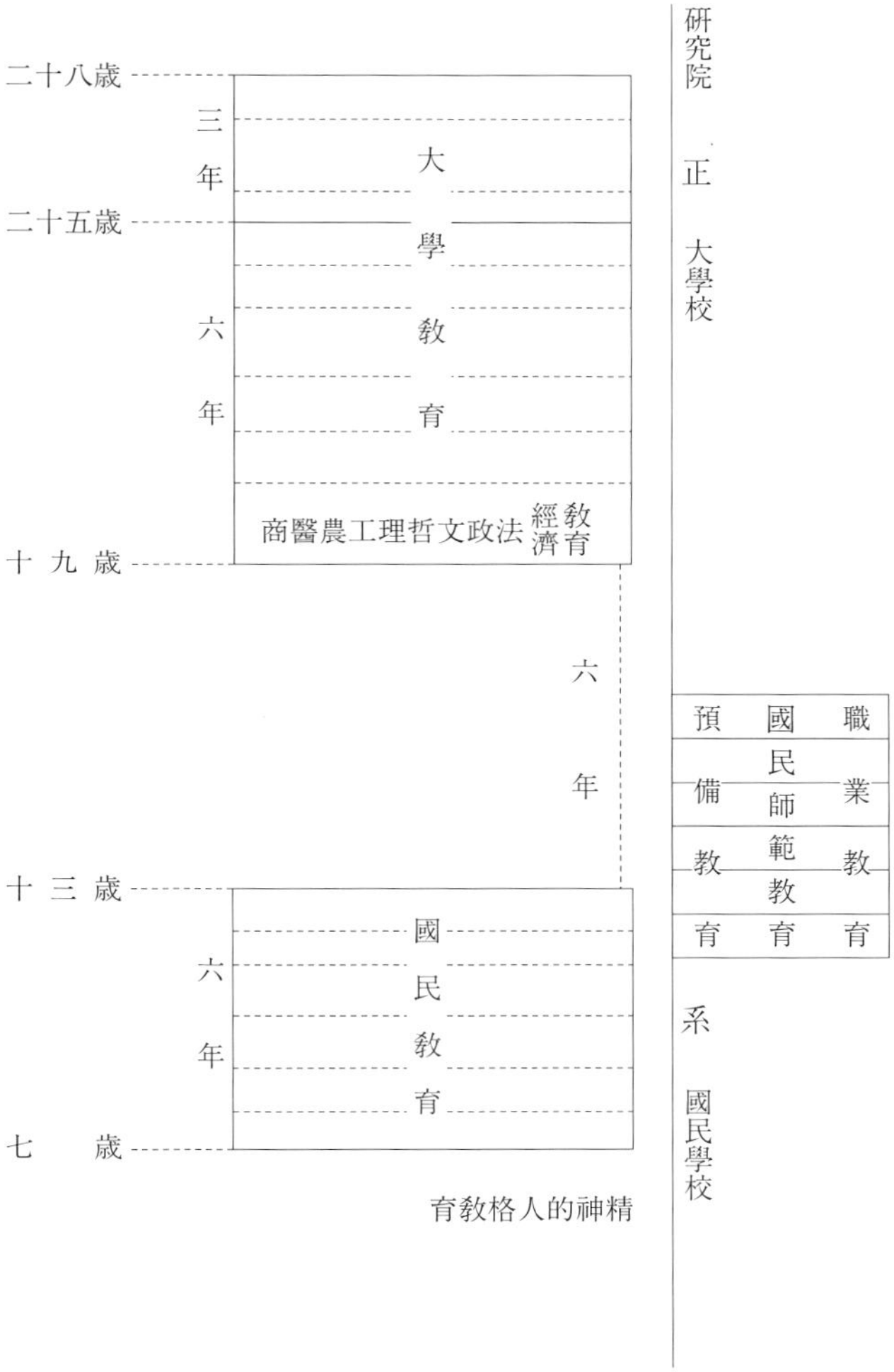

図３－５　山西案（山西省教育会提議）

図3－6　奉天案（奉天省教育会提議）

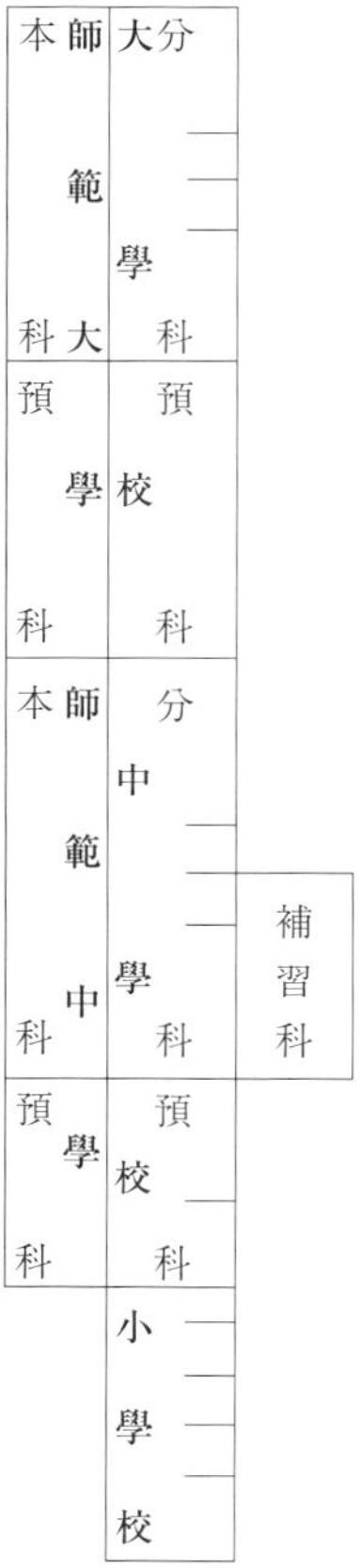

図3－7　雲南案（雲南省教育会提議）

（丁）　教育の発展地域においては、上記のような弊害はなく、高等小学校にも国民学校にも力を入れている。とはいっても、局部的な発展に偏っていることは否定できない。両者が接続せずに、理念も散漫であれば、普及は期待できない。完全一貫制の小学校に改めれば、理念を統一できるし、義務教育の進行を一貫して行えるし、普及の速度は間違いなく速まるであろう。

以上を順にまとめると、第一には旧学制の国民学校および高等小学校が存在するために生じている差別意識、すなわち国民学校よりも高等小学校のほうが重要であるとの認識が広がっていること、第二には教員の待遇面をみると高等小学校のほうがよいため、高等小学校の教員になろうとする者が多く、反対に国民学校の教員になろうとする者は少ないこと、第三には児童が国民学校を卒業しても進学できないでいること、第四には一貫して義務教育を進めていけることなど、四つの理由であった。こうした理由により完全一貫制の六年制小学校に改めることが提案されたのである。

このような提案は、広東初等教育案と一致した。他の初等教育案の半分以上も、広東初等教育案と同じであったとみられる。

ところが、後に詳しくみるように、第七回大会の審議では完全一貫制が受け入れられなかった。議決された第七回初等教育案では、二段階制の小学校が受け入れられたのである。さらにいえば、大勢を占めたはずの義務教育年限の延長ではなく、旧学制の義務教育年限、すなわち四年間が暫く維持される結果となった。第七回大会の審議で、そうした二段階制が支持され、また同時に義務教育年限が暫く四年間とされたことに着目しなければならない。

要するに、第七回大会の審議では、多数派に位置したはずの広東初等教育案が修正されたということになる。で

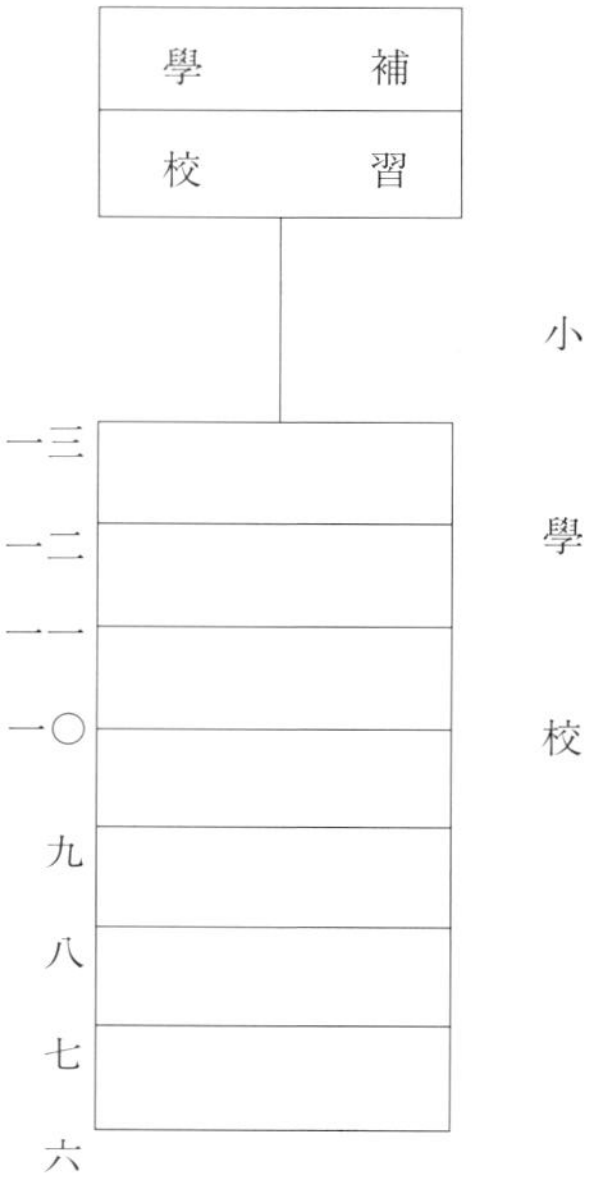

図 3－8 ① 黒龍江案（黒龍江教育会提議）

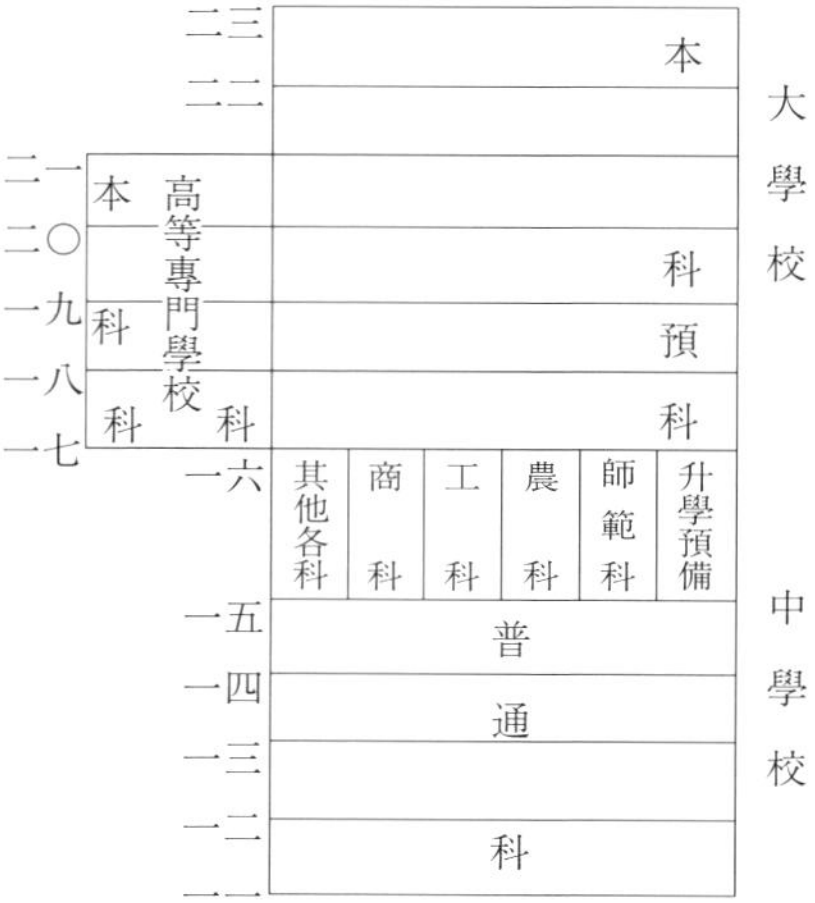

図 3－8 ② 黒龍江案（黒龍江教育会提議）

はいったい、そうした修正の根拠はどこにあったのか。他の初等教育案のなかに広東初等教育案の修正に関わる対立点があったのだろうか。以下で検討してみよう。

(2) 二段階制の初等教育構想

① 黒龍江案と直隷案の場合

実は、義務教育年限の延長ばかりが提案されていたのではなかった。一省のみではあったが、江西の初等教育案では「地方の実情により四年間か、または六年間と規定する」と記されていた(17)。ここから、旧学制の四年間でもよいとされる提案もあったといえる。また、それは地方の実情により定められるということであった。

さらには、完全一貫制とは異なる、二段階制を提案した教育会提議もあった。それは、黒龍江、甘粛、江西、直隷、福建の五つの教育会提議であった(18)。全体の半分以下ではあったが、こうした提案もあったということは、一二にのぼる初等教育案において、完全一貫制の小学校にするか、それとも二段階制の小学校にするかをめぐって、対立していたことが十分に窺える。

図3-8から図3-12までは、順に黒龍江案（図3-8・①と②）、甘粛案（図3-9）、江西案（図3-10）、直隷案（図3-11）、福建案（図3-12）の五つの提議に記された学校系統図である。

さて、黒龍江案（図3-8・①と②）では、前期五年間と後期二年間に区分する五・二制小学校が提案されたが、前期五年間の上の段階で、中学校の普通科に入学する場合（図3-8・②）と職業教育が重視される後期二年間に入学する場合（図3-8・①）の二つの系統が用意された。前期五年間の小学校の上の段階で系統が分かれる分岐型の系統が示されたといえる。ちなみに、第七回初等教育案では二段階制が採用されたが、この黒龍江案のように

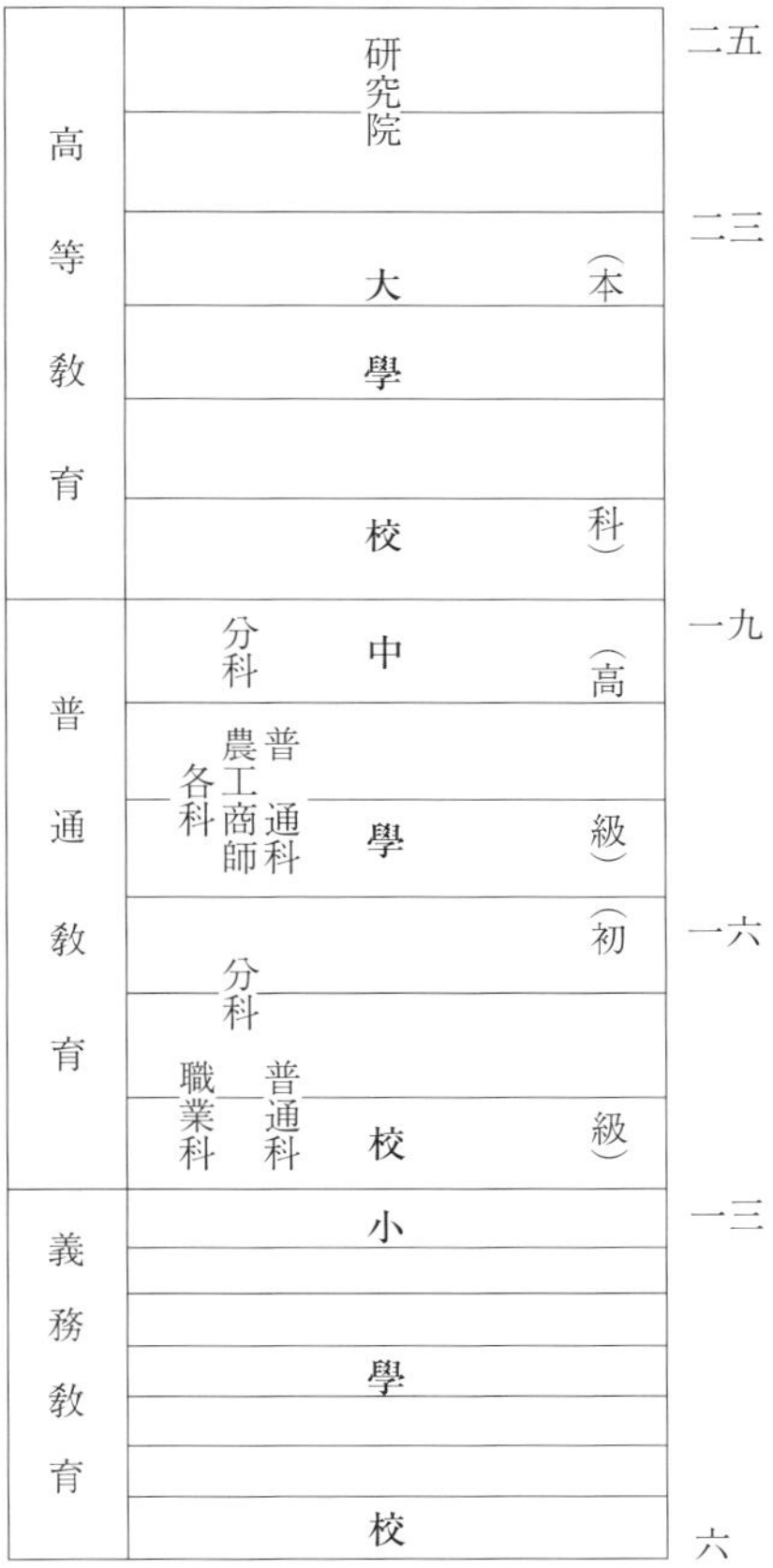

図3-9　甘粛案（甘粛省教育会提議）

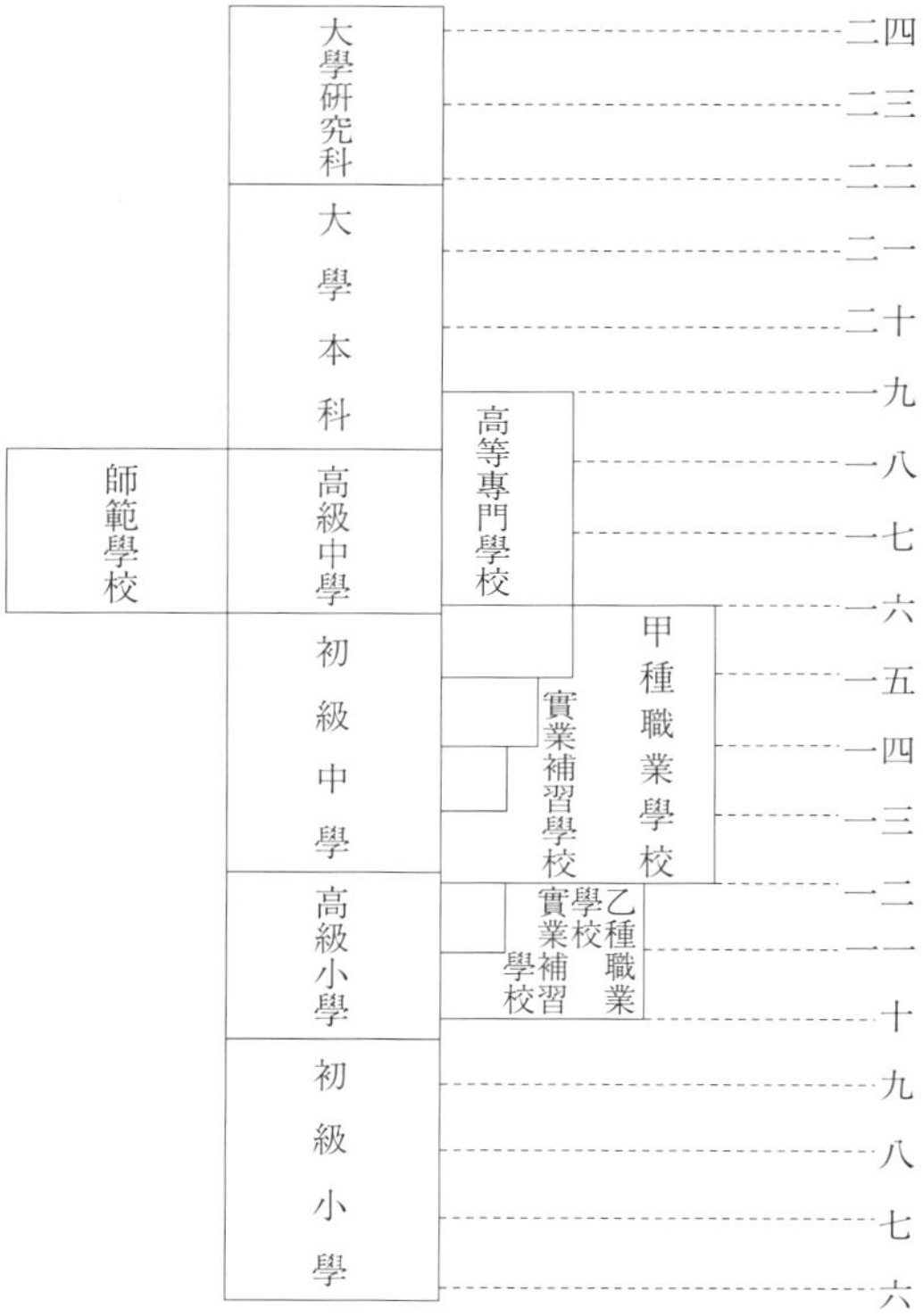

図3－10　江西案（江西省教育会提議）

小学校の後期段階で分岐するものではなかった。黒龍江案では、以下のように述べられていた[19]。

　前期五年間では国民の普通教育を重視し、これを修了した児童は中学校の普通科に入学する。後期二年間では職業教育を重視し、生活手段のための技能を養成する。義務教育年限を延長するのは、生活手段をもたせるための教育を行うためである。こうすれば、貧しい子どもが生計を図るための基礎をつくれる。中途退学の心配もなくなり、強く志願するのであれば早めに中学校に入り専門的な学習の準備も行える。

一方、直隷（図3－11）の初等教育案も、第七回初等教育案とはやや異なった。直隷案では「義務教育は六年間とし、国民の基礎を十分養う。高等小学校は三年間とし、進学の準備を行う」と記されていた[20]。つまり、旧学制の

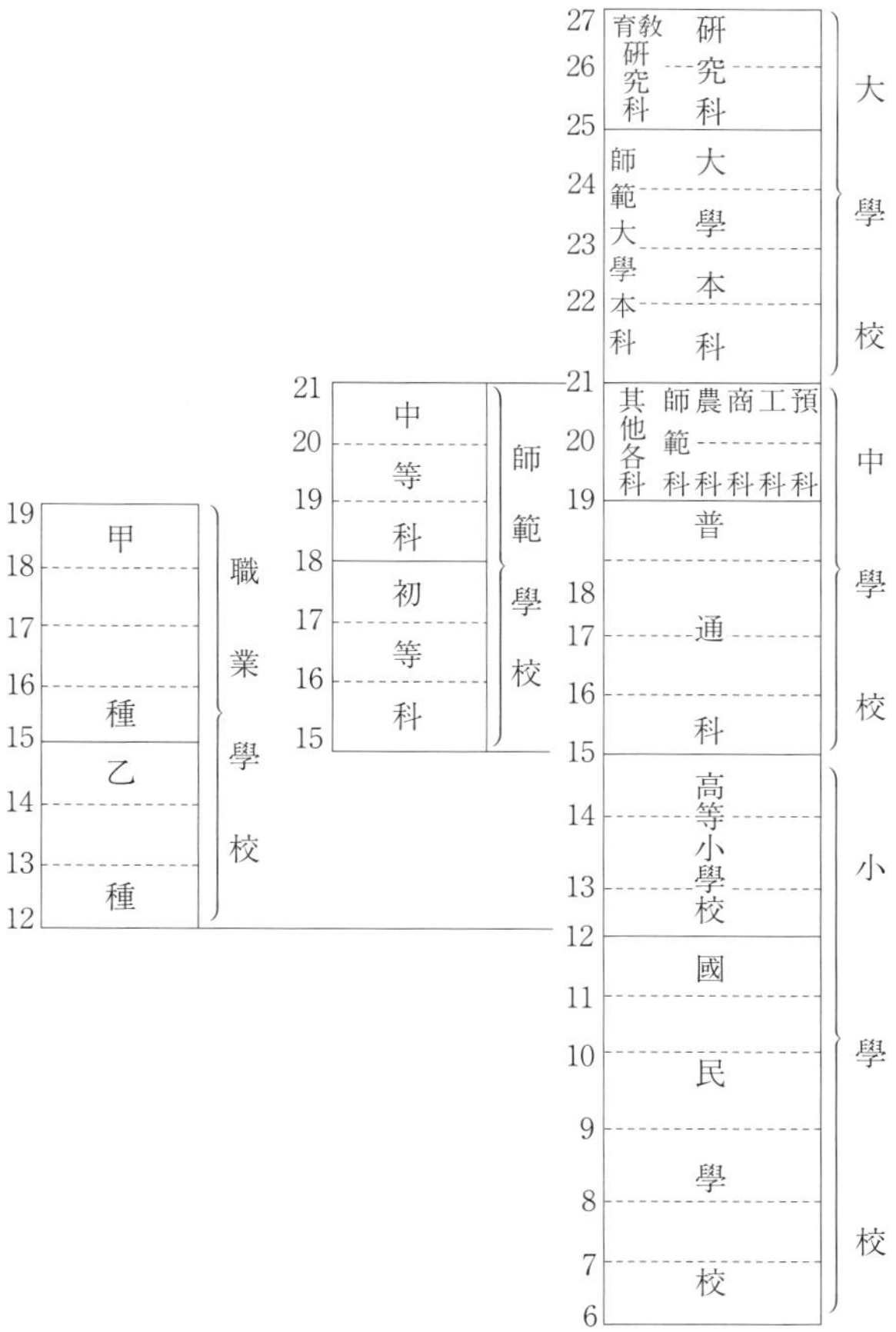

図 3-11　直隷案（直隷省教育会提議）

四年制国民学校を六年間に改めた上でこれを義務教育年限とし、同時に国民学校の上の段階に三年制高等小学校を置くという提案であった。換言すれば、六・三制小学校が提案されていたといえる。

このように、黒龍江案も直隷案も第七回初等教育案とは異なる提案であったが、いずれも二段階制の初等教育が提案されていたとみられる。

② 甘粛案や福建案、および江西案の場合――旧学制の四年制の維持――

第七回初等教育案に似ていたのは、甘粛案や福建案、および江西案であった。

まず、甘粛案（図3-9）では、初等教育を「地方の実情に配慮して進め、しばらくは第一期と第二期とに区分し、第一期を四年間、第二期を三年間とする」と記されていた(21)。第一期および第二期という呼称は、第七回初等教育案のものと唯一同じであった。また、「地方の大小、財力の貧富にかかわらず、しばらく旧学制を進めても合併をしても何ら困難はない」とも記されていた(22)。これよりすれば「旧学制」、すなわち四・三制小学校を維持する提案であったとも理解される。

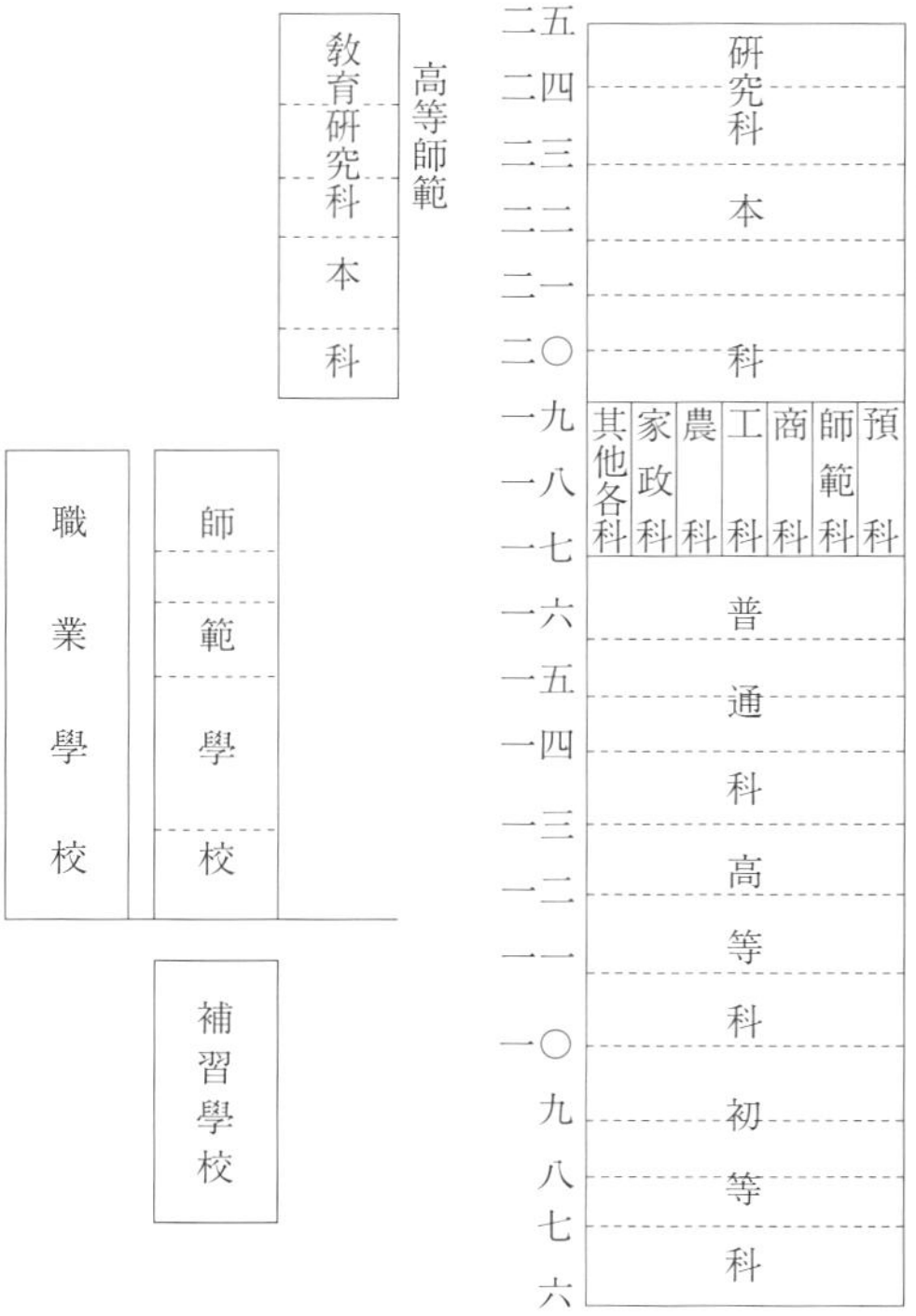

図3-12　福建案（福建省教育会提議）

次に、福建案（図3－12）では、「国民学校は七年間とした上で、高等小学校は取り消す。国民学校を初等科と高等科とに分ける。年限は旧学制のままとする」と記されていた。[23]「高等小学校は取り消す」とあることから、完全一貫制の七年制小学校が提案されたようにみられるが、しかし初等科と高等科とに分けられたことからすれば、二段階制の小学校が提案されたとも捉えられる。ちなみに、完全一貫制の六年制小学校が提案された場合には、いずれも二段階制を明示することはなかった。したがって、福建案については二段階制の提案とみることにしておきたい。

また、福建案では、先の引用にあったように「年限は旧学制のまま」とされた。詰まるところ、高等小学校を廃止して七年制国民学校とし、その上で初等科四年間と高等科三年間とに分けるとされた。[24] 先にみた甘粛案と同様に、旧学制の四・三制小学校を維持する提案であったとみられる。

続いて、江西案（図3－10）では、六年制小学校が提案された上で、初級と高級とに分けられた。江西案では、

初級小学の修業年限は四年間、高級小学の修業年限は二年間とする。初高両段階とも国民義務教育期間とする。各地の発展如何により、義務教育の入学年齢については統一しない。地方の状況により、四年間、または六年間とされることを妨げない。（中略）。発展の遅れているところでは、暫く四年間にすることを妨げず、進行方法を法制化した上で、普及を期して義務教育の年限延長の準備を行なうものとする。

とあり、[25] 六年制とした上で、四年制初級小学と二年制高級小学とに区分する提案であったことが明らかである。初級および高級という呼称は違ったが、内容は第七回初等教育案に最も近い提案であったとみられる。

さらにまた、「暫く四年間にすることを妨げず」と明記されており、江西案では旧学制の義務教育年限である四年間の維持が提案されていた。この点も第七回初等教育案と同じとみられる。

以上のように、甘粛や福建、および江西の初等教育案をみると、これらでは六年制小学校か、もしくは七年制小学校が提案された上で段階に区分され、前期段階については四年間、後期段階については二年間か、もしくは三年間と提案されていた。さらにまた、甘粛案や福建案は、旧学制の四・三制小学校を維持する提案であり、一方で江西案は、旧学制の義務教育年限である四年間を維持する提案であった。いずれも旧学制を配慮した提案であったと理解される。こうした点は、広東初等教育案にはみられなかった。要するに、広東初等教育案が修正された根拠は、二段階制の小学校が提案された初等教育案にあったということを確認できる。

冒頭で指摘したように、第七回初等教育案では、六年制小学校とした上で第一期小学四年間と第二期小学二年間とに区分され、さらには旧学制の義務教育年限である四年間が暫く維持されることになった。すなわち、広東初等教育案ではなく、甘粛や福建、および江西などの提議が、第七回初等教育案の一部に受け入れられたように思われる。

さらに指摘できることは、こうした提議では四年間という年限が重視されていたということである。特に、江西案では旧学制の義務教育年限である四年間が維持されたということを繰り返し述べてきたが、甘粛案では第一期が四年間とされ、また福建案では初等科が四年間とされたことなども注目できることである。両者とも「旧学制のまま」と記されており、旧学制である国民学校の「四年制」というあり方に対する、ある種のこだわりが看取されるのである。

さて、ここで問題となるのは、七年制小学校にするか、それとも六年制小学校にするかという点である。繰り返しとなるが、第七回初等教育案では後者が採用され、第二期小学は二年間とされた。このときの年限短縮については、次にみるように旧学制である高等小学校の「三年制」に対する批判があった。

（3）三年制高等小学校に対する批判

事実、三年制高等小学校に対する批判は、四年制国民学校の授業内容や教科書などが高等小学校のものと重複していることに向けられていた。七年制小学校はなぜ受け入れられなかったのか。例えば、江西案では、

高等小学校の年限を一年間短縮する。国民学校と高等小学校においては、繰り返しの授業が多く、教科書の内容も重複している。学習上、興味が減退し、教授上、不経済である。あわせて七年間分の教科書を精選し、その上で時間を節約すれば、一年間短縮できる。（中略）。制度化して一年間短縮し、その上で専門的に学習できる機会を児童に早めに与え、教育の効率を増進させるべきである。

と記されていた[26]。江西案では、旧学制の国民学校と高等小学校との間で繰り返されている授業内容や教科書の中身を精選すれば年限を一年間短縮させられるとみ、これにより第一期と第二期とに区分したとき後者については二年間にできると考えていたとみられる。高等小学校の「三年制」は短縮させることができるという考えがあって後期段階は二年間でよいと提案されていたのである。

広東初等教育案と同様に、義務教育の年限延長や、あるいは旧学制の四・三制小学校とは異なる完全一貫制の小学校が比較的多く提案されるなか、旧学制の義務教育年限である四年間の維持も提案され、さらには二段階制の初等教育が提案されてもいた。後者のような広東初等教育案に対立するとみられる諸点が、他の初等教育案のなかにあったのである。

こうした対立点は、第七回大会における広東初等教育案の修正につながったと思われる。広東初等教育案が修正された根拠は、他の初等教育案のなかにあったといえよう。これが支持された結果、第七回初等教育案では旧学制

の義務教育年限である四年間が維持されることになり、またさらに二段階制の初等教育が示されたのである。旧学制をより顧みた提案が受け入れられたと理解される。

第二節　省教育会による中等教育改革の提案

本節では、中等教育段階に注目してみよう。第七回大会では、広東中等教育案を修正した形跡が実はほとんどみられない。したがって、第七回草案の中等教育案では、前節でみたような初等教育段階の場合とは違って、広東中等教育案が踏襲されたとみられる。

ここで、前もって広東中等教育案の特徴についても指摘しておくとすれば、ひと言でいえば進学準備および職業準備の両方の機能を中学校にもたせるために「総合制」の中学校が提案され、これと同時に中学校の修業年限については旧学制の四年間から六年間に改められ、またこれは初級中学および高級中学というように段階に区分され、さらにいえば三・三制の中学校が原則とされたことにあった。そして、中学校以外には実業学校や職業学校を設立しないという提案でもあった。このような広東中等教育案が、第七回中等教育案として受け入れられたのである。

しかし、ここで指摘しておく必要があるのは、後の第六章でみるように一九二二年に開かれた第八回全国教育会連合会の審議で、第七回中等教育案は修正されたということである。広東中等教育案が修正されたといってもよい。すなわち、第七回大会終了以降に広東中等教育案と対立する点をもつ案があらわれ、これにより修正されることとなったのである。

それでは、その後の広東中等教育案の修正に関わる根拠はどこにあったのか。この点も明らかにされなければならない。そうしたその後の修正に関わる根拠、換言すれば広東中等教育案と対立する点をもつ案は、すでに第七回大会が開かれた時点で存在していたか。以下では、こうした問題について検討してみたい。

本書の第五章や第六章で詳しく論じることとなるが、前もってその後の対立点について指摘するならば、それは大きくは、「総合制」の導入時期をめぐる相違や、あるいは中学校の段階区分をめぐる相違、さらには中学校と同程度に実業学校や職業学校を設立するか否かをめぐる相違などの三点にみられた。したがって、この三点に着目することにより、他の中等教育案を検討することにしよう。

(1)　中学校の修業年限延長構想および「総合制」中学校構想

広東中等教育案の修正に関わるその後の対立点に着目して検討する前に、他の中等教育案との一致点を確認する。

①　中学校の修業年限延長構想

広東中等教育案と同じように、旧学制の四年制から六年制への延長が提案されていたのは、以下の通り、広東案を含め一〇の提議であった。

「改革學制系統案（学制系統改革案）　黒龍江教育會提議」（図3‐8・②）

中学校の修業年限は、六年間とする。

「學制系統案　廣東省教育會提議」（図3‐1）

この系統では、中学校では三・三制を採用し、初級と高級の二段階に分ける。

「改革學制系統案（学制系統改革案）　甘粛省教育會提議」（図3－9）

初級と高級とに区分し、初級は三年間、高級は三年間とする。

「改革學制案（学制改革案）　浙江省教育會提議」（図3－3）

「學制系統案　湖南省教育會提議」（図3－4）

中学校では六・三・三制を採用し、高級と初級の二段階に分け、各段階は三年間とする。

「學制改革案　江西省教育會提議」（図3－10）

初級中学は、英語でJunior High Schoolであり、修業年限は四年間とする。高級中学は、英語でSenior High Schoolであり、修業年限は二年間とする。

「革新學制案（学制革新案）　山西省教育會提議」（図3－5）

いわゆる傍系の学校というのは、国民師範学校、職業学校、進学準備のための学校のことを指すが、この一三歳以上から一九歳までの六年間では、人民が自由に学べるようにするために、半工半読を行ってもよい期間とする。

「改革學制系統草案（学制系統改革草案）　直隷省教育會提議」（図3－11）

ここに、中学校の修業年限は六年間と決定し、前期四年間は普通科とし、後期二年間は農、工、商などの学科に分け、学生の性質に近づけるようにする。

「改革學校系統案（学系統改革案）　雲南省教育會提議」（図３－７）

中学校の六年間を卒業したら、大学予科に入学できる。

「學制改革案　福建省教育會提議」（図３－12）

中学校の普通科は四年間とし、この普通科ではもっぱら普通教育を行い、また、これに二年間を加え、ここで学科に分ける。

以上のほか、奉天案では五年制が提案されていた。[27]ちなみに、旧学制の四年制のままが提案されていたのは、安徽案のみであった。[28]すなわち、計一一の省教育会提議で中学校の修業年限の延長が提案され、六年制への延長を提案する場合が大勢を占めていたことがわかる。

②「総合制」中学校構想

一方、中学校の「総合制」も多く提案されていた。「総合制」の提案は広東中等教育案を含め九の提議でみられた。広東、黒龍江、甘粛、湖南、江西、直隷、雲南、福建、安徽などの提議であった。反対に、これを提案しなかったのは、浙江、山西、奉天の三つの提議だけであった。[29]前者の「総合制」を提案した提議は、以下の通りである。

「改革學制系統案（学制系統改革案）　黒龍江教育會提議」（図３－８・②）

前期四年間は、普通科とし、普通知識を重視する。後期二年間では、学科に分け、進学準備、師範、農、工、商、家事科などの学科を設置する。

「學制系統案　廣東省教育會提議」（図３－１）

（一）図中の子、丑、寅は、完全職業科であり、年限は一年間、二年間、三年間とする。

（二）卯、辰は、普通教育を徐々に減らして職業教育を徐々に増やしていく年限四年間、あるいは五年間の職業科とする。

（三）巳は、三年間の普通教育を満たし、三年間の職業教育に引き継ぐ職業科とする。

（四）午は、完全普通科とし、未は、師範科とする。

「改革學制系統案（学制系統改革案）甘肅省教育會提議」（図３－９）

初級中学では普通科と職業各科とに分ける。高級中学では普通科と農、工、商、師範の各学科とに分ける。

「學制系統案　湖南省教育會提議」（図３－４）

二　初級中学は、普通科と他学科との二種類とし、小学校の卒業生を受け入れる。普通科は、もっぱら高級中学に進学するための準備機関とする。他学科は、初級の農、工、商などの職業科とする。

三　高級中学は、普通科と他学科との二種類とする。普通科は、選択科目制を採用し、もっぱら大学に進学するための準備機関とする。他学科は、職業教育の機能をなす高級の農、工、商などの中学とする。

「學制改革案　江西省教育會提議」（図３－10）

初級中学は、旧学制の中学校であり、高級中学は、旧学制の大学予科のようなものである。

高級中学は、高等の普通教育を授けるところであり、大学本科に入学するための機関である。ただし、志願する学問により文および理の二学科に分けなければならない。このほか、地方の需要により二年制の師範学校や、あるいは農、工、商、家事科などの学科も設置することができる。

「改革學制系統草案（学制系統改革草案）直隷省教育會提議」（図3－11）

ここに、中学校の修業年限は六年間に決定し、前期四年間は普通科とし、後期二年間は農、工、商などの学科に分け、学生の性質に近づけるようにする。

「改革學校系統案（学校系統改革案）雲南省教育會提議」（図3－7）

中学校の学科は、地方の状況を斟酌し、一学科か、あるいは数種類の学科を設置することができる。

「學制改革案　福建省教育會提議」（図3－12）

中学校の普通科は四年間とし、この普通科ではもっぱら普通教育を重視し、この上には二年間を加え、ここでは学科に分ける。進学準備科、師範科、農科、工科、商科、家事科などの学科に分けて設置する。

「中等學校宜採行集合制（中等学校は集合制を採用すべき）議案　安徽省教育會提議」

わが国の中学生が必要としているのは、進学と職業の両種が兼ねられていることである。これに適応させるのであれば、中学校は進学準備と職業教育の両種に分けられるべきである。こうして生徒が必要とする科目が加えられ、彼らはこれを選んで学べるようになる。要点を列挙するので、検討のために供されたい。

一　中学校の前期二年間は普通科とする。しかし、就職の必要に応じて教育部によって定められた科目の時間数を増減してもよい。
二　中学校の第三学年からは、科目を部分的に固定することを除き、選択科目制の実施を始めることとし、進学準備と職業教育の両種に分けてもよい。
三　進学準備部は、文、理、農、工、商などの科目に分けてもよい。
四　職業教育部は、師範、農業、工業、商業などの組に分けてもよい。
五（略）。

このように、数多くの省教育会提議で「総合制」中学校が提案されたことが明白である。しかしながら、「総合制」をどの時点から始めるかという点で違いがあったようである。広東案、甘粛案、湖南案では、初級中学、あるいは前期段階からの開始が提案されたが、これに対して黒龍江案、江西案、直隷案、雲南案、福建案、安徽案では、高級中学、あるいは後期段階からの開始が提案された。

前述により、中学校の修業年限が六年間に延長され、さらに「総合制」が導入された広東中等教育案と同じような提案は、他の多くの中等教育案にもあったといえる。しかしながら、「総合制」の導入時期ということでみると、広東中等教育案は少数派に属した。少数派では、初級中学、あるいは前期段階から職業教育を始めることが提案されたが、これに対して半分以上の中等教育案では、高級中学、あるいは後期段階から職業教育を始めることが提案された。換言すれば、初級中学、あるいは前期段階では普通教育のみを行なうことが、多数派により提案されたといえる。このように、「総合制」の導入時期をめぐってこのときすでに相違していたことがわかる。

（２）　中学校の段階区分をめぐる相違

ここでは、中学校の修業年限を六年間に延長することが提案されていた広東中等教育案を含む一〇の省教育会提議について検討する。これらの提議では中学校を完全一貫制にするか、それとも段階に区分するかという点で相違がみられた。

①　完全一貫制の中学校構想

完全一貫制が提案されていたのは、浙江、山西、黒龍江、直隷、福建、雲南の六つの提議であった。このうち、浙江案（図３－３）と山西案（図３－５）では、完全一貫制が提案された(30)。前に述べたように、この二案では「総合制」の中学校が提案されなかった。浙江案と山西案では、普通教育のみを行う完全一貫制の中学校が構想されていたのである。

一方、黒龍江案、直隷案、福建案、雲南案では、不完全な一貫制が提案された。この四案では、いずれも、前期段階と後期段階とに区分され、その上で前後の機能が別とされた。このため、ここでは不完全な一貫制と呼ぶことにする。

黒龍江案（図３－８・②）、直隷案（図３－11）、福建案（図３－12）では、前期四年間と後期二年間とに区分され、その上で前期四年間は普通科とされ、後期二年間では「総合制」の導入が提案された(31)。

雲南案（図３－７）では、前期二年間が予科、後期四年間が本科とされ、その上で本科では「総合制」の導入が提案され、職業に関する学科も設置された(32)。

以上の四案は、一貫制が提案されながらも、前期段階では普通教育のみを行い、後期段階では普通教育のほかに職業教育も行うというものであった。またさらに、黒龍江案、直隷案、福建案では四・二制中学校が、また、雲南案では二・四制中学校が構想されていたといえる。

② 二段階制の中学校構想

次に、中学校を初級と高級の二段階に明確に分ける提案をした場合を、便宜上、二段階制と呼ぶことにする。提案に初級中学や高級中学と明記されていたのは、広東、甘粛、湖南、江西など四つの提議であった[33]。また、これら四案ではいずれも初級中学卒業生という呼び方がなされ、初級中学の卒業ということが明記された。先にみたように、不完全な一貫制を提案した場合には、そのような表記はなかった。二段階制の中学校が提案された場合をみてみよう。

「學制系統案　廣東省教育會提議」（図３－１）

師範学校では、六年間の完全科を設置できる。さらに、初級中学の卒業生のみを受け入れて三年間の授業を行う師範科も設置できる。

「改革學制系統案（学制系統改革案）　甘肅省教育會提議」（図３－９）

初級中学普通科の卒業生は高級中学に入学できる。

「學制系統案　湖南省教育會提議」（図３－４）

各中等学校では、補習科を付設できる。日夜、あるいは夏冬など数種類の学校に分ける。小学校や初級中学の卒業生が進学しない場合、ここに入学する。

「學制改革案　江西省教育會提議」（図３－10）

初級中学の卒業後は、高級中学への入学、高等専門学校への入学、二年制師範学校への入学のうち、いずれかとなる。

ところで、右の広東案、甘粛案、湖南案では三・三制中学校が提案され[34]、また、江西案では四・二制中学校が提案された[35]。

ここまでをまとめると、三・三制中学校が提案されたのは広東案、甘粛案、湖南案であり、四・二制中学校が提案されたのは黒龍江案、江西案、直隷案、福建案であった。三・三制中学校が提案された広東案、甘粛案、湖南案では、同時に初級中学、あるいは前期段階からの「総合制」が提案された。これに対して四・二制中学校が提案された黒龍江案、江西案、直隷案、福建案では、高級中学、あるいは後期段階からの「総合制」が提案された。

要するに、三・三制中学校が提案されるときは、中学校に入学すると同時に職業教育も選択できるように提案されたのに対し、四・二制中学校が提案されるときは、中学校に入学してからの四年間は普通教育のみを行い、高級中学、あるいは後期段階に上がってから職業教育も選択できるように提案されたことがわかる。

（3）　中等教育段階の系統をめぐる相違

多数の提議にみられたように、中学校に「総合制」が導入されようとしたことで、旧学制の実業学校をどうするかという問題も生じた。中学校で普通教育と職業教育の両方を兼ねて行うか、それとも職業教育は別の学校で行うかという問題であった。以下、この点に着目して検討する。

①　中等教育単線型構想

広東中等教育案と同様に、中学校以外に実業学校や職業学校を設立しない構想をもっていたのは、以下の通り、黒龍江、甘粛、湖南、雲南、安徽の五つの提議であった。

「改革學制系統案（学制系統改革案）　黒龍江教育會提議」（図3-8・②）

旧学制の甲種実業学校および師範学校については、両方とも中学校に入れる。

「學制系統案　廣東省教育會提議」（図3-1）

「改革學制系統案（学制系統改革案）　甘粛省教育會提議」（図3-9）

高等小学校の進学準備の機能と甲種および乙種実業学校については、中学校においてまとめて運用するというものである。

「學制系統案　湖南省教育會提議」（図3-4）

「改革學校系統案（学校系統改革案）　雲南省教育會提議」（図3-7）

乙種実業学校は、卒業しても進学できないし、学識は浅く、しかもそれが不足しているために、名ばかりであるという結果をまねいている。

甲種実業学校は、卒業しても専門学校に進学できないなら、社会における人材の進歩にとって障壁となっている。

「中等學校宜採行集合制（中等学校は集合制を採用すべき）議案　安徽省教育會提議」

各地の中等学校を合併できるなら、極力合併させる。

先にすでに確認したように、右の広東案、甘粛案、湖南案では三・三制中学校が提案された上で、初級中学からの職業教育の導入が提案されていた。また、黒龍江案では四・二制中学校が、さらに雲南案では二・四制中学校が提案された上で、両者とも後期段階からの職業教育の導入が提案されていた。つまり、中学校以外に実業学校や職業学校を設立しない構想をもったところは、導入時期の相違を問わなければ、いずれも「総合制」の導入が提案されていたことがわかる。

このようにみると、広東案（図3－1）、甘粛案（図3－9）、湖南案（図3－4）をひとつのグループとしてまとめることができることに気付く。つまり、三・三制中学校が提案されたグループでは、初級中学、すなわち中学校の前期段階からの「総合制」の導入が提案される一方で、中学校以外に実業学校や職業学校を設立しない構想をもっていたということになる。

②　中等教育分岐型構想

以上のグループに対して、中学校以外に実業学校や職業学校を設立する構想をもっていたのは、浙江、江西、山西、直隷、奉天、福建の六つの提議であった。

「改革學制案（学制改革案）　浙江省教育會提議」（図3－3）

「學制改革案　江西省教育會提議」（図3－10）

職業学校については、甲種および乙種の二種に分ける。乙種では、一年制と二年制とに分け、甲種では、一年制、二年制、三年制、四年制などに分ける。

「革新學制案（学制革新案）　山西省教育會提議」（図３－５）
いわゆる傍系の学校というのは、国民師範学校、職業学校、進学準備のための学校のことを指すが、この一三歳以上から一九歳までの六年間では、人民が自由に学べるようにするために、半工半読を行ってもよい期間とする。

「改革學制系統草案（学制系統改革草案）　直隷省教育會提議」（図３－11）
五職業学校　甲種および乙種の二種に分ける。甲種は四年間とし、高等小学校の卒業生を受け入れる。乙種は三年間とし、国民学校の卒業生を受け入れる。実習は重視されるべきであり、半日は授業を行い、半日は実習を行う。練習や手術、あるいは技能などを要とする。

「改革學制案（学制改革案）　奉天省教育會提議」（図３－６）
乙種実業学校は、もともと普通レベルの実業的な知識および知能を教えている。現在、小学校にも職業科があり、小学校の児童は実業的な知識および技能を学ぶことができている。乙種実業学校は、必要とされなくてもよい。甲種実業学校は、中学校と同程度にあるため、これを中等実業学校とし、予科一年間、本科四年間にしなければならない。

「學制改革案　福建省教育會提議」（図３－12）
国民学校の卒業生が、中学校や、あるいは師範学校に入学できない場合に職業学校に入る。職業学校における学科の設置および修業年限については、地方の特別な状況により随時定められる。各地方において一律でなくてもよい。前期および後期の年限についても一致させる必要はない。
経済的に豊かであり、教育が発展している省では、職業教育における義務教育制度を実施することができる。

職業学校では、年長の失学者のために夜間学校を付設し、労働者教育が行われなければならない。

このうち江西案（図3－10）、直隷案（図3－11）、福建案（図3－12）では、もともと四・二制中学校が提案された上で、後期段階からの職業教育の導入が提案されていた。つまり、四・二制中学校が提案されたグループでは、黒龍江案（図3－8・②）を除けば、中学校の後期段階からの「総合制」の導入が提案される一方で、中学校以外に実業学校や職業学校も設立する構想をもっていたということになる。

壬戌学制の制定過程に、三・三制中学校を採用するか、それとも四・二制中学校を採用するかという点で対立があったことは、すでに指摘されている。[36] これまでみてきたように、そうした対立点はすでに第七回大会に提出されていた省教育会提議にみられた。特に、広東、甘粛、湖南の中等教育案と黒龍江、江西、直隷、福建の中等教育案との相違は明白であった。

三・三制中学校を提案した前者のグループは、中等教育の前期段階からの「総合制」の導入を提案する一方で、中学校以外に職業系の学校を設立しない構想をもっていた。これに対して、四・二制中学校を提案した後者のグループは、中学校の後期段階からの総合制の導入を提案する一方で、黒龍江案を除けば、中学校以外に職業系の学校を設立する構想をもっていた。

前者は、旧学制の四年制中学校に対する急進的な改革を求めていたのに対して、後者では、漸進的な改革を求めていたように思える。さらにいえば、前者は中学校を終えた生徒が進学できない場合に対応するために職業教育を重視したのに対して、後者は中学校を終えた生徒の高等教育への進学希望に対応するために普通教育を重視したようにも思われる。

その後の六・三・三制導入過程について少しふれておくと、第五章でみるように教育部の主催で開かれた学制会議では、学校系統改革案が議決されたが、ここでは四・二制中学校が原則とされ、同時に中学校以外に職業学校を設立する構想が示された。広東案、甘粛案、湖南案にみられたような中等教育案ではなく、江西案、直隷案、福建案にみられたような中等教育案が、学制会議では採用されたのである。

第三節　広東初等教育案の修正——四・二制初等教育の採用——

第一節および第二節では、一二の省教育会により第七回大会に提出された諸案をとりあげて、初等教育案と中等教育案とに分けて検討を行った。本節では、そうした諸案が提出されてから後の審議過程をみていく。

第七回大会では、すでに第一節の冒頭で述べたように広東案を中心に審議が進められたが、その審議過程、ならびに決議をみることによって、広東省の初等教育案は修正され、また、中等教育案は踏襲されたことを明らかにする。

(1)　広東案の形成経緯

一九二〇年の第六回全国教育会連合会からの要求に応じて、広東省教育会では学制系統研究会が設置され、そこで学制改革に関する案が検討された。この広東案の形成経緯についてまずは簡単にみておこう。これについては、金曽澄（一八八四〜?）により書き残された一文によって知ることができる。[37] 彼は当時、広東省教育会の会長であった。

広東省教育会の学制系統研究会は、七一名で組織され、その内訳は、省教育会の会長および副会長をはじめ、全体評議員が三〇名であった。他に小学校以上の校長が一八名、大学および専門学校卒業後に教育研究に従事する者が九名、教育行政人員が一四名であった。

また、学制系統研究会には初等教育部、中等教育部、師範教育部、高等専門大学部など四つの部門が置かれ、それぞれは一〇名ずつで構成された。各部門で、まずは討論が行われ、その結果は全体会議で部門ごとに選出された代表により報告された。ここでは、初等教育部と中等教育部の二つの部門に注目してみよう。

初等教育部での討論は八回行われ、全体会議での報告は以下のようであった。

（甲）小学校では国民教育を純粋に実施し、それは中等教育の準備のためにあるのではない。

（乙）小学校では完全一貫制を採用する。国民学校や高等小学校などのように名称は分けない。すべて小学校と称する。

（丙）小学校の修業年限については、六年間と定める。七歳から一二歳までを教育年限とする。

（丁）小学校では学期進学制を採用する。成績が優秀であれば、飛び級できるということである。小学校の課程が終わったら、就学義務を満たしたと見做す。ただし修業年限は、最短でも四年間を下回ってはならない。

（戊）第四学年以上において、地方の状況を斟酌の上、職業準備教育を増設することができる。

（己）（略）。

中等教育部での討論は九回行われ、全体会議での報告は以下のようであった。

（甲）中等教育では、一年間、二年間、三年間の完全職業科を設置する。

（乙）徐々に普通教育を減らし、職業教育を増やしていく四年間、五年間の職業科を設置する。

（丙）三年間で普通教育を完成させ、引き続いて職業教育を学ぶ職業科を設置する。

（丁）完全普通科を設置する。

（戊）三年間で普通教育を完成させ、引き続いて師範教育を学ぶ師範科を設置する。
（己）労働児童のために補習学校を設立する。
（庚）中等教育では、地方の状況を斟酌の上、選択科目制を採用する。

このように、各部門での討論により意見が集約され、その次に全体会議で部門ごとに報告が行われたのであるが、広東案そのものが誰の手により作成されたかについては残念ながら不明である。しかし、明らかであるのは、広東案は全体会議で作成され、広東省教育会の大会に提出され、議決されたということである[38]。

一九二一年八月一日に議決された広東案の正式名は学制系統案であり、ここに記された学校系統図については、すでに図３－１に示した通りである。したがって、以下では議決された広東案の初等・中等教育段階の説明を主に引用してみよう[39]。

学制系統案　広東省教育会提議

この案は、広東省教育会のものである。第六回全国教育会連合会の決議に基づき、連合会の開会二ヶ月前までに学制系統研究会を組織した。それは、省教育会正副会長および評議員あわせて三〇名、ならびに省全体から招聘した小学校以上の校長一八名、大学および専門学校卒業後に教育研究に従事する者九名、教育行政人員一四名を会員とした。会議を開き、共同して討論した。全会員を各部門に選り分け、部門ごとに各国の学制を取り上げて研究した。さらには、全体会議を開いて各部門から代表を選んでこれに参加させ、研究の結果として草案および説明書を起草した。八月一日、広東省教育会の大会に提出され、討論の結果、可決された。まずは、各省区教育会および第七回全国教育会連合会に速やかにこれらを送り、研究に供するものである。

学制系統図附録左如（略、図３－１）

（甲）総説明

（1）全ての系統は三段階に分ける。すなわち、高等教育、中等教育、初等教育である。

（2）各段階の区分は、おおよそ児童の発達時期に基づく。すなわち、幼年期〔六歳から一二歳まで〕を初等教育段階とし、少年期〔一二歳から一八歳まで〕を中等教育段階とし、壮年期〔一八歳から二四歳まで〕を高等教育段階とする。

（3）中国は、領土が広大である。地方の状況はそれぞれ異なり、社会の要求もまた様々である。したがって、学校に総合制を導入し、アメリカの新しいモデルによる縦横活動主義（原文のまま）を取り入れる。

（4）教育は児童を中心とし、学校系統は個性および知能を顧みなければならない。したがって、高等および中等教育の課程編成の際には選択科目制を採用し、初等教育に上がる際にはイギリスの弾性制（原文のまま）を採用する。

（5）図内の斜線部分は職業科を表し、斜線のないところは普通科を表す。

（乙）初等教育段階の説明

（1）小学校は、国民教育を純粋に施行し、中等教育の準備をなすだけではない。

（2）小学校は、完全一貫制を採用し、国民学校と高等小学校とに分けず、名称はすべて小学校とする。

（3）小学校の修業年限は六年間とし、六歳から一二歳までと定める。これを義務教育年限とする。

（4）小学校では学期進級制を採用する。例えば、成績が特に優れている者は飛び級進学することができる。小学校の課程を終えた者は、およそ就学義務を満たしたと見做す。ただし、修業年限は最短でも四年間を下ってはいけない。

（5）小学校の課程では、地方の状況をみて第四学年から職業準備教育を増設することができる。

（6）（略）。

（丙）中等教育段階の説明

（1）図中の子、丑、寅は、一年間、二年間、三年間の完全職業科である。
（2）卯、辰は、徐々に普通科目を減らして職業科目を増やしていく四年間、五年間の職業科である。
（3）巳は、三年間の普通科目を満たし、続けて三年間の職業科目を満たす職業科である。
（4）午は、完全普通科であり、未は、師範科である。
（5）巳、午、未では、各学科を卒業した後、大学、あるいは高専の適当な学科に進学できる。
（6）申は、三年間の普通科目を満たすが、進学を顧みない部分である。
（7）酉、戌は、補習学校である。労働児童のためにもっぱら設立する〔半日、半夜、日曜などの学校が、およそこれに属する〕。
（8）中等教育段階では、状況に応じて一校、あるいは多数校が設立される。
（9）中等教育段階では、ひとつの中学区内で全てを設立できない場合、地方の状況および経済状況をみて、種類を選んで設立することができる。
（10）中等教育段階では、状況をみて選択科目制を採用する。
（11）各種職業で必要とされる普通学識の準備には多少の違いがある。このため、選択科目制の精神は、普通教育と職業教育の過渡にあって、明確に区分できる境界がないということにある。この系統では、中学校では三・三制が採用され、初級と高級の二段階に分けられている。しかし、六年間のうち三年間をひとつの区切りとする。さらに、児童の生理および心理に照らし、これにより一二歳から一五歳までを少年発育時期（原文のまま）とし、これを一五歳から一八歳までの心身の発達時期と異なるものとしている。授業の便宜が図られることには意義がある。学科に分けて性質を分けるのも意義がある。四・二制、あるいは二・四制の場合には変更して酌量することができる。
（12）初級と高級の二つの段階は、学校を分けて設置することができる。

（丁）高等教育段階の説明（略）

（戊）師範教育の説明

（1）初等師範の六年間の卒業については、前期三年間の普通科と後期三年間の師範科をあわせて卒業とし、初等師範科証書を与える。

（2）師範学校では、六年間の完全科を設置するか、あるいは初級中学の卒業生のみを受け入れて三年間の師範科で授業をすることができる。例えば、中学校において師範科を積極的に設置できる場合には、その便宜を図る。

（3）～（5）（略）。

広東案の初等教育段階の説明からは、それが初等教育部門によって報告された内容を基に作成されたことが窺える。同様に、中等教育段階の説明も、中等教育部門によって報告された内容を基に作成されたとみられる。また、後者の説明では、子や丑、あるいは寅など学校系統図に明記された記号に対応するかたちで説明がなされている。

ここで、上の引用を基に広東初等教育案の特徴を挙げるとすれば、

① 小学校の修業年限を六年間とすること。
② 完全一貫制の六年制小学校に改めること。
③ 義務教育年限を六年間に延長すること。
④ 小学校の入学年齢の固定化。
⑤ 飛び級進学を認めること。

となろう。また、広東中等教育案の特徴についていえば、

① 中学校の修業年限を六年間とすること。

② 初級中学と高級中学の二段階に分けること。
③ 三・三制を原則とすること。
④ 中学校に「総合制」を導入すること。
⑤ 一年間から六年間までの全ての修業年限を認める職業科を設置すること。
⑥ 実業学校や職業学校の設立については明記されていないこと。
⑦ 選択科目制を導入すること。

となろう。

第七回大会では、以上のような特徴をもった広東案を中心に審議が進められた。

（2） 全体会議における広東初等教育案の修正

第七回大会は[40]、一九二一年十月二十七日に広東省広州市で開幕した。開幕式後に開かれた第一回全体会議では、全体審査会が開かれ、学制改革に関する省教育会提議を協議することが決定された。

全体審査会では、審査主任に江蘇省教育会の黄炎培（一八七八～一九六五）が選ばれ、引き続き諸案が協議された結果、広東案を中心に他案を比較しながら協議するということが決められた[41]。また、大会第四日目となる三十一日に開催が予定された第二回全体会議に審査員報告案を提出することが決められ、起草員として黄炎培、江蘇省教育会の袁希濤、広東省教育会の金曽澄の三名が選ばれた。この三名によって審査員報告案が起草されることになった。第二回以降の全体会議では、広東案を基に作成された審査員報告案を中心に審議が進められた。

第二回全体会議では、標準と総説明が条文ごとに協議され、審査員報告案にすでに記されていた標準の二つの項目、すなわち「一般国民に等しく教育を受ける機会を獲得させる」と「時間の観念を追求する」が削除された[42]。このことから、広東案にもともと記されていなかった標準が審査員報告案に加筆されていたことが確認できる。さらには、第七回大会で議決された第七回草案の標準は、審査員報告案に加筆されたものが元になっていたということも理解される[43]。

第三回全体会議では、初等教育段階が条文ごとに協議され、修正が行われた[44]。また、標題、すなわち学制系統草案という名称も決められた[45]。ここで行われた修正については、次の三点に注目できる[46]。

① 完全一貫制が二段階制に改められ、四年制第一期小学と二年制第二期小学とに分けられたこと。

② 義務教育年限が四年間とされ、時期をみての延長が可能とされたこと。

③ 小学校の入学年齢の柔軟化。

この三点に対して広東案では、前で指摘したように完全一貫制の六年制小学校が提案されていた。また、この期間を義務教育年限とした。さらに、小学校の入学年齢については固定されていた。したがって、広東案が修正されたことは明白である。

以上のように、二度にわたる全体会議での標準や初等教育段階の修正、さらには標題の決定などを経て、第七回草案は第四回全体会議で議決された。

第七回草案の立案過程をみていえることは、第一には広東案を基に作成された審査員報告案の初等教育段階の内容が全体会議で大幅に修正され、第一期小学と第二期小学とに区分されたり、あるいは義務教育年限が短縮されたり、さらには小学校の入学年齢が柔軟にされたりなど、初等教育の普及が最重視されたこと、第二には中等教育段階の内容は、広東案がほぼ踏襲されたことである。つまり、「総合制」中等教育のあり方については、修正されなかったのである。

(3) 袁希濤による初等教育改革論

先に指摘したように、第七回大会では広東初等教育案が修正されたのであるが、この修正の根拠はどこにあったか。第一節ですでにみたように、第七回大会には広東初等教育案とはやや内容を異にする他の初等教育案も提出されていた。こうした他の初等教育案のなかに修正の根拠があったと思われる。

以下では、その修正に関わったのは誰かという視点で考察してみよう。結論を先にいえば、この修正に関わった者として審査員報告案に携わった袁希濤(一八六五〜?)に注目できる。彼は、義務教育の普及に強い関心をもち、第七回大会の直前には『義務教育之商榷』を出版した。彼は、その第二章で義務教育年限および入学年齢についてふれている。そこでは、欧米諸国の義務教育年限が参考にされ、第一次世界大戦後においてはそれが延長傾向にあることが指摘された上で、次のように述べられていた(47)。

中国の義務教育年限についていえば、最近の人は四年間では不足であり、必ず延長しなければならないと主張している。私は、そのようにしないほうがいいと思う。国民学校の上には、高等小学校のあるところがある。そうでなくても、補習科を設置できるであろう。四年間で足りないなら、別のところの増加を要求するようにしてほしい。もし義務教育年限の一律延長に出たとしても、その年限の短い今でさえ、一〇人に一人というわずかばかりの就学率であるのだから、数年経っても普及は期待できないし、再び延長しようにもなす術は必ずないはずである。明らかにそうなるであろう。(中略)。そうであるならば、中国においては全国的な普及を待って、それから延長しよう。

このように、彼は、四年間であっても就学率がわずかであるのに、義務教育年限を延長したとしても普及は期待できないし、後でさらに延長しようにも手が打てないとの見解を示し、義務教育年限の延長に対しては反対の姿勢を示していたのである。このような姿勢からすれば、広東初等教育案で提案されていた六年間の修正を、第七回大会で彼が主張したことは十分に考えられることであろう。
また、彼はしばらく教育部に属した人物でもあり、普通教育司長、教育次長を歴任し、教育総長代理も務めていた[48]。その間、いったんは教育部を退き、一年ほどの間、自国の教育視察も行っていた[49]。さらに、後の第六章でみるように第八回大会でも立案者となった。二大会連続で立案に直接関わったのは、彼一人のみであった。

ここで、第七回大会の出席者三五名を分析してみよう。表3-2は、第七回大会の出席者三五名を示したものである。ここには、年齢、所属（教育会）、留学経験、第七回大会が開かれた時点での職業、職歴などを明記した。さらに、表3-3は、この表3-2を基に作成したものである。

職業、職歴をみると、初等教育関係者が一〇名、中等以上の教育関係者が二一名参加していた。前者のうち、中等以上の教育にも関係した者が四名おり、第七回大会の参加者は、中等以上の教育関係者が二五名で全体の七一パーセントを占めていたことになる。

また、初等教育関係者一〇名のうち、袁希濤を除くと、五名が三年制高等小学校のみの関係者、二名が旧学制の四年制小学校、あるいは四年制国民学校の関係者、残り二名が両方に関係した者であった。要するに、広東初等教育案の修正を直接主張できた者は、ごく少数に限られていたとみられる。ゆえに、その修正に対して袁希濤の存在は大きかったといわなければならない。

しかも、この大会の参加者は、四〇歳未満の者が一九名で全体の半数以上を占め、五〇歳代は三名のみであった。そのうちのひとりが袁希濤であった。

『義務教育之商権』での記述や、あるいは第七回大会の参加者のうち初等教育に直接関係した者がごくわずかであったこと、さらには長老であったことなどから、広東初等教育案の修正は袁希濤によるものであったということ

表3-2　第7回全国教育会連合会の参加者

	氏名	年齢	所属	学　歴	留　学	職業（1921年当時）	備考（職歴）
主席	汪兆銘	38	広東省教育会	なし	法政大学	広東省教育会会長	
代理主席	金曽澄	42	広東省教育会	なし	広島高等師範学校	高等師範学校校長，広東省教育会副会長	
	鍾榮光	50	広東省教育会	嶺南大学	コロンビア大学教育科特別生	大学副監督	広東教育司長
	劉鍾華	47	雲南省教育会	なし	東京物理学校理化	師範学校教員	甲種工業学校校長，中学校校長
	李琛	38	雲南省教育会	雲南高等学校	なし	師範学校教員	雲南省教育会幹事，甲種農業学校教員
	沈恩孚	58	江蘇省教育会	龍門書院住院生	なし	中華職業教育社議事員兼基金管理員，大学，医工専門学校，中学校，各校の校董，江蘇省教育会駐会弁事員	
全体審査会主任	黄炎培	44	江蘇省教育会	上海南洋大学	日本に留学，教育学を専攻	中華職業教育社主任	
	袁希濤8	56	江蘇省教育会	挙人	なし	江蘇省 教育会会員	師範学校校長，教育部普通教育司長，教育次長，教育総長
	劉維藩	40	河南省教育会	河南優級師範学校	なし	河南省視学	高等小学校校長，河南検定小学教員委員会委員
	齊眞如	37	河南省教育会	河南優級師範数学科	なし	小学校校長	高等小学校校長
	王繼賢	27	河南省教育会	河南高等師範学校博物科	なし	教育庁省視学	中学校博物教員
	武桓	37	京兆教育会	直隷優級師範学校	なし	京兆教育会評議員	師範学校教員，師範学校校長，省議会議員
	郃蘭波	35	京兆教育会	天津南海中学校	なし	勧学所長	国民学校，高等小学校，中学校，師範学校の教職員
	江辛	49	安徽省教育会	安徽私立法政学校	なし	安徽省 教育会評議員	省議会参議院議員，中学校教員
	高語罕	35	安徽省教育会	不明	不明	安徽省 教育会評議員	中学校の学監及び教務主任
	谷振東	36	山東省教育会	山東省立単級教員講習所	なし	山東省 教育会評議員	高等小学校教員，師範講習所所長，省議会議員，教育庁諮議
	郭葆珍	40	山東省教育会	優級師範学堂	なし	山東省 教育会評議員	高等師範学校教員，商業専門学校教員，師範学校教務主任，中学校校長
	方克剛	37	湖南省教育会	湖南優級師範学校	なし	中学校校長，湖南省公署教育顧問，湖南省教育会総務	中学校教員，中学校校長
	徐汝梅	38	北京教育会	湖北方言学堂，北京化石橋法政専門学校政治経済科	なし	中学校校長，北京教育会会長	高等小学校教員，学務公署科員，教育庁科員，外国語専門学校教員

	王犖	46	浙江省教育会	師範学堂	なし	浙江省 教育会評議員	浙江教育司科員，浙江省教育会幹事長，国技研究会董事長，浙江体育会会長，女子体操学校教員，体育専門学校校長
	許倬雲	32		浙江優級師範学堂	なし	浙江実業長諮議，浙江国技研究会及び体育研究所会董事，浙江省教育会幹事	中学校教員，師範学校教員，県公署教育科員
	胡炳旒	34		浙江両級師範学堂	なし	浙江省教育会評議員	高等小学校教員，県視学
	奚国鈞	28	吉林省教育会	吉林省両級師範学堂完全科	なし	吉林県県視学	小学校主任，模範小学校校長
	蔡漱芳	40	江西省教育会	なし	早稲田大学師範科	師範学校校長兼教員，師範講習所教員，中学校教員，児童研究会主任，吉林省教育会評議員	師範学校校長
	龍欽海	46		なし	中央大学経済本科	法政専門学校校長，中学校校長，国語講習所所長	法政専門学校教員，高等師範学校教員
	呉樹枬	40		優級師範学校	なし	教育庁省視学	小学校校長，中学校校長，教育司科員
	張秀弁	42	山西省教育会	京師大学師範科	なし	師範学校校長，山西省教育会副会長	大学教務長
	冀貢泉	40		なし	明治大学法学士	大学法科学長，法政専門学校校長	
	于效仁	31	綏遠教育会	帰綏中学校	なし	県視学，高等小学校校長	
	趙瑞年	29		北京中国大学	なし	不明	
	鄭貞文	31	福建省教育会	なし	東北帝国大学理学士	商務印書館編訳所理化部編役員	福建省教育司専門科科長，福建省視学員，福建省高等学校教務長，大学教授兼教務処主任
	林炯	39		なし	東京高等師範学校本科	師範学校教務主任，甲種農業学校校長，福建省国語研究会副会長，福建小学教育検定委員会委員	
	呉賓駟	35		福建省高等学堂，京師訳学館	なし	専門学校教授	
	雷沛鴻	34	広西省教育会	なし	ハーバード大学修士	省公署教育科長	
	楊桂山	42	直隷省教育会	北京大学文科	なし	師範学校校長，直隷省教育会評議員	中学校教員

注：『第七次全國教育會聯合會會務紀要』（出版元不明，1921年10月），「第七次全國教育會聯合會會員録」，15～22頁を基にして筆者作成。なお，審査会報告案を起草した3名をゴシック体で表記した。また，名前に下線を引いた者は，第8回大会にも参加した会員である。さらに，名前の右に8の数字を記した者は，第8回大会で審査会報告案を起草した者である。

表3-3　第七回全国教育会連合会参加者の経歴および年齢

	初等教育関係者（一〇名）：現行高等小学校のみの関係者（五名）	初等教育関係者（一〇名）：旧制四年制小学校、あるいは現行四年制国民学校の関係者（一名）	初等教育関係者（一〇名）：上記の両方に関係した者（二名）	初等教育関係者（一〇名）：教育部普通教育司長（一名）	中等教育以上の関係者（二五名、そのうち四名は初等教育にも関係した者）	その他
二〇歳代		奚国鈞			王継賢	趙瑞年
三〇歳代	谷振東　徐汝梅　胡炳旒　于效仁		斉眞如　郜蘭波		李琛　武桓　郜蘭波　高語罕　方克剛　徐汝梅　許倬雲　鄭貞文　林炯　呉賓駉	汪兆銘　雷沛鴻
四〇歳代	劉維藩	呉樹枏			**金曾澄**　劉鍾華　江辛　郭葆珍　王犖　蔡漱芳　龍欽海　呉樹枏　張秀升　冀貢泉　楊桂山	**黄炎培**
五〇歳代				**袁希濤**8	鍾栄光　沈恩孚　**袁希濤**8	

注：『第七次全國教育會聯合會會紀要』、一九二一年十月、「第七次全國教育會聯合會會員録」、一五～二二頁を基にして筆者作成。なお、審査員報告案を起草した三名をゴシック体で表記した。また、名前の右に傍線を引いた者は、第八回大会にも参加した会員である。さらに、名前の下に8の数字を記した者は、第八回大会で審査会報告案を起草した者である。

ができよう。かつて長く教育部に関係していた者が、その修正に携わっていたのである。

注

（1）一九九〇年代以降の刊行物を挙げると、日本では、阿部洋『中国近代学校史研究――清末における近代学校制度の成立過程――』（福村出版、一九九三年二月）、二四八頁、小林善文『中国近代教育の普及と改革に関する研究』（汲古書院、二〇〇二年十二月）、三七頁および一一五〜一一六頁、阿部洋『「対支文化事業」の研究――戦前期日中教育文化交流の展開と挫折――』（汲古書院、二〇〇四年一月）、九九五頁。

また、中国では、熊明安『中華民国教育史』（重慶出版社、一九九〇年九月）、「三、学制改革の進行および新学制の公布」、五八〜六三頁、鄭登雲『中国近代教育史』（華東師範大学出版社、一九九四年五月）、「一、「新学制」の誕生」、二五九〜二六〇頁、銭曼倩・金林祥主編『中国近代学制比較研究』（広東教育出版社、一九九六年十一月）、「第四章　壬戌学制（一九二二年学制）」、二一五〜三〇〇頁、李華興主編『民国教育史』（上海教育出版社、一九九七年八月）、「第六章　新文化運動与一九二二年学制」、一二五〜一五二頁、于述勝『中国教育制度通史』第七巻（山東教育出版社、二〇〇〇年七月）、「三、一九二二年学制」、四六〜六五頁、田正平主編『中国教育史研究・近代分巻』（華東師範大学出版社、二〇〇一年九月）、「三、順応世界教育発展潮流的新努力」、二八二〜三〇三頁、王倫信『清末民国時期中学教育研究』（華東師範大学出版社、二〇〇二年十月）、「第三節　一九二二年「新学制」与中学制度的発展」、四八〜七四頁。

ところで、先行研究では、省教育会による提議総数を一一であると指摘するものがほとんどであるが、筆者は『第七次全國教育會聯合會會務紀要』（出版元不明、一九二一年十月）、「附録關于改革學制系統各原文全文如下」、四九〜九六頁を参照し、計一二と認識している。ただし、直隷省教育会提議はその到着が審議日程に遅れたらしく、審議の対象にならなかったようである。このことについても、前掲の『第七次全國教育會聯合會會務紀要』、八三頁を参照した。なお、一二の省教育会により作成された学制改革に関する諸案は、以下の通りである。括弧内は、本章第一節に掲載したそれぞれの図の所在を表す。

「學制系統案　湖南省教育會提議」（図３‐４）、六五〜六八頁。
「改革學制案　浙江省教育會提議」（図３‐３）、六〇〜六五頁。
「改革學制系統案　甘肅省教育會提議」（図３‐９）、五七〜六〇頁。
「學制系統案　廣東省教育會提議」（図３‐１）、五二〜五六頁。
「改革學制系統案　黒龍江教育會提議」（図３‐８・①と②）、四九〜五一頁。

「學制改革案　江西省教育會提議」（図3－10）、六八～七四頁。

「革新學制案　山西省教育會提議」（図3－5）、七五～八二頁。

「改革學制系統草案　直隷省教育會提議」（図3－11）、八三～八五頁。

「改革學制案　奉天省教育會提議」（図3－6）、八五～八七頁。

「改革學校系統案　雲南省教育會提議」（図3－7）、八七～八九頁。

「學制改革案　福建省教育會提議」（図3－12）、八九～九三頁。

「改革小學制度延長義務教育期限案　安徽省教育會提議」、九四～九六頁。

「中等學校宜採行集合制議案　安徽省教育會提議」、九三～九四頁。

安徽省教育会提議は、初等教育と中等教育に分けられて提出された。また、安徽省教育会提議には、學校系統図が記されていない。

（2）広東案については前掲（1）、『第七次全國教育會聯合會會務紀要』、「學制系統案　廣東省教育會提議」、五二～五六頁を、第七回草案については同じく『第七次全國教育會聯合會會務紀要』、「學制系統草案」（図3－2）、四一～四六頁を参照した。

（3）前掲（1）、銭・金主編、二三八～二四〇頁では「第七届全國教育會聯合會記略」、『教育雑誌』第一四巻第一号、商務印書館、一九二二年一月に所載の「各省區學制系統草案比較表民國十年十月」、六～八頁が引用されているが、論及されていない。

（4）前掲（1）、銭・金主編、二四一～二五〇頁。

（5）前掲（1）、「學制系統案　廣東省教育會提議」、五二～五六頁を参照。

（6）前掲（2）、「學制系統草案」、四一～四六頁を参照。

（7）前掲（1）、「改革學制系統案　黒龍江教育會提議」、五〇頁。

（8）前掲（1）、「改革學制系統案　甘肅省教育會提議」、五八頁。

（9）前掲（1）、「改革學制案　奉天省教育會提議」、八五頁。

（10）前掲（1）、「改革學校系統案　雲南省教育會提議」、八七頁。

（11）前掲（1）、「改革小學制度延長義務教育期限案　安徽省教育會提議」、九四頁。

（12）前掲（1）、「改革學制案　奉天省教育會提議」、八五頁。

（13）前掲（1）、「改革小學制度延長義務教育期限案　安徽省教育會提議」、九六頁。

（14）前掲（1）、「改革學制案　浙江省教育會提議」、六〇～六五頁、「學制系統案　湖南省教育會提議」、六五～六八頁、「革新學制

案　山西省教育會提議」、七五～八二頁、「改革學制案　奉天省教育會提議」、八五～八七頁、「改革學校系統案　雲南省教育會提議」、八七～八九頁、「改革小學制度延長義務教育期限案　安徽省教育會提議」、九四～九六頁を参照。

（15）同上。ただし、「改革學校系統案　雲南省教育會提議」、八七～八九頁を除く。

（16）前掲（1）、「改革小學制度延長義務教育期限案　安徽省教育會提議」、九五～九六頁。

（17）前掲（1）、「學制改革案　江西省教育會提議」、七一頁。

（18）前掲（1）、「改革學制系統案　黑龍江教育會提議」、四九～五一頁、「改革學制系統案　甘肅省教育會提議」、五七～六〇頁、「學制改革案　江西省教育會提議」、六八～七四頁、「改革學制系統草案　直隷省教育會提議」、八三～八五頁、「學制改革案　福建省教育會提議」、八九～九三頁を参照。

（19）前掲（1）、「改革學制系統案　黑龍江教育會提議」、五〇～五一頁。

（20）前掲（1）、「改革學制系統草案　直隷省教育會提議」、八四頁。

（21）前掲（1）、「改革學制系統案　甘肅省教育會提議」、五七頁。

（22）前掲（1）、「改革學制系統案　甘肅省教育會提議」、五八頁。

（23）前掲（1）、「學制改革案　福建省教育會提議」、九一頁。

（24）前掲（1）、「學制改革案　福建省教育會提議」、九一頁。また、學制系統図（図3-12）をみても明らかである。

（25）前掲（1）、「學制改革案　江西省教育會提議」、七一頁。

（26）前掲（1）、「學制改革案　江西省教育會提議」、七一頁。

（27）前掲（1）、「改革學制案　奉天省教育會提議」、八七頁。

（28）前掲（1）、「中等學校宜採行集合制議案　安徽省教育會提議」、九三～九四頁。

（29）前掲（1）、「改革學制案　浙江省教育會提議」、「革新學制案　山西省教育會提議」、「改革學制案　奉天省教育會提議」。

（30）前掲（1）、「改革學制案　浙江省教育會提議」、「革新學制案　山西省教育會提議」。

（31）前掲（1）、「改革學制系統案　黑龍江教育會提議」、「改革學制系統草案　直隷省教育會提議」、「學制改革案　福建省教育會提議」。

（32）前掲（1）、「改革學校系統案　雲南省教育會提議」。

（33）前掲（1）、「學制系統案　廣東省教育會提議」、「改革學制系統案　甘肅省教育會提議」、「學制系統案　湖南省教育會提議」、「學制改革案　江西省教育會提議」。

（34）前掲（1）、「學制系統案　廣東省教育會提議」、「改革學制系統案　甘肅省教育會提議」、「學制系統案　湖南省教育會提議」。

(35) 前掲(1)、「學制改革案　江西省教育會提議」。
(36) 前掲(1)、小林著、一一三～一一六頁。同じく前掲(1)、王著、五六～六〇頁。
(37) 金曽澄「廣東提出學制系統草案之経過及其成立」、『新教育』第四巻第二期、一七五～一八六頁。
(38) 前掲(1)、「學制系統案　廣東省教育會提議」、五二～五六頁。
(39) 前掲(1)、「學制系統案　廣東省教育會提議」、五二～五六頁。
(40) 第七回大會の立案過程については、以下のものを参照した。「紀事」、前掲(1)、『第七次全國教育會聯合會會務紀要』、一二一～一二七頁。「第七届全國教育會聯合會紀略」、『教育雑誌』第十四巻第一号(商務印書館、一九二二年一月二〇日)、一～二四頁。
(41) 直隷省教育会の改革学制系統草案(学制系統改革草案)は、到着が遅れたために協議の対象とされなかった。したがって、広東案を含む一一の省教育会により作成された諸案が審議の俎上にのせられた。關於改革學制系統各原案、前掲(1)、『第七次全國教育會聯合會會務紀要』、八三～八五頁を参照。
(42) 前掲(40)、「紀事」、一二二頁。
(43) 前掲(40)、「紀事」、一二二頁。
(44) 前掲(40)、「紀事」、一二三頁。
(45) 前掲(40)、「紀事」、一二三頁。
(46) 前掲(40)、「紀事」、一二三頁に「頗有増刪」と書かれていることから、審査員報告案では、広東案に標準が加筆されただけで、あとは簡単な修正にとどめられたと推測できる。したがって、広東案と第七回草案とを比較し、前者になく、後者ではじめてみられるようになった条文のみを指摘し、これを修正点とみた。ここに指摘した初等教育段階の修正点は、いずれも広東案にはみられなかったものである。なお、ここに指摘した点のほかにも、飛び級進学が削除されたこと、職業教員養成科の高級中学への附設が明記されたこと、師範講習所の設置が明記されたこと、年長の失学者への配慮が明記されたことなどを指摘できる。
(47) 袁希濤編『義務教育之商榷』(商務印書館、一九二一年十月)、六頁。
(48) 例えば、一九一六年八月から一九一九年六月までの間、教育次長を務めている。劉壽林編『辛亥以後十七年職官年表』(文海出版社、一九七四年)を参照。同書は、劉壽林編『辛亥以後十七年職官年表』(中華書局、一九六六年)の影印版である。
(49) 外務省情報部編纂『改訂　現代支那人名鑑』(東亜同文会調査部、一九二三年十月)、「袁希濤」、七二八頁。

第四章　各省における第七回草案の検討
――江蘇省教育会による修正案を事例として――

第一節　第七回草案の取り扱い方法

第七回草案は教育部に上申されなかった。第七回大会で可決された議案は全部で一五本であったが、第七回草案を含めていずれの決議も教育部に上申されなかった。

『教育雑誌』第一四巻第一号に所載の第七回大会の記事では、そうした事情が第七回大会の顕著な一特色として取り上げられ、次のように記されていた(1)。

顕著なのは例えば、議決結果が各省区教育会や各省区行政機関、あるいは在外公使に伝えられたり、また宣言書が発布されたり、さらに書肆や、あるいは北京総税務司や銀行組合などに書簡が送られたりしたことなどであり、政府への施行要請がひとつとしてなかったということである。

第六回大会までは教育部に上申された決議が必ずあったので、中央政府への施行要請が行われなかったことは、確かに第七回大会の特異性とみることができる。なぜこのような特異性は生じたか。

第二章ですでにみたように、全国教育会連合会は一九一五年四月に第一回大会が開かれた。当時においては、北京政府教育部にその主導権が握られていたとみられ、そのためか省教育会から様々な提案が出されても、これらは教育部の政策を追認したり、あるいは補完したりするものが目立っていた。しかしながら、同時に全国教育会連合会の総意として地方教育行政改革の要求がすでに始められ、特に省教育庁の設置については、まさに全国教育会連合会の要求に応じるかたちで、一九一七年の第三回大会を前後して教育部により実施に移されていった。こうしたことから、主導権は全国教育会連合会それ自体に次第に移行していったと考えられる。

また、一九一〇年代後半といえば、軍閥が割拠し、北京政府の正統性が大きく揺らいでいた時期であった。第七回大会が開かれた広東省では、すでに一九一七年七月に広州市が拠点となり、やはり反中央を掲げていた西南軍閥と連合して広東軍政府が成立していた。

第七回大会の特異性は、当時の教育改革の主導権が次第に全国教育会連合会それ自体に移行していき、さらには政治的事情により北京政府の正統性が揺らいでいたことなどにより生じたものと思われる。

こうした背景をもとに生じた特異性は、第七回草案に付された取り扱い方法をみても明らかである(2)。

学制系統草案の取り扱い方法

一、この草案は各省区の原案および比較表とまとめて、事務所から本連合会名義により各省区教育会、各高等教育機関に送る。意見を集めて一九二二年二月末までに事務所に返送してもらう。各省区への通知、ならびに説明の際には、当該省区各教育機関代表および教育行政機関代表を集めて討論会を組織し、その討論の結果において適当な結果が得られるように要請するものとする。

二、同時に事務所は、全国の各新聞社、各教育雑誌社にも本草案を送り、これをひろく公表してもらい、その上で意見を徴収し、一九二二年二月末までに事務所に返送してもらうよう要求する。

三、地方においてもし本草案に対する疑問があれば、大会時の討論や意見、あるいは提案の本旨に基づいて、事務所によって返答を行う。

四、地方から意見が返送されてきて、本草案の掲げる理由について議決前にきちんと討論されておらず、そのために再審議の必要が事務所によって認められる場合には、各省区教育会に通告するほか、事務所を通して適当な人員を早急に集めて委員会を組織し、再審議する。審議結果は各省区教育会に通告する。

五、各省区教育会では、本草案が討論会で討論された後、実行が認められたら適当な人員を早急に集めて各段階の課程草案および実施方法を議定し、これらを次回の連合会に提出するとともに、状況経過については事前に互いに通告しあってほしい。もし二つ以上の省区によって課程草案が提出される場合には、事前に各省区教育会に対して、酌量して適当な専門家を推薦するように事務所が通知しなければならない。次回の連合会に向けて課程草案が討論され、よりよい結果の得られることを希望する。

六、若干校を指定して本草案で定められたことを実験的に実施する場合には、実験の結果が各省区教育会に通告されるか、あるいは次回の大会において報告されなければならない。これにより、参考に供するものである。

引用から明らかなように、中央政府による第七回草案の実施ということは、まったく考えられていなかったといえる。しかし一方で、第七回草案は、一および二で明記されたように意見徴収のために、各省区教育会や、あるいは各高等教育機関、さらには新聞社や教育雑誌社に送付されることとなった。さらに、これを送付する第七回大会事務所によって、翌年一九二二年二月末までに意見を返送することが希望され、同時に各省区の教育機関および教育行政機関の代表を集めて討論会を開くことも要請された。

続けて、五をみると、討論会で第七回草案の実施が認められたら、カリキュラム草案および実施の方法を定めて、これらを次回、すなわち第八回大会に提出することが要求されたことがわかる。また、第七回草案は、六にみられるように学校での実験的な実施が認められており、実験の結果は、各省区教育会に通告するか、あるいは第八回大会に報告するものとされた。

このように、第七回草案の取り扱い方法としては、この時点での教育部への上申がみられないことから、その法制化ということが考えられていなかったといえる。しかし一方で、意見徴収のために、各省区教育会など様々なところに第七回草案は送付され、また、各省区に対しては討論会の開催が要請され、さらに、第七回草案の実験的な実施が認められていた。こうした意見徴収や討論会の開催を経て、教育部に上申するという判断があったかどうかは確認できない。しかし、取り扱い方法は、そもそも第七回草案が議決された直後に開かれた談話会で黄炎培により提案され、三日後の全体会議で議決され、そして第七回草案に付されたものであった(3)。これよりすれば、第七回大会では、意見徴収や討論会の開催がまず先に必要とされたと推測できる。

後の第六章第一節でみるように、第七回草案は第八回大会において再協議の対象となった。第七回草案とは異なり、第八回大会で議決された第八回系統案は教育部に上申された。こうしたその後の経過からすれば、第七回草案の取り扱い方法は、第七回草案そのものの未熟さを露呈していたといえるかもしれない。「草案」として議決された理由が取り扱い方法から読み取れるのである。

第二節　新学制運動の広がり

取り扱い方法の通知を受けて各地では、討論会や講演会などが相次いで開かれた。この様子については、『教育雑誌』第一四巻第二号から第五号までに所載の「教育界消息」で報じられ、「新学制運動」というタイトルで連載されていた。

「新学制運動」の連載は四回に及び、一回目には、第七回草案が議決された直後から翌年一九二二年一月初旬までが取り上げられた(4)。例えば、江蘇省で新学制草案討論会が開かれたことや、杭州市の中等学校以上の校長が集まって開かれた討論会のこと、さらには時事新報や民国日報など新聞紙上に掲載された第七回草案に対する意見などが紹介されていた。

二回目には、一九二二年二月上旬のことが取り上げられた(5)。例えば、浙江省教育会により開かれた新学制討論会や、そこで議決された小学校の四・三制の採用について、さらには上海の新聞に掲載された袁希濤による「対於新学制討論会地方教育方面之意見」の要点などが紹介されていた。

三回目には、広東省、江蘇省、奉天省など省ごとにおける動向が取り上げられた(6)。例えば、広東省で新学制実施研究会が組織されたこと、一九二二年二月下旬に江蘇省で新学制草案討論会が開かれたこと、さらには奉天省で第七回草案とはやや異なる学制が実施計画されたことなどが紹介されていた。

四回目には、一九二二年三月中旬に江蘇省で新学制学程研究委員会が開かれたことが取り上げられた(7)。

一方、第七回大会の主催事務所であった広東省教育会には、討論会の報告や意見書などが数多く寄せられた。寄せられた報告や意見書は、広東省教育会により編集されていた『廣東省教育會雜誌』第二巻第三号に所載の「各省区教育会対于新学制之意見」にみることができる(8)。これをみると、浙江省教育会をはじめ、黒龍江省、江蘇省、江西省などの教育会や、あるいは湖北省の各学校教職員連合会、さらには福建省立第三中学校など、様々な教育機関から数多くの報告や意見書が寄せられていたことがわかる。

第七回草案が議決され、そしてその取り扱い方法が通知されたことにより、新学制運動は、以上のように全国的な広がりをみせた。しかし、討論会や講演会、さらには意見書などがすべて、壬戌学制の制定に直接に結びついたとは到底思えない。運動のそうした広がりの一方で、実際の制度化に向かって収斂していったときの要素は何であったか。

次節では、江蘇新学制草案討論会を取り上げる。

第三節　江蘇新学制草案討論会の開催

江蘇新学制草案討論会を取り上げる理由は、次の三点による。

第一には、この討論会で可決された学制系統草案修正案（以下、江蘇修正案と略す）は、一九二二年に開かれた第八回大会に提出されたからである。江蘇修正案は、江蘇省教育会名義により第八回大会に提出され、さらにはこの大会で審査底本を作成した胡適により底本の作成の際に使われたのである。第二には、袁希濤や黄炎培など江蘇省教育会の大物が、第七回大会および第八回大会の両大会で、立案に大きく関わったからである[9]。

上記二点のみによっても、この討論会を看過できないと思われる。しかし、さらにいえば、第三には、第七回草案に対して具体的にどのような反応があり、また、旧学制が改革されようとすることでどのような問題点が想定されたかなどの疑問に答えるためでもある。

なお、「江蘇新学制草案討論会」というのは正式名であり、ここでの「新学制草案」とは言うまでもなく第七回草案のことを指している。

江蘇新学制草案討論会は[10]、第七回大会に参加した江蘇省教育会の代表によりその開催が要請され、これを受け取った江蘇省教育庁により開かれた。江蘇省教育庁は、江蘇省内の中等以上の各学校校長、東南大学校長および教育科長、師範学校附属小学校主任、江蘇省内の教育行政人員、第七回大会に参加していた江蘇省教育会の代表などを招集し、一九二一年十二月八日午前九時に南京市で第一回討論会を開いた。

胡玉蓀教育庁長の挨拶の後、黄炎培が次のように挨拶した。(11)

来年、すなわち一九二二年二月までに意見を集めて方法を決定するように全国教育会連合会から求められている。よって、江蘇省においてもそれまでに議論を終わらせるべきであろう。本日、この会では実施してよいかどうかが議論されるだけでなく、将来どのように実施するかについても議論されるべきだ。

次に、沈恩孚が第七回草案の議決経過を報告した。続けて、袁希濤が討論の際に注意するべき点を指摘し、これについて、(12)

教育の実施においては本国が本位とされるべきである。ただし、欧米各国の学制の中に本国にとっての利益があるとみられる場合には、これが採用されるべきである。

と述べた。彼ら黄、沈、袁の三名は、第七回大会に参加した江蘇省教育会の代表であった。

休憩をはさんで同日午後二時に再開された第一回討論会では、初等教育、中等教育、師範教育、職業教育、大学専門、教育行政など六つの委員会を組織することが議決された。さらに、各委員会を江蘇新学制草案討論委員会としてひとつにまとめ、江蘇省教育会内に付設することも決定された。(13) したがって、江蘇省教育会がこの委員会の事務を担当することとなり、進行方法の決定や委員の推薦などを行った。こうしたことから、江蘇省教育庁によってこの討論会は開催されたが、その実質的な主導権は江蘇省教育会により握られていたとみられる。

第四節　委員会での討論

江蘇省教育会内に設置された委員会は六つの委員会に分けられ、各委員会では省内の教育界から集められた第七回草案に対する様々な意見が参考にされながら、討論が行われた[14]。討論の結果は、委員会ごとに報告書としてまとめられ、その報告は一九二二年二月二十三日と二十四日の両日に南京市で開かれた第二回討論会で行われた。以下では、第二回討論会で報告を行った初等教育委員会と中等教育委員会の両報告書を取り上げる。第七回初等・中等教育案をめぐり、両委員会ではどのような討論が行われたか。

（1）初等教育委員会の報告書

初等教育委員会でまとめられた報告書では、第七回初等教育案の内容に即して全部で一〇の問題が提起され、問題ごとに回答が記された[15]。

小学校教育に関する江蘇新学制草案討論委員会の報告

第一問題　小学校は六年間で修了すべきでよいかどうか。

六年間で修了してよいということが多数により認められた。理由は左記のとおり。

一、旧学制の七年制のカリキュラムは多すぎで、さらには重複がある。六年間に改めるのが適当である。

二、義務教育の見地からすれば、国民の生計を顧みるとその年限はあまり長くないほうがよい。義務教育年限は現在四年間であるが、学制の編成ではその時の適用だけでなく、普及後の状況にも思いが寄せられるべきである。このため、小学校の修了は六年間であるべきと認められた。
三、教材の分量は、現在のものより少し減らす必要がある。
四、小学校の各教科を口語文で教授すれば、六年間で修了できる。
五、国民の負担は、時間的にも経済的にも軽減される。
六、カリキュラムの概要は、年限を短縮すれば改訂できる。

この問題については懐疑的な意見もあった。意見は左記のとおり。
一、中等学校の試験を受ける際に、現在の七年制小学校でもレベル不足の嫌いがある。六年間にして何か影響はあるのか。
二、各国の第七学年や第八学年で学習されているカリキュラムの分量や程度に比べて、現在の小学校のカリキュラムに優劣はみられないし、かつまた中国の学校設備は不完全であり、科学的な環境や教育的な環境など、いずれも各国に及んでいない。いったいどうやって六年間に改めるというのか。
三、国語は、将来にわたって日本語や英語やフランス語のように簡単に学習できるものではない。
四、（略）。
五、各種教科の内容は、社会の進化や科学の進化により複雑となっている。

第二問題　小学校は四・二制と三・三制とでは、どちらがよいか。

六年制小学校を二段階に分けることについては、甲と乙にみられるような二種類の主張があった。次のとおり。
甲　四・二制に賛成する理由は、左記のとおり。
一、四年間と二年間の二段階に六年制小学校を分ければ、各地方の教育経費の負担が軽減されよう。
二、前期を四年間にするのは、義務教育年限とちょうど一致する。

三、前期をもし三年間とすれば、そこで得られる知識では十分応用できない。

乙　二段階に分けないと主張する際の理由は、左記のとおり。

一、日本の六年制尋常小学校の規則に照らせば、各地方の状況により職業準備が標準とされることは可能であろう。どの学年から開始するかについては限定される必要がない。

二、中国の旧学制では、小学校は二段階に分けられている。このため、国民学校と高等小学校が接続できていない。

三、四年間の教育を受けるだけでは、よき公民となれない。

四、複数の学業を終えることは、児童心理上、多くの妨げとなる。

第三問題（略）。

第四問題　小学校は四年間のものの設立が原則とされるべきか、それとも六年間のものの設立が原則とされるべきか。

これを検討した際に出された意見は、次のとおり二種類あった。

甲　六年制小学校の設立が原則にされるべきと主張する際の理由は、左記のとおり。

一、児童の階級観念を打破できる。

二、教員の俸給を一律にできる。

三、程度を高められる。

四、六年制小学校を続けていけば、中学校との接続が容易となる。

五、国民学校と高等小学校が地方にはもともとあるが、これらを一律六年間にすれば設立費を省くことができよう。

六、現在の小学校は改組しやすい。

七、児童の進学にとって便利となり、後段の小学校に再び入らなくてすむ。
八、児童が在学中でまだ卒業していなくても、両親は子供の進学についていつも耳にするようになるだろう。
乙　四年制小学の設立が原則にされるべきと主張する際の理由は、左記のとおり。
一、地方の経済力では、六年制小学校の運営を負担することができないだろう。
二、教育を普及させやすい。
三、義務教育が普及するまでは、市・郷立小学校は四年制が原則とされるべき。

第五問題（略）。

第六問題　小学校の入学年齢は、六歳から一二歳までと限定すべきか。もし一二歳に限定すると主張しないのであれば、何歳までとするか。

小学校の入学年齢が検討された際には、これを限定しないという主張が多かった。郷村の児童の心理においては、知力の啓発が比較的遅く、習慣においては、就学が比較的緩く、もし限定されれば、こうしたことにより多くの障害が生じるであろう。そのほか、一三歳、一四歳、一五歳、一六歳など入学年齢の限定についての主張はまちまちであった。

第七問題　小学校の後期二年間は単独に設立されるべきか。それとも前期四年間と合併されるべきか。

小学校は後期と前期とに分けるか、それとも合併させるかが検討された際には、その合併を主張する場合が多かった。その理由は左記のとおり。
一、後期小学を独立させると児童が減り、また学習者の興味も減る。
二、校舎を合併すれば、経済的に節約できる。
三、クラスの数が多くなり、教員にとって都合がよい。
四、後期小学を独立させるとその年限が短すぎるため、訓育においても、学業においても、効果が得られにくい。

第八問題　現在の高等小学校をどう改組するか。

現在の高等小学校の改組について検討された際に主張されたことは一様でなく、これについてはおおよそ左記のようにまとめることができる。

一、完全一貫制の六年制小学校に改める。

二、程度を上げて、初級中学に改める。

三、後期小学か、初級中学に改める。

四、後期小学か、甲種職業科に改める。

第九問題　現在の乙種実業学校をどう改組するか。

現在の乙種実業学校の改組について検討された際に出された意見は、左記のとおり。

一、甲・乙の両種職業科に改める。

二、職業補習学校や甲種職業学校に改める。

三、初級中学か、職業科に改める。

第十問題　郷村にある小学校と都市にある小学校についてその異なる点が説明されるべきかどうか。例えば、修業年限や毎年の授業時間など。

郷村にある小学校と都市にある小学校との違いに対応すべきかについては、大多数がこの違いを認め、左記のような点が提示された。

一、休みの期間については、融通をきかせるべきである。

二、カリキュラムを増減するなどして、活用すべきである。

三、年限については、長短の両方あるべきである。

四、郷村にある小学校では、毎年の授業時間を酌量して減らしてもよい。

以上の諸点は、いずれも一定の範囲内であった事柄が、拡げられて説明された結果である。したがって、学制が実際に用いられる場合には運用がしやすく、また地方の事情にも合わせられており、伸縮の余地がある。

このように、初等教育委員会の報告書では、小学校の修業年限のこと（第一問題）や、それを六年間とした場合に四・二制にするかどうか（第二問題）、あるいは四・二制とした場合にその前期にあたる四年制小学校の設立を原則とするか、それとも一貫校に近い形の六年制小学校の設立を原則とするか（第四問題）、さらには入学年齢を固定化するかどうか（第六問題）や、旧学制の高等小学校やそれと同程度の乙種実業学校をどのように改組するか（第八および第九問題）など具体的な問題が並べられ、問題ごとに委員会で出された賛否両論や見解などがまとめられた。

（2）中等教育委員会の報告書

中等教育委員会でまとめられた報告書には、次のような統計表が掲載された。統計表では、第七回中等教育案の内容に即して「中等・高等教育の接続」という視点により一七の質問が提起され、質問ごとに「肯定」、「否定」、「どちらでもない」といった三種類の回答が用意された。回答は、以下のようになっていた。[16]

「新学制草案」の中等教育および「中等・高等教育の接続」に関する意見の統計表

質　問	肯定	否定	どちらでもない	備　考
一，中学校は高級と初級の2段階に分けて，それぞれを3年間ずつとするやり方でよいか？	14	2	1	
二，高級中学の普通科ではコース分けをするべきか。現在の科目選択のやり方はどうか？	13	4	0	競志女学の意見：最適であるのは，コース分けをすることである。なお，地方の状況および個人の性質，ならびに経済的な点により，そうする必要がなければ，選択科目をやればよい。
三，中等教育を卒業してすぐに大学および高等専門学校に入学するためには，客観的，具体的な入学基準が規定されるべきか。	15	2	0	
四，移行時期にあたる中学校の卒業生は，やはり2年間の準備をしてから大学に入学するべきか？	9	5	3	四中の意見：やはり2年間の準備はすべき。但し厳格な入学試験を受験して，優秀な成績であると認められれば1年間減らされるべき。 成美中学校の意見：程度でみてどうか。 一中の意見：程度でみて決定する。
五，中等教育段階の第5条の説明，すなわち「已・庚・辛の各学科を卒業した後は，いずれも大学や高等専門学校の適当な学科に入学することができる」の辛は，高級中学師範科のことであるが，卒業後は勤務する必要はないか？	5	11	1	一中の意見：ただで当然勤務すべきであり，でなければ除外されてよい。 四中の意見：当然勤務すべき。 競志女学の意見：師範科卒業後，勤務しない場合，学費を追納すべき。 蘇州楽益女中の意見：公共により育成されているので，当然勤務すべき。もし公費により育成されていなくても除外できる。
六，高級中学師範科は師範学校のように，無料であるべきか？	11	4	2	四中の意見：地方の状況により酌量して定める。 七中の意見：酌量して半分を支払う。
七，移行時期にあたる初級中学の入学者のことについて，高等小学校の3年生は受験するべきか？	12	5	0	蘇州楽益女中の意見：より優秀な者は能力に照らし，編制する。
八，移行時期にあたる高等小学校の卒業生は，中学校の第2学年にすぐに入学できるか？	8	7	2	一中の意見：各科目の程度により編制する。 四中の意見：厳格な入学試験を受験した後，優秀な成績であると認められれば，第2学年に入学できる。

				競志女学の意見：現在の高等小学校の卒業生の程度は低すぎ。中学校の第２学年にすぐに入学できない。
九，以前の高等小学校の男女同学においては，とりたてて弊害がみられなかった。初級中学では，男女同学にできるか？	5	5	7	蘇州楽益女中の意見：初等教育の時期の個性は無邪気であり，高等教育の時期は意志が固い。中等教育の時期は男女の情が衝動にかられる時期であるため，例外とする。 四中の意見：地方の状況により定める。 競志女学の意見：高等小学校の男女同学についてはいまだ数少なく，初級中学の男女同学についても延期されてよい。
十，初級中学の設立については，省立を原則とし，県立を例外とするか？	3	11	3	競志女学の意見：初級中学では県立を原則とし，高級中学では省立を原則とする。 二中の意見：主張は同じ。 一中の意見：地方の状況により決定する。
十一，初級中学を卒業して高級中学に進学する際には，入学試験を受験するべきか？	12	3	2	一中および蘇州楽益女中の意見：但し一貫校では免除されてもよい（原文では「但在一校中可免」）。
十二，師範学校の卒業生は初級中学の教員を担当するべきか？	4	10	3	競志女学の意見：初級中学の教員には高等師範学校の卒業生が充てられるべき。 四中の意見：学識経験により定める。
十三，高級中学の教員には高等師範学校の卒業生を担当させるか？	9	6	2	四中の意見：学識経験により定める。 七中の意見：外国語を除き，優等生が充てられてよい。
十四，新学制が施行されるまでに師範学校カリキュラムを変更し，適当な教員を養成すべきか？	12	4	1	
十五，初級中学および高級中学の教員，教材，カリキュラム，編制，教授法，訓育法，経費などについて準備期間内において先に議論されるべきか？	16	1	0	
十六，新学制が実施されたら中等教育段階の経費は増加されるべきか？	14	2	1	競志女学の意見：初級中学は県立とし，県教育費が増加されるべき。省教育費は軽減されてよい。
十七，大学および小学校で新学制が実施されない場合，中学校が先に単独で実験的に運営できるか？	12	4	1	四中の意見：経費および地方の需要状況により酌量して定める。 蘇州楽益女中の意見：よりよい方法が承認されればすぐに試行されなければならないので，実験的に運営されてもよい。

陸殿揚編

このように、中等教育委員会では、第七回中等教育案の三・三制中学校への改組が認められ、これにより想定される諸問題が具体的に検討されていた。さらにいえば、検討されるだけではなく、実験的な実施も認められていた。

第五節　江蘇修正案の議決

前節でみたように、初等・中等教育の両委員会では、第七回初等・中等教育案に即して様々な問題が提起された上で、討論が行われた。討論の結果は、委員会ごとに報告書としてまとめられ、一九二二年二月二十三日と二十四日の両日に開かれた第二回討論会に提出された。

第二回討論会の初日には、初等教育、補習教育、中学校教育について順に討論が行われ、第七回草案に対して多少の修正が行われた[17]。翌日には、初日に引き続き職業教育、師範教育、高等教育について順に討論が行われ、午後には第七回草案に対して文字上の修正が行われた[18]。こうして、江蘇新学制草案討論会では、江蘇修正案が議決された。このときの修正点は、以下の通りである[19]。

新学制草案討論会決議

（一）　初等教育段

小学校の修業年限を六年間と定め、原案に照らして「四・二制」とする。また、原案の第四条にある「第四学年後」という五文字を「較高年級」という四文字に改める。系統図の初等教育段階にみられる「職業準備」という四文字と斜線を削除する。またさらに、系統図の壬および癸の補習教育に関する項目を削除し、年長失学者に対しては補習学校を設立することとし、これらを初等・中等教育段階の傍系として置き、説明の際には別々に列挙することにする。そのほかは原案のままとする。以上を議決する。

（二）　中等教育段

原案の第四条にある「完全」の二字を削除する。また、原案の第五条を全て削除する。またさらに、原案の第八条にある「一中学区内」の五字を削除する。そのほかは原案のままとする。以上を議決する。

（三）（略）。

（四）（略）。

（附註）（略）。

引用文に「原案」とあるのは、第七回草案のことである。右の引用からすれば、江蘇新学制草案討論会では、第七回草案に対して若干の修正が行われただけとみられる。江蘇修正案は、第七回初等・中等教育案を追認するものであったと理解される。

注

（1）「第七届全國教育会聯合會記略」、『教育雑誌』第一四巻第一号（商務印書館、一九二二年一月）。

（2）「學制系統草案（函各省區教育會各高等教育機關及另函全國各報館各教育雑誌社）」、『第七次全國教育會聯合會會務紀要』（出版元不明、一九二一年十月）、三九～四〇頁。

（3）「紀事」、前掲（2）、『第七次全國教育會聯合會會務紀要』、一二四頁。

（4）「新學制運動」、『教育雑誌』第一四巻第二号、商務印書館、一九二二年二月。

（5）「再誌新學制運動」、『教育雑誌』第一四巻第三号、商務印書館、一九二二年三月。

（6）「三誌新學制運動」、『教育雜誌』第一四巻第四号、商務印書館、一九二二年四月。
（7）「四誌新學制運動」、『教育雜誌』第一四巻第五号、商務印書館、一九二二年五月。
（8）「各省區教育會對于新學制之意見」、廣東省教育會編集処『廣東省教育會雜誌』第二巻第三號（廣州商務印書館、一九二二年三月）、四三〇〜四五九頁。
（9）第一点目については本書の第六章第一節を、第二点目については第三章第三節および第六章第二節を参照されたい。
（10）江蘇新学制草案討論会については、江蘇省教育会が広東省教育会に送付した「江蘇省教育會来函（對於新學制系統草案修正案之報告）」、前掲（8）、廣東省教育会編集処、四三三〜四五三頁を参照。
（11）「蘇省新學制草案討論會紀」、『申報』、一九二一年十二月十日。
（12）前掲（11）、「蘇省新學制草案討論會紀」。
（13）「江蘇開學制案統草案討論會」、『新教育』第四巻第二期、一九二二年、二九三頁。
（14）前掲（10）、「江蘇省教育會来函（對於新學制系統草案修正案之報告）」、四三三頁。
（15）前掲（10）、「江蘇省教育會来函（對於新學制系統草案修正案之報告）」、四三九〜四四二頁。なお、引用にみられる傍線は資料でも実際に使われている。
（16）前掲（10）、「江蘇省教育會来函（對於新學制系統草案修正案之報告）」、四四三〜四四六頁。
（17）「江蘇新學制草案第二次討論會紀要」、『新教育』第四巻第五期、一九二二年五月、九三一頁。
（18）前掲（17）、「江蘇新學制草案第二次討論會紀要」。
（19）前掲（10）、「江蘇省教育會来函（對於新學制系統草案修正案之報告）」、四三七頁。

第五章　北京政府教育部主催の学制会議における議決

第三章でみたように、第七回草案（図3－2）においては、初等教育段階では小学校が六年間とされた上で二段階に区分されて、四・二制が採用され、前期段階の四年間が義務教育年限として定められていた。また、その中等教育段階では中学校が六年間とされた上でやはり段階に区分されて、三・三制が原則として定められ、附則として四・二制も認められていた。職業学校は置かれず、単線型の中等教育が形作られていた。

壬戌学制ではどうであったか。壬戌学制においては、第七回草案と同じように四・二制小学校が採用され、義務教育年限は四年間と定められたが、これに加えて四・三制小学校も承認された。また、やはり第七回草案と同じように三・三制中学校が原則として定められ、附則として四・二制中学校も認められたが、職業学校と師範学校が置かれ、分岐型の中等教育が形作られた。

このように、四・三制小学校の承認や、あるいは分岐型中等教育の形成などは、壬戌学制でみられたことである。それは、どのような過程を経て承認されたり、形成されたりしたか。このような疑問に対して従来の研究では解答が示されていない。すでに序章で指摘したように、この学制に対してはむしろ六・三・三制をもつ学制であったということが強調され、さらにはアメリカ留学帰国者の活躍が注目されることにより、あたかも旧学制の複線型が単線型へと本質的に転換したかのように印象付けられてきた。四・三制小学校の承認や、あるいは分岐型中等教育の形成のみならず、四・二制小学校が採用され、また、附則として四・二制中学校も認められた諸点などからすれば、壬戌学制に対する従来の評価は改められる必要があるように思われる。

そこで、本章では、北京政府教育部によって開かれた学制会議を取り上げる。この学制会議については、従来の研究において明らかにされてこなかったものである。[1]

第一節では、この会議が開かれるまでの経過に着目し、これにより学制会議が開かれた理由を明らかにする。第二節では、参加者に着目し、これを可能な限り明らかにすることで学制会議の性格を検討する。第三節では、審議に着目し、これにより学制会議で議決された学校系統改革案（以下、学制会議案と略す）の特質を明らかにする。以上の課題に取り組むことで、四・三制小学校の承認や、附則として四・二制中学校も認められたことなど、従来の研究において見落とされてきた諸点のもつ意味が理解されるであろう。

なお、学制会議の史料については北京政府教育部の刊行した『教育公報』を隈なく調べたが、見つからなかった。会議の記録なども見つかっていない。[2] しかし、当時の新聞『申報』には学制会議の記事が比較的多く掲載されていたので、これらを用いることにした。

第一節　学制会議開催の準備——教育部原案の作成——

(1)　学制会議章程の公布

一九二二年七月一日、教育部により学制会議章程が公布された。その内容は、以下の通りである。[3]

学制会議章程　中華民国十一年七月一日公布

第一条　教育総長によって学制会議を招集する。
第二条　学制会議は次の事項を議論しなければならない。1、学校系統。2、地方教育行政機関。3、そのほか、教育総長提議の事項。
第三条　学制会議は次のような人員により構成される。1、各省および特別区教育行政機関から一名ずつを選んで派遣してもらう。2、各省および特別区教育会からそれぞれ一名を推薦してもらう。3、国立専門学校以上の校長。4、内務部民治司長。5、教育部参事および司長。6、教育総長の招聘、あるいは任命により派遣される者。
第四条　学制会議に主席一名、副主席一名を置き、会員から互選する。
第五条　学制会議に幹事長一名、幹事四名を置き、教育総長による任命により一切の事務を行う。
第六条　学制会議の開会および閉会日時は教育総長によって定められる。
第七条　学制会議議決事項は主席から教育総長に報告される。
第八条　学制会議議事細則は教育部により別に定める。
第九条　学制会議閉会後、すぐに解散する。
第一〇条　本章程は閉会後、すぐに廃止する。

第二条によると、学制会議における審議事項は、学校系統と地方教育行政機関についての二点に絞られていたことがわかる。このことは『申報』の記事によっても確認できる[4]。

（二）学制会議章程の内容　会議事項として最も重要なのは、二つのみである。①学校系統について。②地方教育行政機関について。このことは、民国元年に開かれた臨時教育会議のときとは異なる。当時の会議では、学校系統についての議論のみならず、学校カリキュラムや、そのほか根本的でない細則の部類にまで議論が及んだ。民国元年においては、政府も民間も中央集権への傾向をもち、教育家たちもそうした傾向にどうしてもとらわれていた。このため、規程も細則も論じず、みな教育部での決定を望んでいた。こうして全国画一の効果を得ようとしたのであるが、数年経過してやはり諸々の行き詰まりが現れてきた。したがって、今回の会議ではそうした弊害を正すために、教育上の大本、大法のみを専ら議論することにした。あらゆるカリキュラム、細目については、地方の状況を参酌して省ごとに定めてよいものとする。

学制会議の重要な審議事項として、学校系統と地方教育行政機関の二点がやはり挙げられている。また、一九一二年に開かれた臨時教育会議についても述べられている。

臨時教育会議は、壬子・癸丑学制を制定した会議である。臨時教育会議では「学校系統についての議論のみならず、学校カリキュラムや、そのほか根本的でない細則の部類にまで議論が及んだ」ようである。このことについて「政府も民間も中央集権への傾向をもち、教育家たちもそうした傾向にどうしてもとらわれていた。このため、規程も細則も論じず、教育部での決定をみな望んでいた」と振り返り、数年経過してそうした教育部による全国画一的な政策に行き詰まりが現れていることが反省されている。このため、学制会議では「教育上の大本、大法のみを専ら議論することにした」のであり、「カリキュラム、細目については、地方の状況を参酌して省ごとに定めてよい」と決定されたことが理解できる。

学制会議を控えて教育部では、学校系統が「大本、大法」と捉えられ、それは最も重要な審議事項のひとつとされる一方で、カリキュラムや細目については省ごとの決定に任せるということが決められていたのである。要するに、教育部はそれまでの全国画一的な政策を転換する必要に迫られていたと考えられる。

さらに、同記事では第七回草案についても記されている。[5]

（一）　学制会議発足の理由　現在の学制は公布されて久しく〔重要な規程の大半は、民国元年に公布された。これらは、臨時教育会議を経て議決されたものである〕、時勢の変遷に応じて速やかに改正される必要がある。昨年、広東省で全国教育会連合会（原文では「各省教育連合会」）が開かれた時、学制の改正に関する案が多くの会員によって提出された。今夏、済南市で開かれた中華教育改進社の年次大会に提出された学制改革に関する議案も七、八件と多かった。このように、在野の教育家たちの多くによって学制の改正が主張されている。教育部においても、そうした趨勢に対応せざるを得なくなった。新しい学制を作るために、自ら会議を開き、内外の学制研究者を招集し、協同して議論することになった。（中略）。会議の開催を主張したのは、実は教育部の参事であり、司長であった。

時勢の変遷に応じて「現在の学制」を速やかに改正する必要に教育部は迫られていたのであり、また、前年の一九二一年に第七回草案が議決されたことが学制会議を開く直接のきっかけになったということも、この記事から窺える。「在野の教育家たちの多くによって学制の改正が主張」され始め、そして全国教育会連合会で第七回草案が議決されたことで「教育部においても、そうした趨勢に対応せざるを得なくなった」のである。

全国画一的な政策を転換する必要に迫られていたと同時に、在野の教育家たちによる学制改正の声が高まっていく中で、新しい学制を作るために教育部は自ら会議を開くことになったと理解されよう。

（２）　教育部原案の作成

学制会議の開催を決定した教育部は、学制会議章程の公布後、七月中旬に学制会議準備委員会を発足させた。教育部の二〇名ほどが準備にあたり、会議に備えて議案が作成された。[6]

（四）学制会議の準備　学制会議章程の公布後、教育部の二〇名ほどが準備にあたることになり、あらかじめ議案が作られた。準備委員会は七月中旬に発足した。主席参事である湯中が主席に選ばれた。組に分かれて議論することが決められた。第一組では、学校系統について議論することになり、参事の鄧萃英が主任に選ばれた。第二組では、地方教育行政機関について議論することになり、司長の陳宝泉が主任に選ばれた。当時、教育部では総長および次長の支持が得られていなかったが、しかし準備委員会は事を積極的に進め、常に会議を開いた。終わってみれば、次の議案三件が起草されたのである。①学校系統改革案。②県市郷教育行政機関組織大綱案。③省区教育行政機関設立参議会案。これらは近いうちに大会に提出され、議論されるであろう。

学制会議の開催に積極的であったのは、前頁の引用にみられたように「教育部の参事であり、司長であった」。学制会議準備委員会の主席には、教育部の主席参事である湯中（一八八二〜？）が選ばれた。さらに、準備委員会は最も重要な審議事項の二点に沿うかたちで、第一組と第二組とに分けられ、第一組では学校系統のことが議論された。第一組の主任には、教育部参事の鄧萃英（一八八五〜？）が選ばれた。

この第一組において学校系統改革案が起草された。この学校系統改革案は、後で述べるように教育部の原案として学制会議に提出されたが、その内容は以下の通りである。[7]

教育部が提出した原案

現在の学校系統を調べると、民国元年に開かれた臨時教育会議での議決を経て、教育部がこれを採択して公布し、実施されて以来すでに一〇年となる。時勢の変遷により改めるべきところがないわけではない。そこで、次に並べた標準に基づき、下記の通り学校系統改革案を定めた。

標準

（1）教育原理に基づき、世界の趨勢を参酌し、教育の進化を図る。
（2）地方の実情に応じて、教育が普及されやすいようにする。
（3）各地方において酌量され、実施されるように、伸縮の余地を多く留める。
（4）旧学制に配慮し、改革が着手されやすいようにする。

図（図5－1）

説明

（1）小学校の修業年限は六年間とし、初級小学と高級小学とに分ける。初級小学の修業年限は四年間とし、高級小学の修業年限は二年間とする。但し地方の状況に基づき、初級小学を単独に設立できる。
（2）義務教育年限は六年間とする。但し地方の状況に基づき、しばらくは初級小学の修業年限を義務教育年限にすることができる。
（3）小学校では、地方の状況をみて初級小学の卒業生のために職業準備教育を増設することができる。
（4）高級小学の卒業生の補習に備えて、小学校に一年間、あるいは三年間の補習科を設置しなければならない。
（5）（略）。
（6）職業学校の科目と年限については、各地方における実際の必要を考慮して、随時これを定めることができる。現

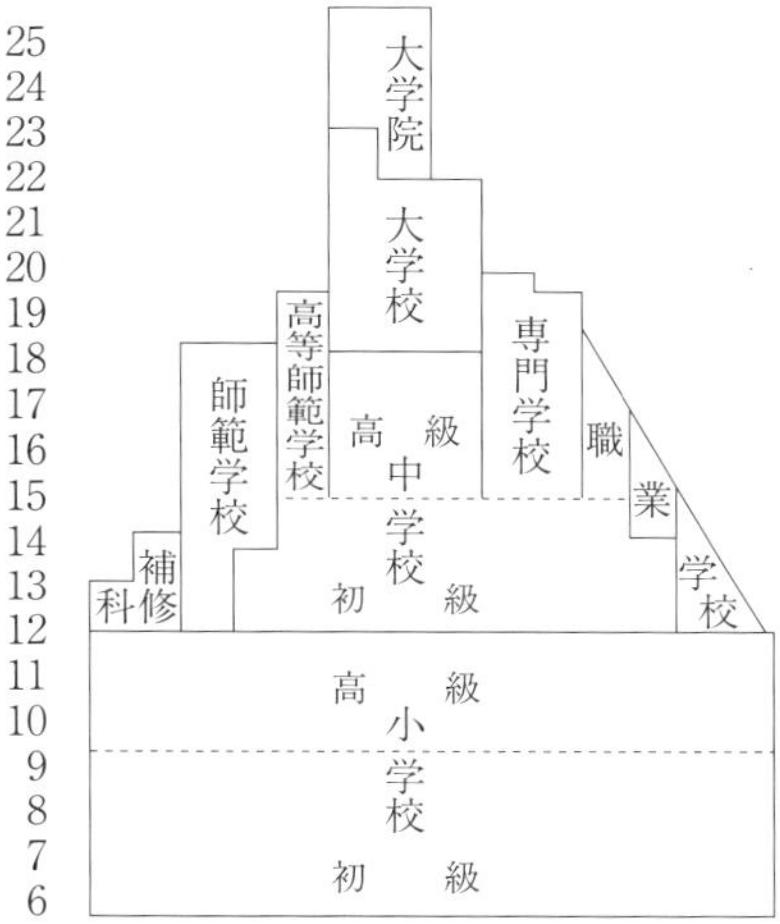

図5－1　教育部原案

在ある乙種実業学校を職業学校に改めることができる。

（7）中学校の修業年限は六年間とし、初級中学四年間、高級中学二年間とする。

（8）中学校では、地方の状況に基づいて初級中学を単独に設立することができるし、その前期二年間を小学校に併設することもできる。

（9）高級中学は、初級中学と併設されなければならない。但しやむをえない場合には、単独に設立できる。

（10）初級中学では、普通教育を実施し、高級中学では、普通科を設置するほか、農、工、商、師範、家事などの科に分けることができる。

（11）高級中学は、一つの科のみを単独に設置することができるし、幾つかの科を設置することもできる。現在ある甲種実業学校を高級中学の農、工、商などの科に改めることができる。

（12）師範学校の修業年限は六年間とし、その第四学年以上においてはコース分けが考慮されなければならない。

（13）専門学校の修業年限は四年間か、五年間とし、初級中学の卒業生がこれに入学する。

（14）高等師範学校の修業年限は四年間とし、初級中学卒業生が入学する。

（15）～（18）（略）。

標準の（3）には「各地方において酌量され、実施されるように、伸縮の余地を多く留める」とあった。このことは、説明の（1）や（2）をはじめ、そのほかの条文にもみられるように「地方の状況に基づき」という文言に反映されたとみられる。こうした文言は、一九一二年の臨時教育会議で作られた壬子・癸丑学制ではみられなかったものである。[8] 教育部原案の標準（3）は、教育部の政策転換として注目されると同時に、第七回草案の標準においても同様に明記されていたことは指摘しておく必要があるだろう。[9] つまり、全国画一的な政策を転換して各地方の裁量に任せようとした点において、教育部と全国教育会連合会は共通していたとみられる。

しかし、相違点もあった。標準の（4）である。教育部原案では「旧学制に配慮し、改革が着手されやすいようにする」と明記されたが、第七回草案では明記されていなかった[10]。旧学制に配慮するか否かという点において、教育部と全国教育会連合会は相違していたと思われる。

例えば、教育部原案では中学校を六年間とした上で四・二制中学校のみが採用されたが、第七回草案では三・三制が原則とされ、四・二制は附則とされていた。また、教育部原案では中等教育に職業学校が置かれ、旧学制の乙種実業学校がこれに改められると明記され、全体として分岐型の学校体系が形作られたが、第七回草案では職業学校が置かれず、単線型の学校体系が形作られていた[11]。

すでに第一章で確認したように、旧学制、すなわち壬子・癸丑学制の中等教育では中学校は四年制であり、他に師範学校と甲種実業学校が置かれていた。第七回草案に比べて、確かに教育部原案は旧学制に配慮したものになっていたとみられる。つまり、旧学制に配慮するか否かという点で、教育部と全国教育会連合会は相違していたとみられる。

在野の教育家たちが学制の改正を主張し、さらには第七回草案が議決されたことで、教育部は学制会議を開くことになったが、準備委員会で作成された教育部原案は旧学制に配慮した形となっていたのである。学制会議ではこのような教育部原案が提出され、審議が行われた。

第二節　学制会議の参加者

審議をみる前に、学制会議の参加者を明らかにしておこう。

(1) 参加者の特徴

学制会議の開幕式は、一九二二年九月二十日に行われた。『申報』の記事によれば、その時五八名の到着が報告されたようである。[12] 別の記事によれば、開催期間中に前後して八〇名ほどが参加したようである。[13]

先に引用した学制会議章程第三条によれば、参加資格は、①各省および特別区教育行政機関からそれぞれ派遣される者一名、②各省および特別区教育会からそれぞれ推薦される者一名、③国立専門以上の学校長、④内務部民治司長、⑤教育部参事および司長、⑥教育総長により招聘、あるいは派遣される者であった。

『申報』の記事によって把握することができた参加者は、表5－1の通りである。記事で氏名まで把握できたのは五一名である。開幕式で報告された五八名に基づくと、ほとんどの者を把握したことになるが、実際には開催期間中に前後して八〇名ほどが参加したようなので、判明率はおよそ六〇パーセント程度である。

表5－1には、氏名のほか、年齢、出身、学歴、一九二二年までの主な職歴などを示した。氏名以外の項目については、主として外務省情報部編纂『改訂　現代支那人名鑑』（東亜同文会調査部、一九二三年十月）、外務省情報部編纂『現代中華民国満州帝国人名鑑』（東亜同文会、一九三七年十月）、周棉主編『中国留学生大辞典』（南京大学出版社、一九九九年八月）などを用いて調べた。

記号を用いることによって、表5－1を簡略化したものが表5－2である。表5－2には氏名のほか、留学経験の有無、学制会議開催までの主な職歴などを示した。

氏名をゴシック体で表記した上でこれに囲み線を引いている者は、学制会議開催のとき教育部員であった者である。またゴシック体のみで表記した者は、かつて教育部員であった者である。

留学経験の有無については、日本留学経験者に●印、アメリカ留学経験者に〇印、イギリスやドイツなどヨーロッパ留学経験者に□印を付している。なお、×印は留学未経験者を表している。

表5－1　学制会議の参加者

氏名	年齢	出身	学　　　歴	主な職歴（1922年まで）
袁希濤	57	江蘇省寶山県	不明	北京政府教育部普通教育司長（1912年5月～13年10月），同次長（1915年10月～16年6月，16年8月～19年6月），同総長代理（1919）
王維藩	不明	不明	不明	不明
王家駒			日本法政大学法科卒業	北京政府教育部視学（1913～？），北京法政専門学校校長（1920～？），北京政府教育部専門教育司長代理（1921～？）
王義周	不明	不明	不明	不明
王振先	43	福建省閩候県	日本早稲田大学卒業	北京政府教育部参事（1913年10月～15年2月），福建教育庁第一課長（1920～？）
王震良	不明	不明	不明	不明
王卓然	29	奉天省撫順県	瀋陽高等師範学校英語科卒業，北京高等師範学校教育研究科卒業（1919～？），アメリカコロンビア大学入学（1923～？）	奉天省立第四師範学校校長，国文教員（1917～？），安東商業中学校学監・英文教員（1918～？），奉天省視学（1921～？）
王用舟	不明	不明	不明	不明
汪精衛	37	広東省番禺県	日本法政大学卒業，フランスで社会学と文学を研究（1913～？）	広東軍政府最高顧問（1921～？），総参議（1922～？）
郭葆珍	41	山東省夏津県	優級師範学堂卒業	高等師範学校主任教員・工業専門学校および商業専門学校教員・第一師範学校教務主任・第二中学校校長・教育庁諮議などを歴任
許壽裳	40	浙江省紹興県	日本東京高等師範学校卒業	南京臨時政府教育部参事（1912），北京政府教育部参事（1913年10月～17年9月），江西省教育庁長（1917～？）
許崇清	33	広東省番禺県	日本東京高等師範学校卒業 日本東京帝国大学文学部卒業（1918）	帰国（1920夏），広州市教育局長（1921～？），広東省政府教育庁長（1923～？）

表 5 - 1（つづき）

経亨頤	50	浙江省上虞県	日本東京高等師範学校入学（1900～？）	浙江省立第一師範学校校長（1913～？）
胡　適	31	安徽省績渓県	上海震旦大学，呉淞中国公学で学ぶ。アメリカコーネル大学農学部（1911），文学部に転入・哲学を修める（1912～？）。アメリカコロンビア大学哲学系に転入・デューイに師事（1915～？）	帰国後，北京大学教授（1917），北京大学文学部長（1922～？），『努力週報』創刊（1922）
胡敦復	37	江蘇省無錫県	上海南洋公学卒業，アメリカコーネル大学哲学系（1904～？）	清華学堂教授・教務長（1907～？），大同学院創立・同院長（1912～？）
呉樹枬	41	江西省広昌県	優級師範学堂卒業	中・小学校校長兼教員，教育司科員・省長公署省視学などを歴任，教育庁省視学
黄炎培	43	江蘇省上海県	上海南洋大学卒業，日本留学・教育学専攻	実業視察団書記として渡米（1915），中華職業教育社創設・同社長（1917）
蔡元培	55	浙江省紹興県	ドイツライプチヒ大学	北京政府教育部初代総長（1912 年 3～7 月），北京大学総長
章慰高	不明	不明	不明	不明
蒋夢齢	38	浙江省餘姚県	上海南洋大学・京師大学堂で学ぶ。アメリカカリフォルニア大学農学部入学（1908），半年後，社会科学部に転入・卒業（1912），アメリカコロンビア大学（哲学博士）	帰国後（1917），上海商務印書館編集員，新教育共進社『新教育』月刊主任（1919～？），北京大学哲学教授（1920～？），同校総務長・校長代理（1921～？）
孫鳳藻	44	直隷省天津県	北洋大学卒業	大総統府・国務院・江蘇督軍署および直魯豫巡閲使署顧問・山東省教育庁長などを歴任
蓀樹励	不明	不明	不明	不明
泰　汾	40	江蘇省嘉定県	アメリカハーバード大学卒業，イギリスグラスゴー大学，ドイツフライブルク大学	帰国（1910），南京江南高等学堂教授，上海南洋公学教授，北京大学教授，北京政府教育部専門教育司長（1919 年 4 月～20 年 4 月），同参事（1920 年 2 月～26 年）

表 5－1（つづき）

戴応観	不明	不明	不明	不明
張鶴浦	不明	不明	不明	不明
張錦雲	不明	不明	不明	不明
張佐漢	47	直隷省高陽県	日本留学	直隷省提学使省視学・保定高等学校教員・唐山路鉱学校教員・直隷師範学校教員・省公署教育顧問などを歴任
張樹椿	不明	不明	不明	不明
張壽齢	52	江蘇省武進県	日本留学	北京政府財政次長（1914～16），馮国璋大総統代理の高等顧問（1917～？），全国烟酒事務署督弁（1919～22），実業界入り・烟酒商業銀行の組織に参与（1922～？）
張成之	不明	不明	不明	不明
張伯苓	47	直隷省天津県	北洋水師学堂卒業，アメリカコロンビア大学師範学院教育学専攻（1917～18），上海聖約翰大学・法学博士（1919）	厳修とともに渡日し教育制度視察（1904），帰国後，直隷高等学堂を創立（後の南開高等学堂）・学堂長，教育制度視察のため欧米遊歴（1908～09），南開大学・校長（1918），北京清華学校学監，天津基督教青年会長
張文熙	不明	不明	不明	不明
沈歩洲	36	江蘇省武進県	イギリスバーミンガム大学卒業	上海中華書局英文編集主任，北京大学予科学長・文科講師，北京政府教育部専門教育司長（1916～19年4月）
陳啓修	28	四川省中江県	日本留学	不明
陳任中	47	江西省贛県	挙人出身	学部専門司科員，北京政府教育部科員，同僉事，同秘書，同参事（1921年10月～27年7月）
陳宝泉	48	直隷省天津県	日本弘文学院師範科卒業	学部郎中・実業司長などを歴任，北京高等師範学校校長（1912～？），北京政府教育部普通教育司長（1920年12月～27年7月），同次長（1923年7月～12月）

表5-1（つづき）

程時煃	34	江西省新県	日本東京高等師範学校卒業，アメリカコロンビア大学卒業	北京高等師範学校教務主任
傳廷春	不明	不明	不明	不明
杜曜箕	不明	山西省	不明	不明
陶知行		安徽省歙県	南京金陵大学文学科（1910～？），アメリカイリノイ大学（1914～？），アメリカコロンビア大学教育学専攻	帰国後，南京高等師範学校教授・教育科主任（1917～？），東南大学・教育科主任，中華教育改進社結成・主任幹事（1921～？）
湯　中	40	江蘇省武進県	日本大学卒業（1908）	帰国後，山西法学堂教授・山西調査局法制科長・司法公所典獄科長・法官養成所長などを歴任，北京政府教育部参事（1912年8月～24年11月），同専門教育司長（1913年10月～14年，1920年4～10月），日本教育事業視察（1920）
鄧萃英	37	福建省閩候県	日本東京高等師範学校卒業（1915），アメリカコロンビア大学で学ぶ（1917～？）	日本帰国後，北京高等師範学校教授，アメリカ帰国後，北京政府教育部参事（1919年2月～27年3月），厦門大学校長（1922～？）
范鴻泰	43	湖北省鄂城県	日本高等工業学校機械科卒業	北京政府教育部主事・同僉事・同技師・湖北教育庁長などを歴任，北京政府教育部専門教育司長（1922年2月～24年11月）
武紹程	不明	不明	不明	不明
方克剛	38	湖南省平江県	湖南優級師範学校卒業	湖南公立第一中学校校長などを歴任，湖南省公署教育顧問，妙高峯中学校校長
兪同奎	46	浙江省徳清県	イギリスリバプール大学卒業	北京大学教授（1911～？），北京工業学校校長（1920～？）
楊汝覚	不明	不明	不明	不明
李建勛	37	直隷省清苑県	日本広島高等師範学校入学（1908～？），アメリカコロンビア大学師範学院入学（1917～？）	直隷省視学（1915～？），北京高等師範学校教育学教授（1921～？）

表５－１（つづき）

李尚仁	39	山西省朔県	日本名古屋高等工業学校卒業	山西省公署科員・山西省議会議員などを歴任，山西工業専門学校校長
李歩青	45	湖北省京山県	日本留学	武昌高等師範学校事務主任・教授，河南省教育庁長，北京政府教育部視学主任
呂　籍	不明	不明	不明	不明

主な職歴については、高等教育に関係した者に①、中等教育に関係した者に②、初等教育に関係した者に③、教育部員に★印、省教育庁など地方教育行政に関係した者に☆印を付している。なお、－印は不明を表している。

表５－１および表５－２からは、次のことがいえよう。

①　現職の教育部員とかつて教育部員であった者とを合計すると一三名であった。そのうち六名の現職に注目してみると、泰汾、陳任中、湯中、鄧萃英など四名は教育部参事であった。実は当時の教育部参事はもともとこの四名であった。教育部の法令法規を起草する役目をもった参事は、学制会議に総出で参加していたのである。

②　従来の研究では、当時の教育改革において留学生の果たした役割が問われることが多い[14]。学制会議の参加者についていえば、王家駒や王振先など日本留学経験者が一八名、王卓然や胡適などアメリカ留学経験者が一〇名、彼らのうち程時煃や鄧萃英、李建勛など三名は両国に留学した経験があった。また、蔡元培や泰汾などイギリスやドイツ、そしてフランス留学経験者も若干名みられた。学制会議の参加者は日本留学経験者が最も多く、続いてアメリカ留学経験者であった。

③　主な職歴をみると、北京法政専門学校校長の王家駒や南開大学総長の張伯苓など高等教育に関係した者が一九名と目立っていた。すでに第三章でみたように、第七回大会では中等教育に関係した者の参加が目立っていた。これに比べると、学制会議では高等教育に関係した参加者が極めて多かったといえる。

表5-2　学制会議参加者の留学経験および主な職歴

氏名	留学経験	主な職歴	氏名	留学経験	主な職歴
袁希濤	×	★	張佐漢	●	①② ☆
王維藩	–	–	張樹椿	–	–
王家駒	●	① ★	張壽齢	●	その他
王義周	–	–	張成之	–	–
王振先	●	★☆	張伯苓	○	①
王震良	–	–	張文煕	–	–
王卓然	○	② ☆	**沈歩洲**	□	① ★
王用舟	–	–	陳啓修	●	–
汪精衛	● □	その他	陳任中	×	★
郭葆珍	×	①② ☆	陳宝泉	●	① ★
許壽裳	●	★☆	程時煃	●○	①
許崇清	●	☆	傳廷春	–	–
経亨頤	●	②	杜曜箕	–	–
胡　適	○	①	陶知行	○	①
胡敦復	○	①	湯　中	●	① ★
呉樹枏	×	②③ ☆	鄧萃英	●○	① ★
黄炎培	●	その他	范鴻泰	●	★☆
蔡元培	□	① ★	武紹程	–	–
章慰高	–	–	方克剛	×	② ☆
蒋夢齢	○	①	兪同奎	□	①
孫鳳藻	×	☆	楊汝覚	–	–
蒸樹励	–	–	李建勛	●○	① ☆
泰　汾	○□	① ★	李尚仁	●	①
戴応観	–	–	**李歩青**	●	① ★☆
張鶴浦	–	–	呂　籍	–	–
張錦雲	–	–			

注：日本留学経験者に●印，アメリカ留学経験者に○印，イギリスやドイツなどヨーロッパ留学経験者に□印を付している。なお，×印は留学未経験者を表している。また，主な職歴については，高等教育に関係した者に①，中等教育に関係した者に②，初等教育に関係した者に③，教育部員に★印，省教育庁など地方教育行政に関係した者に☆印を付している。なお，－印は不明を表している。

表5－3　学制会議参加者のうち第7回および第8回全国教育会連合会の参加者

氏名	第7回	第8回	備考	氏名	第7回	第8回	備考
袁希濤	○	○	甲組審査員	呉樹�	○	○	
汪精衛	○	○		黄炎培	○	○	甲組審査員
郭秉珍	○	○		張鶴浦	×	○	甲組審査員
許崇清	×	○		張錦雲	×	○	
経亨頤	×	○	甲組審査員	程時煃	×	○	
胡　適	×	○	甲組審査員	方克剛	○	○	甲組審査員

注：第7回大会の参加者については前掲，表3－2および表3－3に基づき，また，第8回大会の参加者については『歴屆全國教育聯合會議案分類彙編』，第11屆全國教育會聯合會事務所，1925年9月，「歴屆全國教育會聯合會各省區代表姓名録」，20～23頁に基づき，表記した。

このように、学制会議は全国教育会連合会と同じように、教育界から様々な人たちが集まって開かれたといえる。しかしながら、その開催に積極的であった教育部参事や、あるいはかつて教育部員であった者、さらには高等教育に関係した者などの集まりという側面がみられ、こうした点において全国教育会連合会とはやや異なる性格をもっていたと思われる。またさらに、留学経験という点からみれば、日本留学経験者の参加が最も多かったことから、壬戌学制の制定過程にはアメリカ留学経験者のみならず、日本留学経験者が参加していたということも指摘しておかなければならないだろう(15)。

（2）全国教育会連合会にも参加した者

ところで、学制会議の参加者のうち数名は、全国教育会連合会にも参加していたようである。表5－3は、第七回大会の参加者、および一九二二年に済南市で開かれた第八回大会の参加者について、前の表5－2と照合しながら作成したものである。

表5－3からわかるように、第七回大会にも参加していたのは六名のみであった。また、学制会議の翌月に開かれた第八回大会にも参加したのは一二名であった。ただし、ここで指摘しておかなければならないことは、第八回大会で学校系統が主に審議されたところ

は甲組審査会であったということである。つまり、甲組審査会の審査員に限って指摘する必要がある。それは、半数の六名であった[16]。さらにまた、甲組審査会は一八名で構成されたことから、学制会議にも参加していたのは審査員全体の三分の一であったということも指摘できる。

要するに、学制会議参加者は第七回大会や第八回大会にも顔を出していたが、それは必ずしも多数ではなかったといえる。したがって、その多くは学制会議だけの参加者であったと理解されよう。

(3) 袁希濤について

しかし一方で、ごく少数ではあったが、第七回大会、学制会議、第八回大会の甲組審査会など、これらすべてに顔を出していた者がいたということも見逃せない。それは、袁希濤や黄炎培など三名であった。特に袁希濤（一八六五〜?）は、教育部のかつての大物であり、当時においては江蘇省教育会の中心的な人物であった。

すでに第三章で指摘したように、第七回大会で広東省の初等教育案の完全一貫制の六年制小学校を修正したのは、彼であったと思われる。第七回草案の初等教育段階では、小学校が六年間とされた上で四・二制小学校が採用されたが、この形を推した人物こそ袁希濤であると第三章では指摘したところである。

実は、先にみた教育部原案でもこの形が採用されており、教育部原案は袁希濤による修正点と一致している。第七回大会において、彼は初等教育の普及を重視してこの形を推していた。さらにいえば、旧学制が配慮されてこの形になったと考えられる。第七回大会において袁希濤により広東省の初等教育案が修正されたという筆者の指摘に対し、高田幸男は、袁希濤は「江蘇省教育会や教聯会の立場から教育部の面子を考慮し、摩擦を避けようとしたのではないだろうか」と推測している[17]。これを換言すれば「摩擦を避けようとした」ために、事前に彼が教育部に受け入れられる修正をしていたということになろう。もちろんこのような推測も成り立つかもしれない。だが、袁希濤は教育部普通教育司長（一九一二年五月〜一三年十月）、同次長（一九一五年十月〜一六年六月、一六年八月〜一九年六月）、同総長代理（一九一九年）を歴任した教育部の大物でもあった。袁希濤は、教育部と同じように旧学制に配慮する必要があると考えており、第七回大会でそうした修正に携わったのではないだろうか。

一方、教育部原案では六年間が義務教育年限とされていたが、後で述べるように学制会議の審議においてこの六年間は修正され、議決された学制会議案では四年間が明記されることになった。袁希濤がこれに携わったかどうかは定かではない。しかしながら、第七回大会で彼が広東省の初等教育案の修正に携わっていたことからすれば、やはりこの修正にも彼が関わったと推測される。

六・三・三制の導入に際し、袁希濤は初等教育段階のあり方に大きな影響を与えたと考えられるのである。

第三節　全体会議における初等・中等教育段階に関する審議

さて、『申報』の記事によれば、学制会議では全体会議が一〇回開かれ、そのうち第一回から第三回までと第八回および第九回の全体会議において、学校系統が審議されたようである。本節では、初等・中等教育段階に関する審議に焦点をあてながら、学制会議案が議決されるまでを明らかにしていこう。

（1）教育部原案の説明

第一回から第三回までの全体会議では、教育部原案のほかにも山西省教育会提議など五本の提案が随時紹介されたが、審議は教育部原案を中心に進められ、これに対して様々な意見が、以下のように出された(18)。

① 義務教育年限について

第一回全体会議では、さっそく教育部原案が紹介された。これを紹介したのは教育部参事の鄧萃英であった。教育部原案では、小学校の六年間が義務教育年限とされたが、但し書きで四年制初級小学の修業年限である四年間も義務教育年限として認められていた。これについて彼は、[19]

初等教育段階は、六年間と定めて小学校と称する。また、六年間を義務教育年限とする。我が国の歴史は長く、土地は広大である。義務教育年限をこれより短くすることはできない。さらに、各国の論に比較してみると、それらの規程でも長く、短くはない。したがって、短縮することはできない。ただし、わが国の実情をみてみると、現在四年間が義務教育年限とされているが、実施できていない。このため、やはり本案では四年間をひとつの区切りとした。実施できていない地方を救済するためであり、本来の目的ではない。

と説明し、義務教育年限については六年間に延長することを「本来の目的」とした。しかし、旧学制の四年間を実施できていない地方の実情を考慮すれば、四年制初級小学の修業年限も義務教育年限として認めざるを得なかったことを明らかにもしている。教育部原案において四年間が但し書きで認められていた根拠をここに看取できる。

② 四年制初級中学へのこだわり

続けて、中学校の段階区分について彼は、[20]

中等教育についての様々な主張をみると、四・二制のみのほか、四・二制と三・三制を並べて採用するというのもある。ただし、中等教育のいわゆる初級段階での教育は中等教育の最低限であり、四年間が適当であろう。

とまずは述べて、四年制にすることが初級中学の修業年限として適当であるとの見解を示した。さらに、続けて彼

は、

もし、三年間に減らされたら不足の嫌いがある。各国の中等教育年限をみてみると、すべて増加の傾向にある。また、清末の旧学制では四年制の高等小学堂、五年制の中学堂があった。民国に入り、高等小学校は三年間に、中学校は四年間に改正された。これらの制度では高等小学校と中学校とを合わせてはじめて完全な普通教育を成すとされていた。こうしたことから、本案では一年間か、あるいは二年間、多めに主張するものである。さらにいえば、中等教育は国民性の陶冶との関係があり、年限が短すぎるのは適当でない。したがって、四年間を最低限とする。

と説明し、初級中学が三年間とされれば不足であるとして、やはり四年制でなければならないと主張した。ここで興味深いのは、旧学制の高等小学校から中学校までの期間が中等教育段階として認識されていることである。彼の発言に基づけば、清末のそれは「九年間」とみられ、民国に入ってからのものは「七年間」とみられる。教育部原案では、高級小学の二年間に初級中学の四年間が合わせられて「六年間」とみられていた。

要するに、もし初級中学が三年制とされれば、高級小学の二年間と合わせて「五年間」となる。この「五年間」では、各国において中等教育年限が増加の傾向にあることや、さらには旧学制などと比べて普通教育の完成をなす期間としては短すぎると判断されたのであった。

教育部原案では三・三制が認められず、四・二制中学校のみが採用された。初級中学は四年制でなければならないとする教育部のこだわりが、四・二制中学校だけの採用を決定付けたと理解される。

さらにいえば、第二回全体会議においては四・二制を採るか、それとも三・三制を採るかをめぐって活発な議論が展開されたのであるが[21]、こうしたなか、やはり、鄧萃英が四・二制中学校を推す理由を、次のように説明した[22]。

四・二制をよしとする理由は三点があるだろう。(一)普通教育の年限は、少なくとも四年間が必要とされる。(二)他国に比べて我が国は違う。文字がかなり複雑なため、この対応のために不足があってはならない。(三)我が国の社会、文化が十分に発達していないということも、年限を多めとする理由である。以上により、三・三制や二・四制が不適当なのは明らかといえよう。さらにいえば、中学校は、旧学制においてそもそも四年制である。四・二制の採用は、実施の上でもより便利であろう。

鄧萃英は、初級中学を四年制にするための説明に終始していた。漢字の学習に対応しなければならないことや、さらには旧学制において四年制中学校がすでに実施されているので四年制であれば実施の上で便利であるということなどの理由が挙げられ、初級中学を四年制にすることがやはり前面に押し出され、四・二制が主張されたのである。教育部原案において四・二制中学校だけが採用されていたことは、教育部の中学校観を表すものとして注目される。

③ 分岐型の中等教育の形成

ところで、教育部原案では中等教育の別系統に職業学校が置かれていたのであるが、このことについても鄧萃英によって、次のように言及されていた[23]。

職業学校をみると、時期や土地に応じて様々な学校がある。このためか、学校系統にこれを入れないと主張する者もいる。ただし、これらの学校を提唱する側からすれば、入れる必要があるようだ。本案をみてもらえればわかるように、その年限などについては何も規定していないが、学校系統に入れており活動を認めている。

彼が言ったように、教育部原案ではその説明の(6)において「職業学校の科目と年限については、各地方における実際の必要を考慮して、随時これを定めることができる」と明記され、さらに、学校系統図においても職業学校が示されていた。彼によれば、職業学校を学校系統に入れるか否かをめぐって、当時意見が分かれていたようである。教育部原案ではこれが明記されたのであるが、確かに第七回草案では明記されていなかった。第七回草案とは違い、教育部原案では職業学校が明記され、分岐型の中等教育が形作られていたのである。

（2）第一組審査会における審査員報告案の作成――教育部原案の修正――

第三回までの全体会議が終わった後、二組の審査会が設けられた。学校系統の件が審議されたのは第一組であった。表5－4は、第一組審査会の審査員を明らかにしたものである。この表は、記事に基づいて筆者が独自に作成したものである。(24)

第七回草案の議決に携わっていた袁希濤や黄炎培が、ここにおいてもやはり審査員であったことが注目される。また、教育部原案を説明した鄧萃英もここの審査員であった。

表5－4　第1組審査会の審査員

審議事項	学校系統について			
審査員	**袁希濤**	**王家駒**	王義周	王卓然
	経亨頤	胡敦復	黄炎培	泰　汾
	戴応観	**沈歩洲**	陳啓修	程時煃
	杜曜箕	鄧萃英	李建勛	

注：ゴシック体表示などは，表5－2に同じ。

残念ながら、第一組における審議の詳細については不明であるが、審議はやはり教育部原案を中心に進められたと思われる。(25)第一組審査会の主席に選ばれた黄炎培は、ここでの審議結果を審査員報告案としてまとめ、これを第八回全体会議で報告した。黄炎培の報告によれば、審査員報告案は「だいたい教育部案が採用された」ようである。(26)

しかし、第一組審査会で教育部原案が修正された点がないわけでもない。第一組審査会で修正されたとみられる点をまとめると、それは以下のようであった。(27)

①　教育部原案では六年間を義務教育年限とし、条文の但し書きで初級小学の修業年限である四年間も義務教育年限として認められていたが、審査員報告案では条文の最初に「四年間を暫く標準とする」が明記された。

②　教育部原案では四・二制小学校だけが採用されていたが、審査員報告案ではこれに加えて四・三制小学校も認められた。

③　中等教育段階については、教育部原案では四・二制中学校のみが採用されていたが、審査員報告案では四・二制が原則とされ、附則として三・三制も認められた。

（3）　教育部原案が修正された理由

それでは、教育部原案が先の三点のように、なぜ修正されたのか。以下では、この点について順に検討していく。

①　義務教育年限が四年間に修正された理由

但し書きが改められ、条文の最初に四年間が明記された点については、二つの理由が考えられる。

第一には、そもそも義務教育年限六年間が教育部によって「本来の目的」とされていたのであるが、義務教育が実施されていない地方のことが考慮され、但し書きによって四年間も認められていた。但し書きによるものではあったが、この四年間がすでに教育部原案に登場していたことは無視できないであろう。

第二には、袁希濤が第一組審査会の審査員であったということである。すでに第三章から繰り返し述べてきたように、義務教育年限の延長に対して彼は慎重な態度でいた。したがって、第一組審査会で審査員報告案が作成される際、彼が修正を求めたことが容易に推測される。教育部原案の説明（2）に「義務教育年限は六年間とする。但し地方の状況に基づき、しばらくは初級小学の修業年限を義務教育年限にすることができる」と明記されていたのをみて、彼が修正を求めたことで、審査員報告案では「四年間を暫く標準とする」が条文の最初に明記されたと考えられるのである。

② 四・三制小学校も認められた理由

次に、四・三制小学校も認められた理由を検討してみよう。教育部原案では明記されていなかったにもかかわらず、四・三制小学校が審査員報告案で明記された根拠はどこにあったか。どうやらそれは、すでに第一回全体会議で紹介されていた山西省教育会提議にあったようである。[28]この提議を説明した李尚仁は、

小学校は七年間とし、四・三制とする。義務教育年限が長すぎると実施はかなり困難となる。したがって、四年間と定める。高級段階を三年間にするのも、短すぎる嫌いがある。したがって、三年間と定める。

と述べ、小学校の修業年限は七年間とした上で四・三制にすることが適当だと主張し、さらに義務教育年限についても、長すぎると実施が難しくなるので四年間が適当であると主張していた。続けて彼は、

初等教育段階については、幼稚園を除き七年間と定める。我が国の教員は不足しており、一様に採用できていない。六年間でやろうとしても現在の四年制でさえ適当な教員を得ようにも困難であるのに、六年制をもし採用すればますます難しくなる。四・二制をもし採用したとしても、一貫校でなければ高級段階が二年間では短すぎよう。教授が困難になるばかりでなく、家庭との連絡なども難しくなるだろう。さらに、六年制は大都市ではやってもよいが、その他の地方においてはますますやりにくい。また、中学校への進学については、多くの者が家から数十里離れたところまで通うことになる。一二歳の児童にとっては、あまりふさわしくないことだ。

と述べ、小学校を六年間にすると、教員の確保が難しくなり、あるいは、大都市以外の地方においては実施しにく

い、さらには、中学校への進学が一年早まることになるので一二歳の児童が遠方にある中学校に通学するというのは適当でないなど、種々の問題点を指摘していた。また、もし四・二制が採られると、高級中学は二年間では短すぎるので、教授が難しくなるという問題点も挙げられていた。

要するに、審査員報告案において四・三制小学校も認められたことは、教育部原案ではなく、山西省教育会提議にその根拠があったといえよう。さらにいえば、壬子・癸丑学制の初等教育段階のあり方がこの時点においてそのまま認められたということも確認できるのである。

③ 中学校四・二制が原則とされ、附則として三・三制も認められた理由

最後に、三・三制中学校が附則として認められた理由を検討してみよう。教育部原案では四・二制中学校のみが採用されていたのであるが、審査員報告案ではこれが原則とされ、加えて三・三制も附則として認められた。四・二制と三・三制が並べられて採用されたという点で第七回草案と同じかたちにはなったが、審査員報告案では四・二制が原則とされ、附則として三・三制も認められたところが第七回草案とは異なる。

すでに第二回全体会議では、四・二制を採るか、それとも三・三制を採るかをめぐり活発な議論が展開されていた[29]。四・二制支持の理由については、鄧萃英の説明に基づきながら先に検討したので、以下では三・三制支持の理由について検討してみよう。王卓然（一八九三〜一九七五）は、

三・三制を原則とし、四・二制および二・四制を附則とすべきである。初級中学の前半二年間を小学校に付設するという規程は、中等教育を三段階にすることになる。混乱を免れないであろう。

と述べ[30]、初級中学の前半二年間を小学校に付設するという規程を問題視していた。確かに、教育部原案の説明（8）には「中学校では、地方の状況に基づいて初級中学を単独に設立することができるし、その前期二年間を小

学校に併設することもできる」と明記されていた。この文言の後半部分が問題視されたのである。初級中学の前期二年間が小学校に併設されると、この二年間分とその残りの部分、そして高級中学の部分というように中等教育段階が三つに区分されることになり、このことが混乱を招くといったのである。

黄炎培も、

教育部の案では、四・二制を採用し、初級中学の前半二年間を小学校に付設してよいとしている。これは不適切であろう。段階が多くあるのはよいことだが、ただしどの段階でもひとくくりであるべきだ。前半二年間を小学校に付設しても、この二年間を修了したからといって終わるわけではない。三・三制を採用し、初級中学を小学校に付設させればそうした弊害はない。

と延べ[31]、王卓然と同じような問題意識を抱いていた。しかし、黄炎培は、三・三制を採用するのであれば、問題がないとも考えていた。初級中学が三年制であれば、これを「ひとくくり」にして小学校に付設できると考えていたのである。

同様に李建勛（一八八四〜一九七六）も、

中等教育の機能よりいえば、四・二制より三・三制のほうがよい。初級中学を小学校に付設してよいというなら、三年間のものを付設させるに越したことはない。旧学制に配慮するなどというのは不適切である。旧学制を顧みれば改革を言わざるを得ないはずだ。

と延べ[32]、黄炎培と同じような主張を行っていた。彼は、旧学制に配慮するということに対しても反対であった。李建勛は、教育部原案の四・二制に対して反対していたのである。

このように、三名とも同じ理由により三・三制支持を表明していた。理由は不明であるが、彼らのほかにも武紹程や方克剛、さらには兪同奎などによって三・三制が支持されていた[33]。反対に、四・二制支持を表明していたのは、鄧萃英のほか、張鶴浦や陳任中などであった[34]。三・三制支持者のほうが、比較的多くいたようである。このため、審査員報告案が作成される際、三・三制も認めざるを得なかったと思われる。

しかし、第七回草案とは違い、四・二制が原則とされたのであった。附則として三・三制も認められはしたが、四・二制を主張する教育部の意思が優先されたことが理解される。

（4）学制会議案の議決

以上のような一部の修正を経て作成された審査員報告案は、黄炎培によって第八回全体会議で報告された。その後、第九回全体会議までを通じて逐条的に審議され、多数決による表決が行われた。こうして学制会議案が議決されたのであるが、前で述べた三つの修正点はいずれも可決され、学制会議案のものとなった[35]。学制会議で議決された学制会議案は、以下の通りであった[36]。

学校系統改革案

標準

教育原理に基づき、世界の趨勢を参酌し、ならびに教育の進化を図るために本国の国情を顧みる。

説明

（1）平民教育の精神を発揮する。

（2）個性の発展に注意する。

（3）極力、教育普及を図る。
（4）生活教育を重視する。
（5）伸縮の余地を多く留めて、地方の状況およびその必要に応じる。
（6）国民の経済力を顧みる。
（7）旧制に配慮し、改革が着手されやすいようにする。

学校系統図〔教育部原案に比べ、蒙養園の段階を加えている〕（図5－2）

説明

（1）小学校の修業年限は六年間とする。ただし、地方の状況に基づいて七年間と定めてもよい〔七年制の卒業生は、初級中学第二学年に入学できる〕。
（2）中学校は、初級中学と高級中学とに分ける。前期四年間を初級とし、地方の状況に基づいて単独に設置することができる。
（3）義務教育年限は、暫く四年間を標準とする。各地方において時期をみて延長することができる。
（4）小学校は、地方の状況をみて初級小学の卒業生のために職業準備教育を増設することができる。
（5）初級小学以上では、適当な年限の補習科を設置することができる。
（6）各地方では蒙養園を設置し、六歳以下の児童を受け入れなければならない。
（7）職業学校の科目および年限については、各地方における実際の必要を考慮して、随時これを定めることができる。旧学制に基づいて設立された乙種実業学校は職業学校に改められる。
（8）中学校の修業年限は六年間とし、初級中学四年間、高級中学二年間とする。ただし、地方の状況に基づき、初級中学三年間、高級中学三年間と定めることができる。

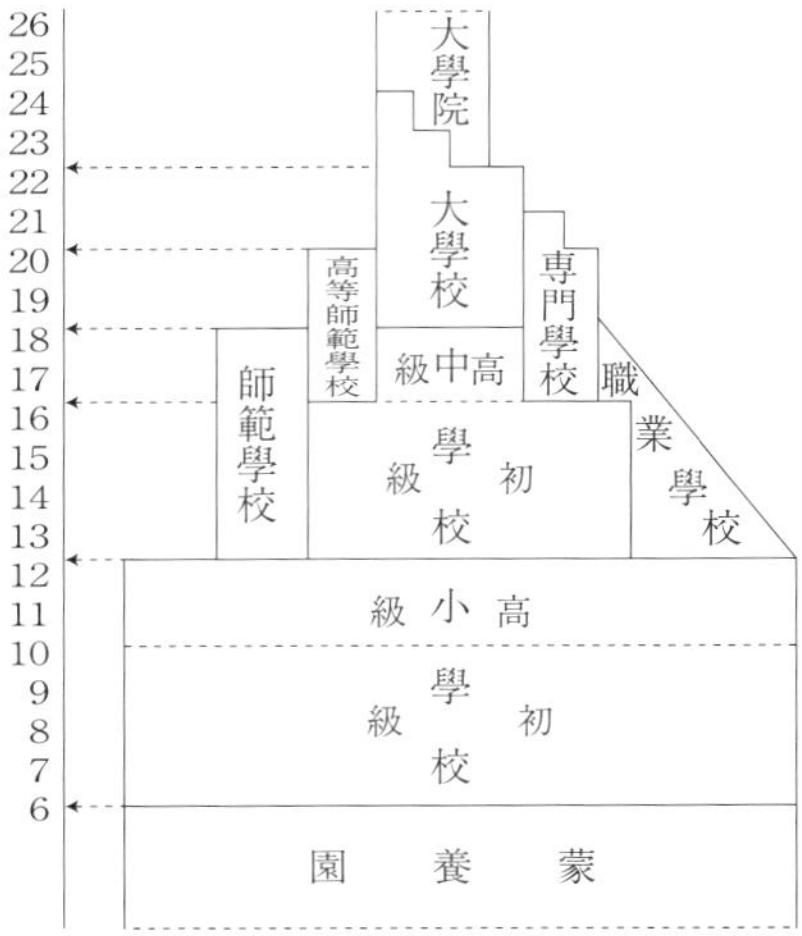

図 5 - 2　学制会議案〔学校系統改革案〕

(9) 初級中学は、地方の状況に基づき、単独に設置することができる。

(10) 高級中学は、初級中学と併設されなければならない。ただし、やむをえない場合には単独に設置してもよい。

(11) 初級中学では普通教育を施行し、高級中学では普通科を設置するほか、農、工、商、師範、家事などの学科に分けることができる。初級中学では、地方の状況をみて各種職業科を設置することができる。

(12) 高級中学では、ひとつの学科のみが単独に設置されてもよいし、幾つかの学科が設置されてもよい。旧学制に基づく甲種実業学校は、職業学校か、あるいは高級中学の農、工、商などの学科に改める。

(13) 師範学校の修業年限は六年間とする。ならびに二年間か、あるいは三年間の師範科を設置して初級中学の卒業生を受け入れることができる〔三年制初級中学の卒業生は、三年制の師範科に入学する〕。

(14) 義務教育の進行を図るために、地方の必要をみて師範講習所を設置するようにする。その修業年限については二年以上と定める。

(15) 職業教育の進行を図るために、適当な学校内に職業教員養成科を設置するようにする。

(16) 専門学校の修業年限は四年間か、あるいは五年間とし、四年制初級中学の卒業生が入学する〔三年制初級中学の卒業生は、一年間の補習を受けなければならない〕。
(17) 高等師範学校の修業年限は四年間とし、四年制初級中学の卒業生が入学する〔三年制初級中学の卒業生は、一年間の補習を受けなければならない〕。
(18)（略）。
(19)（略）。
(20) 高等専門以上の学校では、専修科を付設できる。年限については定めない。高級中学の卒業生が入学する。
(21) 専門学校と単科大学、あるいは高等師範学校と師範学校は、それぞれ一校として併設されてもよい。
(22)（略）。

注意
(甲) 青年の個性が発展されやすくするために、選択科目制を採用できる。

(乙) 特別な知能に応じるために、天才児に対する教育が特に重視されなければならない。その修業年限については、融通をきかせることができる。

(丙) 精神上、あるいは身体上に欠陥がある者に対しては、特別な教育が施されなければならない。

(丁) 年長の失学者に対しては、適当な補習教育が施されなければならない。


学制会議案は、初等教育段階では小学校が六年間とされた上で二段階に区分され、そして四・二制が採用され、さらにはその前期段階の四年間が義務教育年限として定められた。こうした点で第七回草案と同じではあったが、しかし学制会議案では四・三制小学校も認められた。

また、その中等教育段階では中学校が六年間とされた上で段階に区分され、四・二制が原則として定められ、附則として三・三制も認められた。また、職業学校が置かれ、分岐型の中等教育が形作られた。こうした点はいずれも第七回草案と違っていた。

このような違いがみられることになった原因はどこにあったか。明らかに「旧学制に配慮し、改革が着手されやすいようにする」という一文にあった。学制会議で議決された学制会議案は、本節で明らかになったように確かに旧学制に配慮した内容となり、その内容には教育部の意思が反映されていた。この点で、全国教育会連合会の案と教育部の案とは基本的に対立していたのである。

本章では、以下のことが明らかとなった。

学制会議を控えて教育部は、学校系統を「大本、大法」ととらえて最も重要な審議事項のひとつとする一方、カリキュラムや細目については省ごとの決定に任せることにした。従来の全国画一的な政策を転換する必要が認められ、在野の教育界において学制改正の声が高まっていたため、教育部は自ら会議を開くことにした。全国画一的な政策を転換する必要を認識していたという点で教育部は、在野の代表とでもいうべき全国教育会連合会と共通していた。また、全国の教育界から様々な人たちが集められて開かれたという点でも両者は共通していた。教育部でも全国教育会連合会でも、教育界の様々な人たちが集められ、審議は各地方の実情が認識されながら進められたのである。また、ごく少数ではあったが、袁希濤や黄炎培など当時の教育界の大物とみられる人物が、両者にまたがって顔を出していたということも見逃せない。

しかし、第七回草案と教育部原案の違いから理解できるように、旧学制に配慮するか否か、この点で両者に相違がみられたこともまた確かであった。教育部参事や司長が中心となり発足した準備委員会においては、旧学制が配慮された教育部独自の原案が作成され、これが学制会議に提出され、学制会議の審議はこの教育部原案を中心に進められた。またさらに、学制会議の開催に積極的であった教育部参事や、あるいはかつて教育部員であった者、さらには高等教育に関係した者などが比較的多く集まり、この点でも全国教育会連合会と相違していたとみられる。全国教育会連合会に参集していたのは、省教育会の代表に限られていた。

教育部原案を中心に審議が進められた結果、学制会議案は四・二制小学校とともに四・三制小学校が認められるという特色をもつこととなった。

義務教育年限については、教育部は六年間への延長を本来の目的としていたが、旧学制を実施できていない地方の実情を考慮する必要から四年間も認めていた。また、義務教育年限の延長に対して慎重な態度でいた袁希濤のことも特筆されるべきことである。彼によって、教育部原案の但し書きが改められ、条文の最初に「四年間」が明記されることになったと推測されるからである。

中学校の段階区分については、普通教育を完成させるため、あるいはまた、実施の上で便利であるためなどを理由に、初級中学は四年制でなければならないとする教育部の意思が反映され、教育部原案が最後まで優位に立ち、四・二制中学校が原則とされた。

このように、学制会議案は地方の実情が考慮され、これと同時に旧学制の要素が残されていたのである。すでに序章で述べたように、従来の研究では、壬戌学制は「アメリカの模倣」、さらには中国教育の「アメリカ化」の象徴として評価されてきた。しかし、導入されようとした六・三・三制は、当時の中国教育にそのまま受け入れられたのではなかった。とりわけ、学制会議案に旧学制の要素が残されていたことは見過ごせない。そうした要素は教育部の働きにより残されたのである。中華民国北京政府期の学制史は単純に「日本型からアメリカ型に」変わったという図式で捉えることができないのである。

学制会議が閉幕し、その翌月には第八回全国教育会連合会が開かれた。学制会議案はそこで第七回草案とともに審議の対象となった。

注

(1) 開催までの経過や参加者については、特に不明である。

(2) 一九一〇年代後半には全国師範学校校長会議や全国中学校校長会議など教育部主催による会議が数件開かれており、会議によっては教育部により会議録が作られて残っている。学制会議録については、筆者による調査の限りにおいて、今のところ残っていないと判断される。

(3) 「教育部公布学制会議章程」(北洋政府教育部档案、一九二二年七月一日)、中國第二歴史檔案館編『中華民国史檔案資料滙編』第三輯教育、江蘇古籍出版社、一九九一年六月、五七頁。

(4) 「學制会議籌備之経過」、『申報』、一九二二年九月二十日。

(5) 前掲(4)、「學制会議籌備之経過」。

(6) 前掲(4)、「學制会議籌備之経過」。

(7) 「教育部公布学校系統改革案」(北洋政府教育部档案、一九二二年九月二十一日)、中國第二歴史檔案館編『中華民国史檔案資料滙編』第三輯教育、江蘇古籍出版社、一九九一年六月、八三~八六頁。なお、図5-1は、ここに掲載されている図を転載したものである。

(8) 例えば、「學校系統元年九月三日部令七号」、『教育法規彙編』、一九一九年五月(多賀秋五郎『近代中国教育史資料』民国編上、四〇三~四〇四頁に所収)を参照されたい。

(9) 「學制系統草案」、『第七次全國教育會聯合會會務紀要』(出版元不明、一九二一年十月)、四一~四六頁。

(10) 前掲(9)、「學制系統草案」。

(11) 前掲(9)、「學制系統草案」。

(12) 「教育部學制會議開幕」、『申報』、一九二二年九月二十三日。

(13) 「學制會議之経過(抱一)」、『申報』、一九二二年十月四日。

(14) 例えば、謝長法『借鑑与融合 ―― 留米学生抗戦前教育活動研究 ――』(河北教育出版社、二〇〇一年九月)、一〇四~一一八頁。

(15) 前掲（14）、謝著などをはじめとする先行研究で注目されているのは、壬戌学制の制定に果たしたアメリカ留学経験者の役割である。
(16) 甲組審査会の審査員については、本書の第六章第二節にある表6－1に詳しい。
(17) 高田幸男「江蘇教育会と清末民初の政治構造」明治大学東洋史談話会編『明大アジア史論集』第一〇号記念特集号、二〇〇五年三月、四八頁。
(18) 第一回全体会議については前掲（12）、「教育部學制會議開幕」に、また、第二回および第三回の全体会議については「教育部學制會議續記　▲第二第三次大會」、『申報』、一九二二年九月二十四日に記されている。
(19) 前掲（12）、「教育部學制會議開幕」。
(20) 前掲（12）、「教育部學制會議開幕」。
(21) 前掲（18）、「教育部學制會議續記　▲第二第三次大會」。
(22) 前掲（18）、「教育部學制會議續記　▲第二第三次大會」。
(23) 前掲（12）、「教育部學制會議開幕」。
(24) 「北京通信（亦栖）▲學制會議中之北大與七專暗潮」、『申報』、一九二二年九月二十五日。
(25) 前掲（24）、「北京通信（亦栖）▲學制會議中之北大與七專暗潮」。
(26) 「學制會議七八兩次大會」、『申報』、一九二二年十月二日。
(27) 前掲（26）、「學制會議七八両次大會」。
(28) 前掲（12）、「教育部學制會議開幕」。
(29) 前掲（18）、「教育部學制會議續記　▲第二第三次大會」。
(30) 前掲（18）、「教育部學制會議續記　▲第二第三次大會」。
(31) 前掲（18）、「教育部學制會議續記　▲第二第三次大會」。
(32) 前掲（18）、「教育部學制會議續記　▲第二第三次大會」。
(33) 前掲（18）、「教育部学制會議續記　▲第二第三次大會」。
(34) 前掲（18）、「教育部學制會議續記　▲第二第三次大會」。
(35) 「四年間を暫く標準とする」が明記された点、ならびに四・三制小学校も認められた点については前掲（26）、「學制會議七八両次大會」、また、四・二制中学校が原則とされ、附則として三・三制中学校も認められた点については「學制會議已閉幕　▲第九十両次大會情形」、『申報』、一九二二年十月三日を参照。

(36)「學制會議議決案」、『新教育』第五巻第四期、一九二二年十一月、八六五～八六八頁。なお、図5－2は、ここに掲載されている図を転載したものである。

第六章　第八回全国教育会連合会における議決

これまでにみてきたように、一九二〇年秋に開かれた第六回全国教育会連合会では、各省教育会に対して学制系統研究会を設置して学制改革に関する案を作成することが要求されていた。これに応じて各省教育会によって立案が行われ、翌年一九二一年秋に開かれた第七回全国教育会連合会には一二の案が提出された。第七回大会では広東案を中心に審議が行われた結果、第七回草案が議決された。第七回草案が議決されてからは、全国的な規模で新学制運動が広まり、江蘇省で開かれた江蘇新学制草案討論会では第七回草案をほぼ踏襲するかたちで江蘇修正案が議決された。

一方、北京政府教育部もそうした新しい学制を求める動きに応じて、また同時に民国元年以来の全国画一的な政策を転換する必要にも迫られ、一九二二年九月に学制会議を開くこととなった。学制会議では旧学制に配慮した学制会議案が議決された。

このように、当時の学制改革は全国教育会連合会で提唱されて本格的に始まり、そのための立案が行われた。一方、教育部でもその後を追うようにして立案が行われ、学制会議を開いて学制会議案が議決された。この時点で、前者の第七回草案と後者の学制会議案の両案が存在していたということがわかる。

ところで、壬戌学制は学校系統改革案として一九二二年十一月に公布されたのであるが、この公布は学制会議が閉幕してから一ヵ月後のことであった。この一ヵ月の間に壬戌学制というかたちに収斂していったと思われるが、これまでにみてきた第七回草案と学制会議案の両案はこの一ヵ月の間にいったいどうなったのか。

本章では、その解明を行うとともに、導入されようとした六・三・三制が最終的にどのようなかたちになったかについても考察を行う。

第一節　胡適による調停案

学制会議で議決された学制会議案は教育部に提出されたのであるが[1]、実はその一方で、学制会議開催の翌月一九二二年十月に済南市で開かれた第八回全国教育会連合会にも提出されていた。

第八回大会については、当時の雑誌『新教育』所載の「記第八屆全國教育會聯合會討論新學制的經過（第八回全国教育会連合会における新学制の審議経過）」に比較的詳しく記述されており[2]、これは胡適の手によるものであった。第八回大会には胡適が参加していたのである。

胡適（一八九一～一九六二）は、中国近代の哲学者、あるいは思想家であり、一九一〇年代後半には難解な文語文を廃して口語文にもとづく白話文学を提唱し、理論面で文学革命を後押ししたことで有名である。また、アメリカ留学の際は、コロンビア大学でデューイに師事し、帰国後、一九一九年四月から始まるデューイ訪中を要請したことも周知の通りである。

それでは、胡適は第八回大会においてどのような活躍をしたのか。李雪燕は、彼が第八回大会期間中に調停案を起草したことを指摘し、この大会における彼の活躍について言及している。李は、胡適の起草した調停案が壬戌学制にかなり反映されたと評価し、彼の積極的な関与を認めている[3]。こうした李の評価は、胡適によって書き残され

た「記第八屆全國教育會聯合會討論新學制的経過」のなかの次の一文を根拠としている。(4)

教育部が学制会議を招集したとき、まったく杓子定規なことがいわれ、広東の学制草案（第七回草案のこと）はふれられることがなく、彼らはまるで第七回連合会決議の新学制のことをあろうことか知らない素振りであった。教育部は杓子定規なことを言って連合会に目もくれず、連合会も杓子定規なことを言ってもよいではないかと言わんばかりに学制会議に知らない素振りをしている。十一年度（一九二二年度）の教育部の学制会議は元年度（一九一二年度）の教育会議と直結していると言い、われわれ第八回連合会も第七回連合会と直結していると言う。しかし、このようなどちらにもみられる杓子定規なことを言うだけでは、詰まるところ事はなにも成されない。われわれがなすべきことは中華民国にとって最もふさわしい学制を制定することであって、あちらこちらで意地を張ることではない。したがって、連合会に同席した人に対しては杓子定規なことを二度と言わないように希望するものである。広州の議案（第七回草案）に基づきながら、学制会議の議決案を用いて参考とし、比較しながらよいところを選んでこれに従い、第三の草案を完成させて、学制問題にひとつの区切りをつけ、教育部に上申して公布施行してもらう。おとなしくそうするのがよいであろう。

この一文は、第八回大会の開幕式で胡適が行った演説の一部であった。彼の説いた「第三の草案」は、李も言及しているように実際に第八回大会期間中に作成された。胡適の起草した調停案というのはこのことであった。李のいうように、胡適の積極的な関与は確かにあったといえる。

しかし、李雪燕による評価は右の一文のみを取り上げてなされたものである。それでは、胡適の起草した調停案は具体的にはどのようであったのか。また、本当にそれは壬戌学制にかなり反映したのか。さらに、第八回大会ではどのような審議が行われたのか。こうした疑問点については、李によっていずれも検討が行われていないし、明

らかにされていない。そこで、まず、胡適が起草した調停案そのものを検討する。(5)

（1）学制会議案の提出

調停案を取り上げる前に、学制会議案が第八回大会に提出されるまでの経緯を明らかにしておく必要があろう。すでに前章でみたように、学制会議案と第七回草案とは中身が違っていた。このことを承知の上で、胡適は「第三の草案」作成を強く希望したと思われる。彼は「あちらこちらで意地を張」っていては「中華民国にとって最もふさわしい学制を制定する」ことができないと思っていた。全国教育会連合会だけで事を進めるのであれば、第七回草案の再審議のみで事足りたはずである。しかしながら、教育部の学制会議案を無視するわけにはいかなかった。それは「教育部に上申して公布施行してもらう」必要があったからである。それでは、学制会議案はどういう経緯で第八回大会に提出されることになったか。

学制会議の閉幕後、教育部では学制会議案を第八回大会に提出するか否かをめぐって賛成派と反対派とに意見が割れていたようである。このことは、第八回大会期間中に胡適に宛てられた蔣夢麟（一八八六～一九六四）からの手紙から読み取ることができる。蔣は学制会議に参加しており、学制会議の経過を熟知していた。彼からの手紙は、一九二二年十月十四日付の胡適の日記に載せられている。(6)

山東での開幕より前、案の会議（第八回大会のこと）への提出を爾和はもともと主張していましたが、案は学制会議を通過したのだし、もし山東で重ねて提案するとなれば、学制会議の諸氏に対して申し訳ないという意見が、教育部には多数ありました。彼らは遠くから来て参加したのだし、もし通過した案が無効となれば、冗談で済まされるでしょうか。このような事情により爾和は後日、教育部の代表と会議を開きました。結局は学制会議の決議を山東での会議に提出して参考にしてもらうということになりました。

爾和というのは湯爾和（一八七八～一九四〇）のことであり、彼は当時の教育部総長であった。湯は、引用にみられたように学制会議案を第八回大会に提出することをもともと主張していた。しかし一方で、教育部ではその提出に反対する者が多数であった。理由は、せっかく議決した学制会議案が第八回大会に提出されれば、学制会議の参加者に対して申し訳ないし、さらには学制会議案そのものが無効になるのではないかと心配したためであった。こうした多数の反対者の納得がどのように得られたかが不明であるが、学制会議案は詰まるところ第八回大会に提出されることになった。引用を続けてみよう。[7]

（略）、山東での会議に提出して参考にしてもらうということがようやく決定し、決して（第八回大会での）議論が禁止されたり、あるいは原案通りの通過を主張することが希望されたりするということはなくなりました。提案は困難ではありましたが、案が提出されて参考にされる際に、修正されたり、あるいは全文がひっくり返されたりすることなど、全ては山東での会議における権限内のことであって、教育部はよいとも悪いとも決して決定を下せません。

教育部がこれほどまでに譲歩した理由がやはり明らかにされていないが、学制会議案の扱われ方については第八回大会の「権限内のこと」ということまで記されていた。

こうして学制会議案は第八回大会に提出されることになり、これを第八回大会に持参したのは、教育部の派遣員二名であった。派遣員は、陳容と胡家鳳であった。第八回大会の開催地となった済南市に向かう車中で、陳容は胡適と出くわし、その際に学制会議案が覆されないことを希望していると胡適に伝えたようである。つまり、提出はするが、第八回大会で学制会議案が採択されることを、やはり教育部員は希望していたのである。

しかし、蒋夢麟は先の手紙のなかでそのことが教育部の考えを誤解させるものであると胡適に伝えていた(8)。

「この案が連合会によって翻されないことを希望する」と主素（陳容のこと）が言ったようでありますが、この発言は教育当局の考えを誤解させるものです。教育部から派遣された今度の代表の一名は主素であり、もう一名は胡家鳳です。胡氏は、（中略）、山東の会議に提出しないと主張した者です。爾和が彼を派遣したのは、（第八回大会への提出について）反対派の人が派遣されることで外の空気を少し会場に入れさせようとしたからであります。主素にもそのような誤解があるとは思ってもみませんでしたが、たいへん奇異なことと思っています。

蒋にしてみれば、陳容は提出することについて賛成派であり、したがって彼が第八回大会で学制会議案が覆されないことを希望しているとは思ってもみなかったのであろう。また、もうひとりの胡家鳳は反対派であったが、湯が反対派の彼をわざわざ派遣したのは「外の空気」を第八回大会に入れさせたかったからであるとも伝えていた。

このように、学制会議案を第八回大会に提出するか否かをめぐり教育部では対立していた。反対する者が多数であったにもかかわらず、学制会議案は教育部総長湯爾和の意向どおり第八回大会に提出されたのである。

学制会議案は、本来であれば教育部での審議を経てそこから国務院へと上申され、そして大総統令として公布されるはずであったと思われる。しかし、教育部はそうせずに学制会議案を第八回大会にわざわざ提出したのであった。教育部は、世論の高まりのなかで全国教育会連合会を無視するわけにはいかなかったのであろう。さらには、同会以外の外の空気を伝えるべきだという湯総長の考えもあった。しかし一方で、派遣された教育部員は学制会議案が覆されることなくそのまま第八回大会で採択されることをやはり希望していたのである。

（２）学制会議案の受け入れ

一方、学制会議案の提出を受け、第八回大会ではこれを受け入れるか否かで揉めたようである。胡適の一文を挙げてみよう。(9)

（先月）九月に教育部が開いた学制会議は、そもそも昨年（一九二一年十月二十六日～十一月七日）、広州市で開かれた第七回全国教育会連合会で議決された学制系統草案がきっかけとなり召集されたのであるが、教育部の人は、どうしても役人風を吹かして民国元年の教育会議を取り上げるばかりで、決して広州の大会議決案（第七回草案のこと）についてふれようとはしなかった。このため、すでに多くの会員の嫌悪感を引き出してしまっていた。

このように、学制会議は第八回大会に参加した多くの者に嫌悪感をもたれていたようである。そうした嫌悪感は第八回大会において具体的にあらわれ、なかでも浙江省教育会代表の許倬雲はその開幕式で演台に立ち、学制会議案を非難した。(10)

教育部がなんだ、学制会議を招集する資格はあるのか。学制会議がなんだ、新学制を定める資格はあるのか。学制会議の新学制をどうぞご覧下さい。ここに革新の意味はあるか？　旧学制の保存じゃないか。なにが学制会議だ。われわれ教育会連合会を明らかに茶化しているではないか。いまの教育総長、次長がなんだ。湯爾和、馬叙倫は二人ともわれわれ浙江人だ。私がいま思うのは彼らの不名誉な歴史を報告し、みなさんに聞かせて、（後略）。

許は、教育部が開いた学制会議を否定し、旧学制に配慮して議決された学制会議案を批判したのである。学制会議案が第八回大会に受け入れられることは、相当困難であったとみられる。

以上のように、学制会議案が第八回大会に提出される際には、まず教育部において提出するか否かで意見の対立があり、次に第八回大会においてその受け入れをめぐり揉めていた。教育部と全国教育会連合会とは、明らかに対立していたのである。

このような事情を承知の上で、開幕式で胡適は「第三の草案」作成を主張したのであった。彼は、教育部と全国教育会連合会との対立を調停しようとし、後で述べるように自ら学制会議案と第七回草案との折衷を図ることとなった。胡適による調停がもしなければ、両案は個々別々に存在したままであって、壬戌学制に収斂していくことはなかったであろう。第八回大会において、その調停に胡適が積極的に働きかけたのである。

それでは、胡適の起草した調停案は具体的にはどのようであったか。

(3) 四・三制小学校の否認および学制会議中等教育案の採用

二一七頁の引用でみたように、開幕式で胡適は「われわれがなすべきことは中華民国にとって最もふさわしい学制を制定することであり、あちらこちらで意地を張ることではない」と主張した。彼は「中華民国にとって最もふさわしい学制を制定する」ことに参加者の意思を集中させたかったとみられる。

しかし、胡適の日記から、そうした大義のための調停とはやや異なる一面もあったということに気付かされる。例えば、一九二二年十月十二日付の日記には、[11]

私が昨日(第八回大会開幕日)演説した際にもともと主張したのは、広州案(第七回草案)と学制会議案との両案を用いて底本を作り、各省の修正案を参酌しながら、折衷かつ調和させた修正案を起草するということであった。言い争いを免れるためにはやむを得なかった。

とあり、調停案が「言い争いを免れるため」の、いわば妥協の産物であった可能性も否定できない。

第八回大会では、開幕式の翌日に第二回全体会議が開かれ、ここで審査会の設置が決定された。審査会は甲組と乙組の二グループに分けられ、このうちの甲組審査会で学制問題が審議されることになった(12)。

第二回全体会議の終了前後、教育部員の陳容と胡家鳳が開幕式で学制会議を猛烈に非難していた許倬雲を訪ね、学制会議の経過を説明したようである。この結果、第二回全体会議終了後にさっそく開かれた第一回甲組審査会開始の際、許倬雲は一転して学制会議案をひとつの参考資料にしようと発言したのである。こうして学制会議案が、甲組審査会に提出されることになった。しかし、第一回甲組審査会では主席に袁希濤が、書記に許倬雲がそれぞれ推薦されるだけで終わった(13)。

第一回甲組審査会終了後、教育部員の陳と胡は、今度はどうやら胡適の宿を訪ねたらしい。このときの様子を、胡適は次のように書いている(14)。

> このとき、彼らはすでに学制会議の原案（学制会議案）を手直しするしかないということを認めていたが、ただし手直しが少なければ少ないほどよいとも望んでいた。このため、私の説く調和論の優先を希望した。そして、折衷され、かつ調和された修正案の提出を私に勧めた。審査会に書面の底本がなければ必ず言い争いとなり、ずるずると期日が遅れてしまうと私も考え、遂には起草を承諾した。

言い争いを免れるためには、やはり学制会議案と第七回草案とを調整せざるを得えなかったのである。一方で、許倬雲の理解を得ることで学制会議案の提出にまでこぎつけた教育部もまた、学制会議案の手直しは避けられないことを認め、その上で調停案の作成を承諾した。このような妥協が重なりあうなかで、胡適による起草は承諾されたと考えられる。

こうして甲組審査会で審議を進めていくための調停案が起草されることになった。起草の作業が行われたのは、

第一回甲組審査会が開かれた当日の夕方から深夜にかけてであった。完成した調停案は、以下のようであった。[15]

修正学制系統草案の起草

序言

審査会の進行を捗らせるために、我々は一日一夜の力を特別に使って、広州の原案に基づきながら、学制会議の決議および江蘇省教育会により提出された修正案を参酌し、比較して検討した結果、このような修正案をまとめあげた。改革の意義については全て広州の原案に基づき、文字や形式については諸案を比較しながら、よいところを選んでこれに従った。諸氏による考慮、そして採択をお願いするものである。

十一、十、十三。胡適。

標準

(一) 我が国の社会進化の需要に適応し、
(二) 平民教育の精神を発揮し、
(三) 個性の発展を可能ならしめ、
(四) 国民の経済力に注意する。
(五) 地方の伸縮の余地を多く留め、
(六) 教育を普及させやすくする。

学制系統図表(図6－1)

説明

一　初等教育

(1) 小学校は、国民教育の施行のために設立し、中等教育への準備を専らとするものではない。〔広一〕

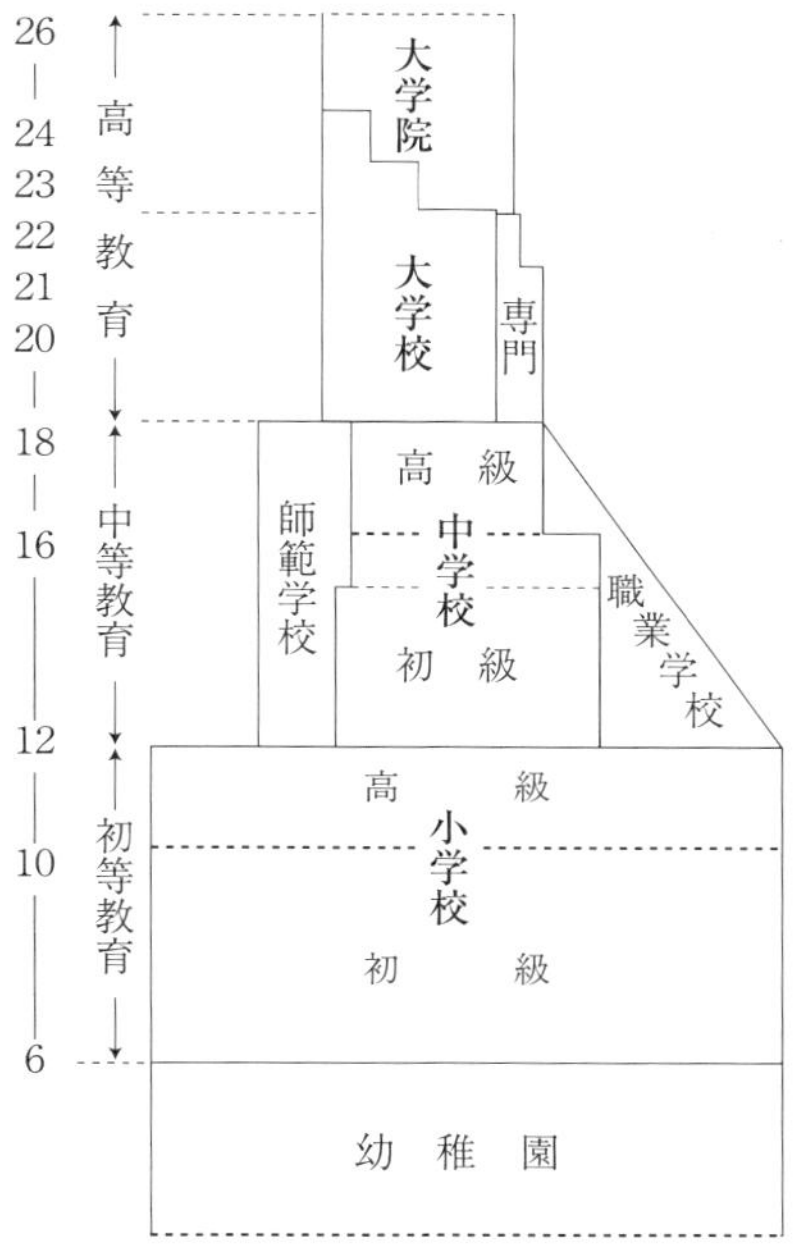

図６－１　調停案〔審査底本〕

（２）小学校の修業年限は、六年間とする。〔広三、制一〕

（３）小学校は、初級および高級の二段階に分けなければならない。前期四年間を初級とし、地方の状況により単独に設置することができる。〔制二、広三〕

（４）義務教育年限は、暫く四年間を基準とする。地方により適当な時期にこれを延長することができる。〔広五、制三〕

（５）小学校のカリキュラムについては、高学年において地方の状況を斟酌し、職業準備教育課程を増設することができる。〔広四、蘇四〕

（６）適当な年限の補習科を、斟酌の上、初級小学以上に設置することができる。〔制五、蘇五〕

（７）幼稚園は、六歳以下の児童を受け入れる。〔広七〕

（８）年長の失学者に対しては、補習学校を設立しなければならない。〔広八〕

二　中等教育

（１）中学校の修業年限は六年間とし、初級中学は四年間、高級中学は二年間とする。ただし、地方の状況により初級三年間、高級三年間と定めることができる。〔制八〕

三年制初級中学のカリキュラムは、四年

制初級中学の第一学年から第三学年までのカリキュラムと同じでなければならない。〔増〕

(2) 初級中学は、地方の状況により単独に設置することができる。〔制九、参広十一〕

(3) 高級中学は、初級中学と併設しなければならない。ただし、やむを得ない場合、単独に設置することができる。〔制十、参広十二〕

(4) 初級中学は、普通教育を施行する。但し、地方の需要により各種職業科を兼ねて設置することができる。〔広一から四まで、広七から九まで。制十二〕

(5) 高級中学は、普通、農、工、商、師範などの科に分ける。ただし、地方の状況を斟酌の上、一科のみの設置や、または数科を兼ねて設置することができる。〔制十一、十二を改める〕

〔附注一〕 旧学制によって設立された甲種実業学校は、職業学校と改めるか、あるいは高級中学の農、工、商などの科に改める。

(6) 中等教育では、選択科目制を採用する。〔広九〕

(7) 中等教育では、補習学校を設立することができる。補習の種類および年限は地方の状況により定める。〔蘇五〕

(8) 職業学校の学科および年限は、地方の実際の需要を酌量して随時決定することができる。〔制七、参広一から三まで〕

〔附注二〕 旧学制によって設立された乙種実業学校は、職業学校と改める。

(9) 師範学校の修業年限は、六年間とする。また、二年間や三年間の師範科を付設することができ、初級中学の卒業生を受け入れる。

〔附注三〕 初級中学の第三学年を卒業した者は、三年制の師範科に入学する。

(10) 師範学校の前期三年間は普通科とし、ここでのカリキュラムは中学校の前期三年間と同じでなければならな

い。〔参広一、増。上文（1）と比較せよ〕

（11）義務教育の推進を図るために、地方の需要により師範講習所を酌量して設立することができる。その修業年限は、二年間以上と定める。〔広六、制十四〕

（12）職業教育の推進を図るために、適当な学校内に職業教員養成科を酌量して設置することができる。〔広七、制十五〕

三　高等教育

（1）〜（6）（略）。

附則

（1）特殊な知能に適応するために、特に天才者の教育に対しては、特別な注意を払うべきである。その修業年限は、融通をきかせることができる。〔制乙〕

（2）精神上、あるいは身体上の欠陥がある者に対しては、特殊な教育を行うべきである。〔制丙〕

序言には「審査会の進行を捗らせるため」とあり、調停案の作成は甲組審査会での審議を進めていくために必要不可欠であったことをやはり確認できる。

条文をひとつひとつみていくと、それぞれに「広一」や「制一」などが記されている。これらは各条文を作成する際に参考にされた案を示すもので、「広」は第七回草案のことであり、「制」は学制会議案のことであった。例えば、「広一」であれば第七回草案第一条が、また「制一」であれば学制会議案第一条が、参考にされたということになる。(16) 条文をみると、江蘇修正案も参考にされたことがわかるが、そのほとんどは第七回草案と学制会議案であったといえる。

このようにして完成した「第三の草案」、すなわち調停案が、胡適により第二回甲組審査会に提出され、審議の底本となった。(以下、審査底本と略す)。また、胡適はこの審査底本の要旨として一一項目を列挙していた。[17] 主なものを挙げてみよう。

- 主旨については第七回草案をほぼ採用し、語句については学制会議案を多く採用した。
- 初等教育については第七回草案を採用し、学制会議案で認められた七年制小学校を削除した。
- 中等教育については学制会議案を採用し、四・二制中学校を原則、三・三制中学校を附則とした。
- 学制会議案の職業学校を採用した。

中等教育については学制会議中等教育案に基づいて起草されたことがわかる。

ところで、審査底本の序言には「改革の意義については全て広州の原案に基づき、文字や形式については諸案を比較しながら、よいところを選んでこれに従った」とあった。しかし、四・二制中学校が原則とされ、職業学校が採用されたことなどを重視すれば、広州の原案、すなわち第七回草案の意義は薄れたように思われる。広東中等教育案に基づいて形作られていた第七回中等教育案が、ここで大きく修正されたとみることができるのである。

第二節　甲組審査会における調整

(1)　起草員案の作成――四・二制小学校の承認および三・三制中学校の原則化――

審査底本は、第三回から第五回までの甲組審査会において審議された。初等・中等教育段階についての審議は、第三回甲組審査会で行われた。[18]

第五回までの審議を終えた段階で、第三回全体会議に提出するための起草員案が作られた。その起草員として袁希濤、胡適、許倬雲の三名が推挙され、彼らが審議の結果をふまえて起草員案を作成した[19]。起草員案は、以下のようであった[20]。

▲**学制系統に関する草案**

全国教育会連合会では、学制系統案についてこれを重大であるとし、連日、審査会が開かれた。胡適、袁希濤、許倬雲が推薦され、彼らによって以下のような草案が擬定された。

標準

（一）社会進化の必要に適応する。
（二）平民教育の精神を発揮する。
（三）個性の発展を図る。
（四）国民の経済力に注意する。
（五）生活教育を重視する。
（六）教育普及をさせやすくする。
（七）各地方の伸縮の余地を多く留める。

学校系統図〔略〕。

説明

（一）初等教育

（1）小学校の修業年限は、六年間とする。

［附注一］　地方の状況に基づき、暫くは一年間延長することができる。

（2）小学校は、初級小学と高級小学とに分けることができる。前期四年間を初級とし、地方の状況に基づいて単独に設置してもよい。

（3）義務教育年限は、暫くは四年間を標準とする。時期をみて各地方は延長することができる。義務教育の開始年齢は、各省区が地方の状況により各自定めることができる。

（4）小学校のカリキュラムは、地方の状況をみて比較的高学年において職業準備教育課程を増設することができる。

（5）初級小学以上では、適当な年限の補習学校、あるいは補習科を設置するようにする。

（6）幼稚園は、六歳以下の児童を受け入れる。

（7）年長の失学者に対しては、補習学校を設置しなければならない。

（二）中等教育

（8）中学校の修業年限は、六年間とする。初級中学は三年間、高級中学は三年間とする。ただし、地方の状況に基づいて初級中学四年間、高級中学二年間と定めることができる。

［附注二］四・二制中学校は、初級中学の前期二年間を小学校に併設することができる。

（9）初級中学は、地方の状況に基づいて単独に設置することができる。

（10）高級中学は、初級中学と併設しなければならない。ただし、やむをえない場合、単独に設置することができる。

（11）初級中学は、普通教育を実施する。ただし、地方の必要をみて各種職業科を設置することができる。

（12）高級中学は、普通、農、工商、師範、家事などの科に分ける。ただし、地方の状況をみて一学科を単独に設置するか、または四つ学科を設置することができる。

［附注三］　旧学制に基づいて設立された甲種実業学校は、職業学校、または高級中学の農、工、商などの科に改めるようにする。

(13)　中等教育では、選択科目制を採用する。

(14)　中等教育では、補習学校、または補習科を設置することができる。その補習の種類および年限については、地方の状況をみて定める。

(15)　職業学校の科目および年限については、各地方の実際の必要を考慮して定める。

［附注四］　旧学制に基づいて設立された乙種実業学校は、職業学校に改めるようにする。

(16)　師範学校の修業年限は、六年間とする。

(17)　師範学校は、後期三年間を単独に設置することができ、初級中学の卒業生を受け入れる。

［附注五］　四年制初級中学の卒業生を受け入れる場合、修業年限は二年間とすることができる。

(18)　師範学校の後期三年間は、コース制により選択して履修する制度を実施するようにする。

(19)　初級小学の教員不足を救済するために、適当な年限の師範学校、または師範講習科を設置できるようにする。

(20)　初級中学の教員不足を救済するために、二年間の師範専修科を設置し、大学の教育学科、あるいは師範大学に付設できるようにする。さらに、師範学校、あるいは高級中学師範科にも設置できるようにし、師範学校および高級中学の卒業生を受け入れる。

(21)　職業教育の進行を図るために、適当な学校内に職業教員養成科を設置するようにする。

(三)　高等教育（略）。

(四)　附則

(28)　天才教育を重視し、天才児の知能をできるかぎり発展させる。

(29) 精神上、あるいは身体上に欠陥がある者に対して、適当な特殊教育を施さなければならない。

胡適は、第五回までの審議過程で最も激しく討論されたこととして、次の二点を挙げていた[21]。第一は、審査底本の作成の際には否認されていた四・三制小学校のことであった。審議された結果、起草員案では学制会議案に基づき、四・三制小学校が認められた。第二は、中学校は三・三制を原則とするか、それとも四・二制を原則とするかについてであった。起草員案では、三・三制が原則とされ、四・二制が附則とされた。

そのほか、起草員案をみると、小学校の初級および高級という名称、さらに初級中学と高級中学との併設など、明らかに学制会議案に基づいたものが多い。全体としてみれば、起草員案は学制会議案寄りであったといえる。とりわけ、四・三制小学校の承認は、旧学制に配慮した学制会議案にあったものであり、教育部の意思を反映したものであった。

すでに前節で述べたように、審査底本の初等教育では第七回草案が採用されていた。第七回初等教育案では、すでに第三章でみたように広東省の初等教育案が修正されて普及を重視したものとなっていたが、学制会議初等教育案もこれとよく似ていた。したがって、起草員案では、初等教育において普及が重視され、さらにいえば旧学制が残されたとみられる。起草員のひとりが第七回大会や学制会議の参加者であった袁希濤であったということもやはり注目されることであろう。

一方で、中等教育は、三・三制が原則とされた。別系統に職業学校を設置することは学制会議案にしたがい、中学校の年限区分は第七回草案にしたがったとみられる。

（2）甲組審査会の審査員

ここで、甲組審査会の審査員一八名をみてみよう。表6－1は、甲組審査会の審査員を示したものである。この表には、氏名のほか、年齢、所属、学歴、留学経験の有無、第八回大会が開かれた時点での職業などを明記した。一八名中一一名が判明した。

第七回大会や学制会議にも参加していた袁希濤が甲組審査会の審査委員長であった。また、彼は第七回大会で審査会報告案を起草したが、同じくこれに関わった黄炎培や金曽澄もこの審査会の審査員であった。

表6－2は、表6－1の年齢と職業の両欄に基づいて作成したものである。職業については、初等教育、中等教育、高等教育というように大きく三つに分けた。

表6－2の職業をみると、中等教育以上の関係者は九名であった。このうち高等教育に関係した者は三名であった。したがって、判明した一一名中六名が中等教育に直接関係し、全体の三分の一を占めたことがわかる。

一方、初等教育関係者についていえば、袁希濤のみであった。起草員であった彼は、旧学制の四・三年制小学校を主張した者として第八回大会でもやはり注目される。第七回大会や学制会議が開かれた時と同じように、初等教育の修正、あるいは加筆に関わった者として袁希濤を無視できないといえよう。

起草員案はその後、第六回から第八回までの甲組審査会において審議されたのであるが、そこでは浙江省教育会の代表であった経亨頤（一八七七～一九三八）の主張に基づき、二・四制中学校も附則とすることが決まった[22]。

そのほかに大きな修正はなく、起草員案は甲組審査会で可決され、審査会報告案として第三回全体会議に提出された。審査会報告案は、以下のようであった[23]。

職業（1922 年当時）	備考（職歴）
江蘇省教育会会員	1912 年教育部普通教育司長に就任。その後，教育部視学，政事堂教育諮議を歴任。1914 年教育部を退き，自ら各省の教育状況を視察。1915 年 10 月教育次長に就任するも，1916 年 6 月辞職。1916 年 8 月教育次長に再び就任，1919 年には教育総長代理となるが，同年辞職。
浙江実業庁諮議，浙江国技研究会及び体育研究所会董事，浙江省教育会幹事	中学校教員，師範学校教員，県公署教育科員などを歴任。
省立図書館長兼博物院長	1923 年師範大学図書課長。
省公署教育顧問，中学校校長，湖南省教育会総務主任	中学校教員，中学校校長などを歴任。
不明	1924 年商科高級中学校長。
北京大学文学部長	1917 年帰国後，大学教授。1922 年大学文学部長に就任。1923 年大学を辞職するも，1924 年復職。1926 年大学を辞職，渡英。
省立中学校校長	
中華職業教育社主任，江蘇省教育会副会長	江蘇教育司長に就任するも，1915 年辞任。その後，江蘇，安徽，江西，浙江諸省の教育視察。1915 年実業視察団書記として渡米。
浙江省教育会会長	1916 年 6 月師範学校校長に就任。中学校校長にもなる。
高等師範学校校長	1915 年以降，広東省教育会会長。同年，米国へ教育視察。
中学校校長，吉林省教育会副会長	
不明	不明
不明	不明
不明	不明
不明	不明
不明	不明
不明	不明
不明	不明

については「第七次全國教育會聯合會會員録」,『第七次全國教育會聯合會會務紀要』（1921 年 10 月）をもとに記載した。なお，所属以外が全て不明な会員の右に×印をつけ，甲組審査会審査会報告案を起草した 3 名をゴシック体で表記した。また，名前に下線を引いた者は，第 7 回大会にも参加した会員である。さらに，名前の右に 7 の数字を記した者は，第 7 回大会で審査会報告案を起草した 3 名である。

表 6－1　第 8 回全国教育会連合会・甲組審査会の審査員

	氏　名	年齢	所　属	学　歴	留　学
審査長	袁希濤 7	57	江蘇省教育会	挙人	なし
書記	許倬雲	33	浙江省教育会	浙江優級師範学校	なし
審査員	何日章	27	河南省教育会	北京高等師範学校蒙語部	なし
	方克剛	38	湖南省教育会	湖南優級師範学校文科	なし
	王興義	不明	奉天省教育会	北京大学	なし
	胡適	31	北京教育会	上海震旦大学，呉淞中国公学	コーネル大学，コロンビア大学（哲学博士）
	段育華	35	江西省教育会	なし	カリフォルニア大学化学科
	黄炎培 7	43	江蘇省教育会	上海南洋大学	日本に留学，教育学を専攻。
	経亨頤	50	浙江省教育会	なし	東京高等師範学校
	金曾澄 7	38	広東省教育会	なし	広島高等師範学校
	徐鴻鐸	31	吉林省教育会	なし	早稲田大学高等師範科
	不明		京兆教育会	不明	不明
	慶汝廉×	不明	雲南省教育会	不明	不明
	陳鴻模×	不明	甘粛省教育会	不明	不明
	呉炳南×	不明	山西省教育会	不明	不明
	李濾×	不明	河南省教育会	不明	不明
	劉炯文×	不明	直隷省教育会	不明	不明
	徐方漢×	不明	安徽省教育会	不明	不明

注：支那研究会編『最新支那官紳録』（支那研究会，1919 年 8 月），外務省情報部編纂『改訂現代支那人名鑑』（東亜同文会調査部，1923 年 10 月），田辺種治郎編『東三省官紳録』（1924 年 12 月），外務省情報部編纂『現代中華民国満州帝国人名鑑』（東亜同文会調査編纂部，1932 年 12 月），外務省情報部編纂『現代中華民国満州帝国人名鑑　昭和 12 年版』（東亜同文会，1937 年 10 月），橋川時雄編『中国文化界人物総鑑』（中華法令編印館，1940 年），以上 6 点をもとに，甲組審査会の会員 18 名中 10 名を確認した。このほか，許倬雲↗

表6－2　第八回全国教育会連合会における甲組審査会の審査員の経歴および年齢

	初等教育関係者（1名）	中等教育関係者（6名）	高等教育関係者（3名）	その他	不　明
20歳代			何日章		張鶴浦　慶汝廉 陳鴻模　呉炳南 李澺　劉烱文 徐方漢
30歳代		**許倬雲**　方克剛 段育華　徐鴻鐸	**胡適**　金曾澄7		
40歳代				黄炎培7	
50歳代	**袁希濤**7	王興義			
不明		経亨頤			

注：支那研究会編『最新支那官紳録』（支那研究会，1919年8月），外務省情報部編纂『改訂現代支那人名鑑』（東亜同文会調査部，1923年10月），田辺種治郎編『東三省官紳録』（1924年12月），外務省情報部編纂『現代中華民国満州帝国人名鑑』（東亜同文会調査編纂部，1932年12月），外務省情報部編纂『現代中華民国満州帝国人名鑑　昭和12年版』（東亜同文会，1937年10月），橋川時雄編『中国文化界人物総鑑』（中華法令編印館，1940年），以上，6点をもとに，甲組審査会の会員18名中10名を確認した。そのほか，許倬雲については，「第七次全國教育會聯合會會員録」，『第七次全國教育會聯合會會務紀要』（1921年10月）をもとに確認した。なお，審査会報告案を起草した3名をゴシック体で表記した。また，名前の下に傍線を引いているのは，第7回大会にも参加した会員である。さらに，名前の右に7の数字を記しているのは，第7回大会で審査報告案を起草した3名である。

附「学校系統草案」〔審査会報告〕

標準

（一）社会進化の必要に適応する。

（二）平民教育の精神を発揮する。

（三）個性の発展を図る。

（四）国民の経済力に注意する。

（五）生活教育を重視する。

（六）教育普及をさせやすくする。

（七）各地方の伸縮の余地を多く留める。

学校系統図（図6－2）

説明

（一）初等教育

（1）小学校の修業年限は、六年間とする。

〔附注一〕地方の状況に基づき、暫くは一年間延長することができる。

（2）小学校は、初級小学と高級小学とに分けることができる。前期四年間を初級とし、単独に設置することができる。

（3）義務教育年限は、暫く四年間を標準とする。時期をみて各地方において延長することができる。義務教育の入学年齢は、各省区が地方の状況に基づいて各自定めることができる。

(4) 小学校のカリキュラムは、地方の状況をみて比較的高学年において職業準備教育を増設することができる。

(5) 初級小学終了後、適当な年期の補習教育を行うことができる。

(6) 幼稚園は、六歳以下の児童を受け入れる。

(7) 年長の失学者に対しては、補習学校を設置しなければならない。

(二) 中等教育

(8) 中学校の修業年限は、六年間とする。初級中学と高級中学とに分ける。初級中学は三年間、高級中学は三年間とする。ただし、設置される科の性質に基づき、初級中学四年間、高級中学二年間、もしくは初級中学二年間、高級中学四年間と決めることができる。

(9) 初級中学は、単独に設置することができる。

(10) 高級中学は、初級中学と併設しなければならない。ただし、特別な事情のある場合には、単独に設置することができる。

(11) 初級中学は、普通教育を施行する。ただし、地方の必要をみて各種職業科を設置することができる。

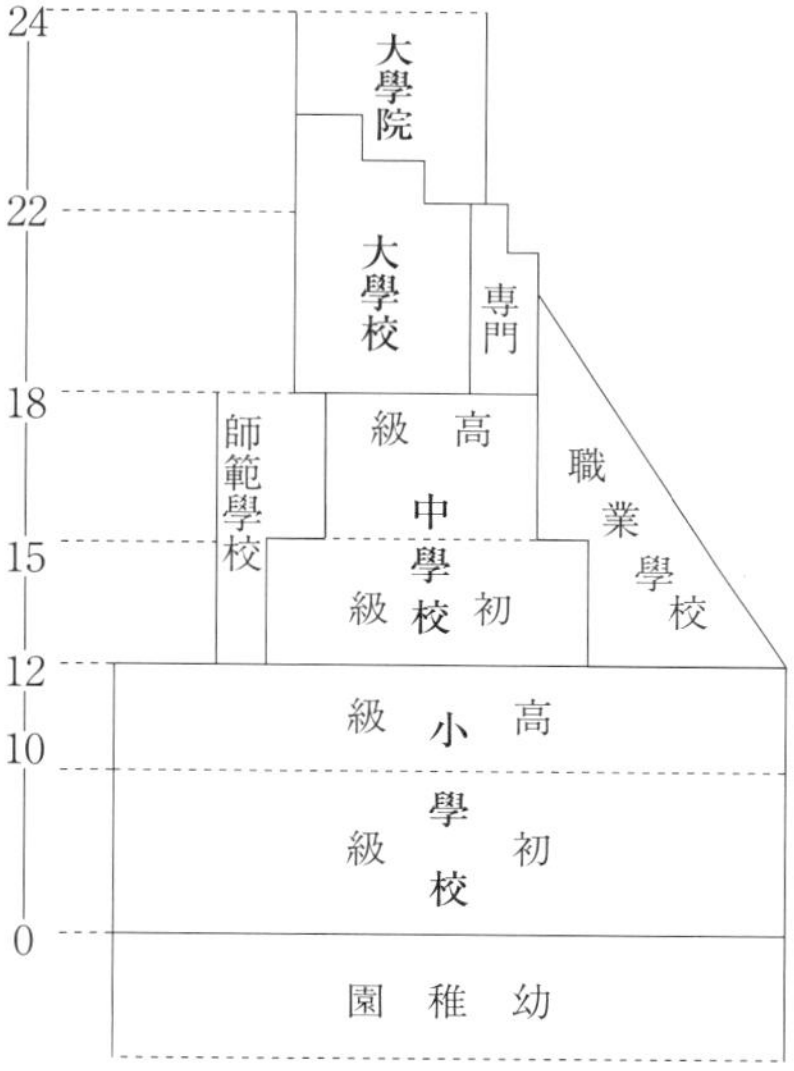

図 6 - 2　甲組審査会の審査会報告案

(12) 高級中学は、普通、農、工、商、師範、家事などの科に分ける。ただし、地方の状況をみてひとつのコースを単独に設置するか、あるいは幾つかの科を設置することができる。

〔附注二〕 旧学制によって設立された甲種実業学校は、職業学校、または高級中学の農、工、商などの科に改めるようにする。

(13) 中等教育は、選択科目制を採用する。

(14) 中等教育は、補習学校、または補習科を設置することができる。その補習の種類および年限については、地方の状況をみて定める。

(15) 職業学校の年限および程度については、各地方の実際の必要を考慮して定める。

〔附注三〕 旧学制によって設立された乙種実業学校は、職業学校に改めるようにする。

(16) 師範学校の修業年限は、六年間とする。

(17) 師範学校は、後期三年間のものを単独に設置することができ、初級中学の卒業生を受け入れる。

(18) 師範学校の後期三年間は、グループに分け、選択して履修する制度を実施するようにする。

(19) 初級小学の教員不足を救済するために、適当な年限の師範学校、または師範講習科を設置できるようにする。

(20) 初級中学の教員不足を救済するために、二年間の師範専修科を設置し、大学の教育学科、あるいは師範大学に付設できるようにする。さらに、師範学校、あるいは高級中学師範科にも設置できるようにし、師範学校および高級中学の卒業生を受け入れる。

(21) 職業教育の進行を図るために、適当な学校内に職業教員養成科を設置するようにする。

(三) 高等教育（略）。

(四) 附則

（28）天才教育を重視し、教材および年限に融通をきかせて天才児の知能をできるかぎり発展させる。
（29）精神上、あるいは身体上に欠陥がある者に対して、適当な特殊教育を施さなければならない。

第三節　第三回全体会議における第八回系統案の議決

審査会報告案は、第三回全体会議に提出され、条文ごとに協議された結果、大きく改められることはなくほぼそのままの形で、学制系統案（以下、第八回系統案と略す）として可決された。(24) 事実、第八回系統案を審査会報告案と比べても違いはほとんどみられなかった。第八回系統案は、以下のようであった。(25)

十八日、第三回全体会議を開き、早速この案（甲組審査会の「審査会報告案」のこと）が審議された。条文ごとに審議が行われ、採決された。十九日、引き続き審議が行われ、二十日になってようやく案が可決された。第三回全体会議における修正点は、職業学校の項目が最も重要である。底本（甲組審査会に提出された「審査底本」のこと）に記されていた系統図の斜線は、もともと高級中学の卒業時までであった。その後、審査会での審議を通じ、専門学校の第二学年のところまで引き上げられた。全体会議で審議された結果、再びその二年間が引き下げられ、もとどおりとなった。また、職業学校と高級中学の間にあった一本線を少し左に移動させて職業学校の卒業生が専門学校に入学できるということを示した。そのほか、条文の順序が移動されるとか、文字が大きく修正されるということはなかった。

学制系統案

標準

（一）社会進化の必要に適応する。
（二）平民教育の精神を発揮する。

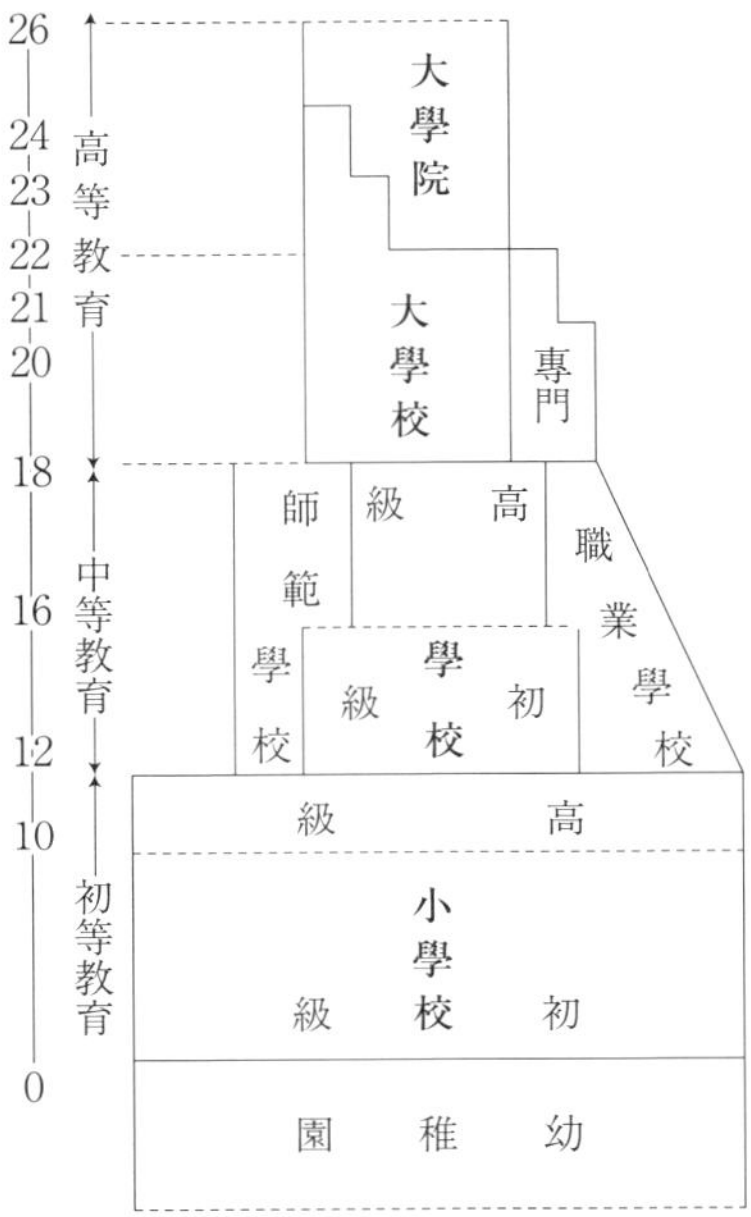

図6-3 第8回系統案〔学制系統案〕

（三） 個性の発展を図る。

（四） 国民の経済力に注意する。

（五） 生活教育を重視する。

（六） 教育普及をさせやすくする。

（七） 各地方の伸縮の余地を多く留める。

学校系統図（図6－3）

説明

（一） 初等教育

（1） 小学校の修業年限は、六年間とする。

［附注一］ 地方の状況に基づき、暫くは一年間延長することができる。

（2） 小学校は、初級小学と高級小学とに分けることができる。前期四年間を初級とし、単独に設置することができる。

（3） 義務教育年限は、暫く四年間を標準とする。時期をみて各地方において延長することができる。義務教育の開始年齢は、各省区が地方の状況に基づいて各自定めることができる。

（4） 小学校のカリキュラムについては、地方の状況をみて比較的高学年において職業準備課程を増設することができる。

（5） 初級小学の終了後、適当な年限の補習教育を行うことができる。

（6） 幼稚園は、六歳以下の児童を受け入れる。

（7）年長の失学者に対しては、補習学校を設置しなければならない。

（二）中等教育

（8）中学校の修業年限は六年間とし、初級中学と高級中学とに分ける。初級中学は三年間、高級中学は三年間である。ただし、設置する科の性質に基づき、初級中学四年間、高級中学二年間、あるいは初級中学二年間、高級中学四年間としてもよい。

（9）初級中学は、単独に設置することができる。

（10）高級中学は、初級中学と併設しなければならない。ただし、特別な事情のある場合、単独に設置することができる。

（11）初級中学では、普通教育を施行する。ただし、地方の必要をみて各種職業科を設置することができる。

（12）高級中学は、普通、農、工商、師範、家事などの科に分ける。ただし、地方の状況をみてひとつの科を単独に設置するか、または幾つかの科を設置することができる。

［附注二］　旧学制に基づいて設立された甲種実業学校は、職業学校、または高級中学の農、工、商などの科に改めるようにする。

（13）中等教育は、選択科目制を採用する。

（14）中等教育は、補習学校、または補習科を設置することができる。その補習の種類および年限については、地方の状況をみて定める。

（15）職業学校の年限および程度については、各地方の実際の必要を考慮して定める。

［附注三］　旧学制に基づいて設立された乙種実業学校は、職業学校に改めるようにし、高級小学の卒業生を受け入れる。ただし、地方の状況により初級小学を修了した適当な年齢の学生を受け入れることができる。

(16) 職業教育の進行を図るために、適当な学校内に職業教員養成科を設置するようにする。
(17) 師範学校の修業年限は、六年間とする。
(18) 師範学校は、後期三年間を単独に設置することができ、初級中学の卒業生を受け入れる。
(19) 師範学校の後期三年間は、コース制により選択して履修する制度を実施するようにする。
(20) 初級小学の教員不足を救済するために、適当な年限の師範学科、または師範講習科を設置できるようにする。
(三) 高等教育
(21) 〜 (25) (略)。
(26) 初級中学の教員不足を救済するため、二年間の師範専修科を設置し、大学教育学科、あるいは師範大学に附設できるようにする。さらに、師範学校、あるいは高級中学にも設置できるようにし、師範学校および高級中学の卒業生を受け入れる。
(27) (略)。
(四) 附則
(28) 天才教育を重視し、年限および教材に融通をきかせて天才児の知能をできるかぎり発展させる。
(29) 精神上、あるいは身体上に欠陥がある者に対して、適当な特殊教育を施さなければならない。

冒頭に述べられたように、「第三回全体会議における修正点は、職業学校の項目が最も重要」であった。胡適による調停案、すなわち審査底本(図6-1)で示された系統図では、もともと職業学校に関わる斜線は、高級中学の卒業時までとなっていた。この斜線はその後、甲組審査会での審議の結果、審査会報告案(図6-2)の系統図では、専門学校の第二学年のところにまで引き上げられた。そして、第三回全体会議で審議された結果、再びその二年間は引き下げられ、もとどおりとなり、さらには職業学校と高級中学の境界線を少し左に移動させることで、職業学校の卒業生も専門学校に入学できるということが示されることとなった（図6-3）。

要するに、審査底本においては職業学校の卒業生は専門学校に進学できないとされていたが、いったん審査会報告案で修正され、さらに第八回系統案では職業学校の卒業生も専門学校に進学できるというように改正されたのである。

それでは、大学進学の資格はどうであったか。

不思議なことにこのことについては、審査底本にも、審査会報告案にも、第八回系統案にも明記されていなかった。系統図のみで判断すれば、高級中学か師範学校の卒業生であれば大学進学が可能とみられる。これに対して職業学校の卒業生は、専門学校には進学できても大学には進学できなかったとみられる。審査底本においては職業学校の卒業生の高等教育段階への進学が認められていなかったが、第八回系統案では専門学校への進学だけが認められたと理解される。

第八回系統案は、初等教育段階の単線型が中等教育段階から中学校、師範学校、職業学校というように分岐する形が示されたのである。また、職業学校の卒業生は専門学校には進学できるが、大学には進学できない。第八回系統案は、分岐型の学校系統であったといえよう。ここには、学制会議案の形が残されたとみることができる。

注

（1）「咨各省區學校系統改革案業經教令公布應飭遵行」、教育部編審處編纂股編『教育公報』第九年第一〇期（教育部教育公報經理處、一九二二年十二月）、「公牘」、四～五頁。本書の第七章第一節を参照されたい。

（2）胡適「記第八屆全國教育會聯合會討論新學制的経過」、『新教育』第五巻第五期、一九二二年十二月、一〇三四～一〇四〇頁。

(3) 李雪燕「胡適対一九二二年新学制創建的貢献」、『安慶師範学院学報（社会科学版）』第二二巻第三期、二〇〇三年五月。
(4) 前掲（2）、胡適「記第八屆全國教育會聯合會討論新學制的經過」。
(5) 「十一、十、十二」、曹伯言整理『胡適日記全編』三（安徽教育出版社、二〇〇一年十月）。
(6) 「十一、十、十四」、曹伯言整理『胡適日記全編』三（安徽教育出版社、二〇〇一年十月）。
(7) 前掲（6）、「十一、十、十四」。
(8) 前掲（6）、「十一、十、十四」。
(9) 前掲（2）、胡適「記第八屆全國教育會聯合會討論新學制的經過」。
(10) 前掲（2）、胡適「記第八屆全國教育會聯合會討論新學制的經過」。
(11) 前掲（5）、「十一、十、十二」
(12) 前掲（2）、胡適「記第八屆全國教育會聯合會討論新學制的經過」。
(13) 前掲（2）、胡適「記第八屆全國教育會聯合會討論新學制的經過」。
(14) 前掲（2）、胡適「記第八屆全國教育會聯合會討論新學制的經過」。
(15) 前掲（5）、「十一、十、十二」。なお、図6－1は、ここに掲載されている図を転載したものである。
(16) 前掲（2）、胡適「記第八屆全國教育會聯合會討論新學制的經過」。
(17) 前掲（2）、胡適「記第八屆全國教育會聯合會討論新學制的經過」。
(18) 「十一、十、十三」、曹伯言整理『胡適日記全編』三（安徽教育出版社、二〇〇一年十月）、ならびに前掲（6）、「十一、十、十四」。
(19) 前掲（2）、胡適「記第八屆全國教育會聯合會討論新學制的經過」。
(20) 夏承楓「全國教聯會之審查報告」、『新教育』第五巻第四期、「要聞」、九〇一～九〇二頁。ここに起草員案の全容が掲載されている。
(21) 前掲（2）、胡適「記第八屆全國教育會聯合會討論新學制的經過」。
(22) 前掲（2）、胡適「記第八屆全國教育會聯合會討論新學制的經過」。
(23) 前掲（2）、胡適「記第八屆全國教育會聯合會討論新學制的經過」、一〇三八～一〇四〇頁。なお、図6－2は、ここに掲載されている学校系統図を転載したものである。
(24) 前掲（2）、胡適「記第八屆全國教育會聯合會討論新學制的經過」。
(25) 学制系統案は、正式名である。全容については「第八屆　一件　學制系統案（專案呈教育部呈文詳文牘門）」、『歷屆全國教育聯合會議案分類彙編』（第十一屆全國教育會聯合會事務所、一九二五年九月）、五六～六〇頁に掲載されている。なお、図6－3は、ここに掲載されている学校系統図を転載したものである。

第七章　学校系統改革案の公布および各省教育庁による学制標準の策定

第一節　学校系統改革案の公布

第八回系統案が議決されたのは一九二二年十月二十日のことであった[1]。壬戌学制の制定、すなわち学校系統改革案が公布されたのはその翌月十一月一日のことであった。第八回系統案が議決された後、壬戌学制が制定されるまでの一〇日間に何があったか。まずは、この一〇日間について検討してみよう。

(1)　第八回系統案の北京政府教育部への上申

第八回大会では、第八回系統案を重要事項とし、これを教育部に上申することが決められた[2]。さらには、上申の際には、どういった経緯で学制の検討が行われてきたか、あるいはすでに新しい学制を採用して実験的に実施しているところがあるということなどが、報告されるべきだとされた[3]。参加者の推挙により、袁希濤がそうした上申書を作成することになった[4]。上申書は、以下のようであった[5]。

（前略）。民国元年（一九一二年）に教育部は臨時教育会議を開き、そこでは学校系統が議決されました。その公布後、実施してみて生じた実際の教育の結果、ならびに世界の教育改革の動向などが念入りに考察されたことで、学校系統の改正の必要が唱えられるようになりました。民国八年（一九一九年）に各省区教育会の多くのところでその検討が始められ、同年十月に開かれた第五回全国教育会連合会では、次の年は学校系統の改正を提案の方針にするということが決められました。民国九年（一九二〇年）に開かれた第六回全国教育会連合会では、四つの省教育会からの案が提出され、またさらに翌年までに各省区教育会で念入りに検討された結果を、その年に開かれる全国教育会連合会で審議して改正案を議決するということが決められました。去年（一九二一年）一〇月に開かれた第七回全国教育会連合会では、安徽、奉天、雲南、福建、広東、黒龍江、浙江、甘粛、湖南、江西、山西、直隷の一二もの省区教育会により独自の案が相次いで提出され、審議の結果、学制改革の草案が議決されました。これは各省区の教育機関に通知されました。様々なところで討論会が開かれ、その検討が行われました。例えば、草案の実施を認めるとか、あるいは適当な人員を集めてカリキュラムを作成してこれを次回の全国教育会連合会に提出しなければならないとか、さらには若干校を指定して実験的に実施するなどの検討でした。さらに付け加えると、検討された結果は相互に通知されました。この一年の間に各省区で検討された結果は、その実施を認めるものがほとんどでありましたが、修正の動きも少しありました。新学制の課程標準については、各省区ですでに作成され始めています。今年（一九二二年）九月に教育部は学制会議を開き、各省区教育会に通知し、それぞれで選ばれた代表を参加させ討論させました。学制会議で議決された学校系統案（正式名は学校系統改革案）もだいたい去年の草案（第七回草案のこと）が採用されたものでした。このたび開かれた第八回全国教育会連合会では、二〇の省区教育会から代表が参加し、教育部の派遣員もご参加下さいました。ご挨拶では厚く励ましを頂戴し、学制のことは重要な問題であるとお認め下さいました。真剣に検討を行い、余すところなく力を尽くしました。参加者全員、そして教育部のご厚情のおかげであります。去年の草案、ならびに各省区から集められた意見などについて念入りに検討しました。またさらには、教育部主催の学制会議で議決された案（学制会議案のこと）を去年の草案に比べましたところ、細かな点で修正がみられました。このため、ひとつにまとめられて検討が行われました。数回にわたり検討が行われた結果、学校系統の最後の議決が行われました。要するに、この四年間で検討されてきたことに終止符が打たれたのです。ここにその案を申し上げ、公布および実施下さいますよう、教育界の渇望にお応え下さいますよう、よろしくお願い申し上げます。各省区においては、中学校や小学校が実験校に指定されており、参加者の報告によれば、実験校はすでに奉天、直隷、山東、安徽、江西、湖北、湖南、江蘇、浙江、広東、雲南など一一の省にあるようです。本連合会で把握したところによれば、国立の高等師範学校の附属学校で実験されているのは、北京、南京、奉天の三ヶ所です。各省ではすでに課程標準の作成に入っているところもあり、またさらに本連合会では課程標準起草委員会を設置し、委員を推薦し、検討を行い、課程標準を起草することが決められました。これについては、結果をまって再度お送りいたします。教材要目の編纂および審定の際にお使いください。（後略）。

袁希濤は、第八回系統案が議決されるまでの四年間の経緯を振り返った上で、第八回系統案の公布および実施を教育部に要請した。また、すでに実験的に実施に移されているところがあるということ、あるいは課程標準の作成に手がつけられているということなど、新しい学制の取り組みがすでに始まっていることも報告した。全国教育会連合会は、第八回系統案の公布および実施を教育部に要請することで、新しい学制の取り組みがよりいっそう全国に広がることを期待したと理解されよう。

上申書と第八回系統案の提出を任された袁希濤は、北京市へと向かった。胡適の日記によれば、十月二十三日に教育部で新しい学制のことを話し合うために懇話会が開かれ、ここに教育部の科長級以上の役人に加え、袁希濤とともに黄炎培や胡適の三名が出席したと記されている[6]。さらには、学制会議の主席であった蔡元培と副主席の王家駒も招かれたと記されている。[7] 全国教育会連合会と学制会議の両代表が一堂に会したことがわかる。懇話会での様子については残念ながら不明であるが、上申書と第八回系統案はこの懇話会で教育部に提出されたと考えられる。

（2） 第八回系統案の承認

第八回系統案が教育部に上申されたことによって、この時点で学制会議案と第八回系統案の両案が教育部の手元にあったと理解される。教育部では両案が審議され、[8] この結果、学制会議案ではなく第八回系統案を修正して公布することになった。なぜ学制会議案を公布しなかったか。これについては不明である。

第八回系統案を公布された学校系統改革案と比較すると、修正の行われたことが明らかである。それでは、どのような修正が行われたか。修正点を検討してみると、次のような三点を確認することができた。[9]

第一には、公布されたときの正式名称は、学校系統改革案であったということである。これは、学制会議案の名称であった。

第二には、六年制師範学校に後期二年間のものの単独設置が認められたことである。[10] 第八回系統案では後期三年間のものしか認められていなかったので、学制会議案が採用されたといえよう。

第三には、高級中学の卒業生だけが専門学校に入学できると明記されたことである。[11] 第六章でみたように、第八回系統案では、学校系統図（図6－3）において職業学校の卒業生も専門学校に入学できるように修正が行われていたが、高級中学の卒業生が専門学校に入学できるというような明記がなかった。

第三の修正点には、どうやら袁希濤と黄炎培、そして胡適が関わったようである。[12] 教育部で懇話会が開かれた日の翌日、彼らは公園で学制のことについて話し合ったらしい。[13] 胡適は、学校系統改革案が公布された日の翌日となる十一月二日の日記に、新聞に掲載されていた学校系統改革案を切り抜いてこれを貼り付け、赤字で書き込みをした。その二四条のところに「この一文は黄炎培、袁希濤、そして私が公園で修正したものである」と書き込んでいる。[14]

後でみるように、公布された学校系統改革案の学校系統図（図7-1）に変化はみられなかったものの、しかし彼らの修正により専門学校への入学資格が高級中学の卒業生だけに限られたということが理解される。このことは、第八回大会で胡適によって作られた調停案の学校系統図（図6-1）との整合性を認めることができる。要するに、職業学校を卒業して高等教育段階に進学することは最終的には認められなかったのである。公布された学校系統改革案は、分岐型の学校系統であった。以下が公布された学校系統改革案である。[15]

大総統令

ここに学校系統改革案を制定し、公布する。右命ずる。

〔大総統蓋印〕　国務総理王寵恵　教育総長湯爾和

中華民国十一年十一月一日

教令第二十三号

学校系統改革案

標準

（一）社会進化の必要に適応する。

（二）平民教育の精神を発揮する。

（三）個性の発展を図る。

（四）国民の経済力に注意する。

（五）生活教育を重視する。
（六）教育普及をしやすくする。
（七）各地方の伸縮の余地を多く留める。

学校系統図（図7－1）

説明

（一）初等教育

（1）小学校の修業年限は、六年間とする。

［附注一］地方の状況に基づき、暫くは一年間延長することができる。

（2）小学校は、初級小学と高級小学とに分けることができる。前期四年間を初級とし、単独に設置することができる。

（3）義務教育年限は、暫く四年間を標準とする。時期をみて各地方において延長することができる。義務教育の入学年齢は、各省区が地方の状況に基づいて各自定めることができる。

（4）小学校カリキュラムは、地方の状況をみて比較的高学年において職業準備教育を増設することができる。

（5）初級小学の終了後、適当な年限の補習教育を行うことができる。

（6）幼稚園は、六歳以下の児童を受け入れる。

（7）年長の失学者に対しては、補習学校を設置しなければならない。

（二）中等教育

（8）中学校の修業年限は六年間とし、初級中学と高級中学とに分ける。初級中学は三年間、高級中学は三年間とする。ただし、設置する学科の性質に基づき、初級中学四年間、高級中学二年間、または初級中学二年間、高級中学四年間と定めることができる。

(9) 初級中学は、単独に設置することができる。

(10) 高級中学は、初級中学と併設しなければならない。ただし、特別な事情のある場合、単独に設置することができる。

(11) 初級中学では、普通教育を施行する。ただし、地方の必要をみて各種職業科を設置することができる。

(12) 高級中学は、普通、農、工商、師範、家事などの科に分ける。ただし、地方の状況により一科を単独に設置するか、または数科を兼設することができる。

〔附注二〕　旧学制に基づいて設立された甲種実業学校は、職業学校、あるいは高級中学の農、工、商などの科に改めるようにする。

(13) 中等教育では、選択科目制を採用する。

(14) 各地方は、中等教育程度の補習学校、あるいは補習科を設置することができる。その補習の種類および年限については、地方の状況をみて定める。

(15) 職業学校の年限および程度は、各地方の実際の必要を考慮して定める。

〔附注三〕　旧学制に基づいて設立された乙種

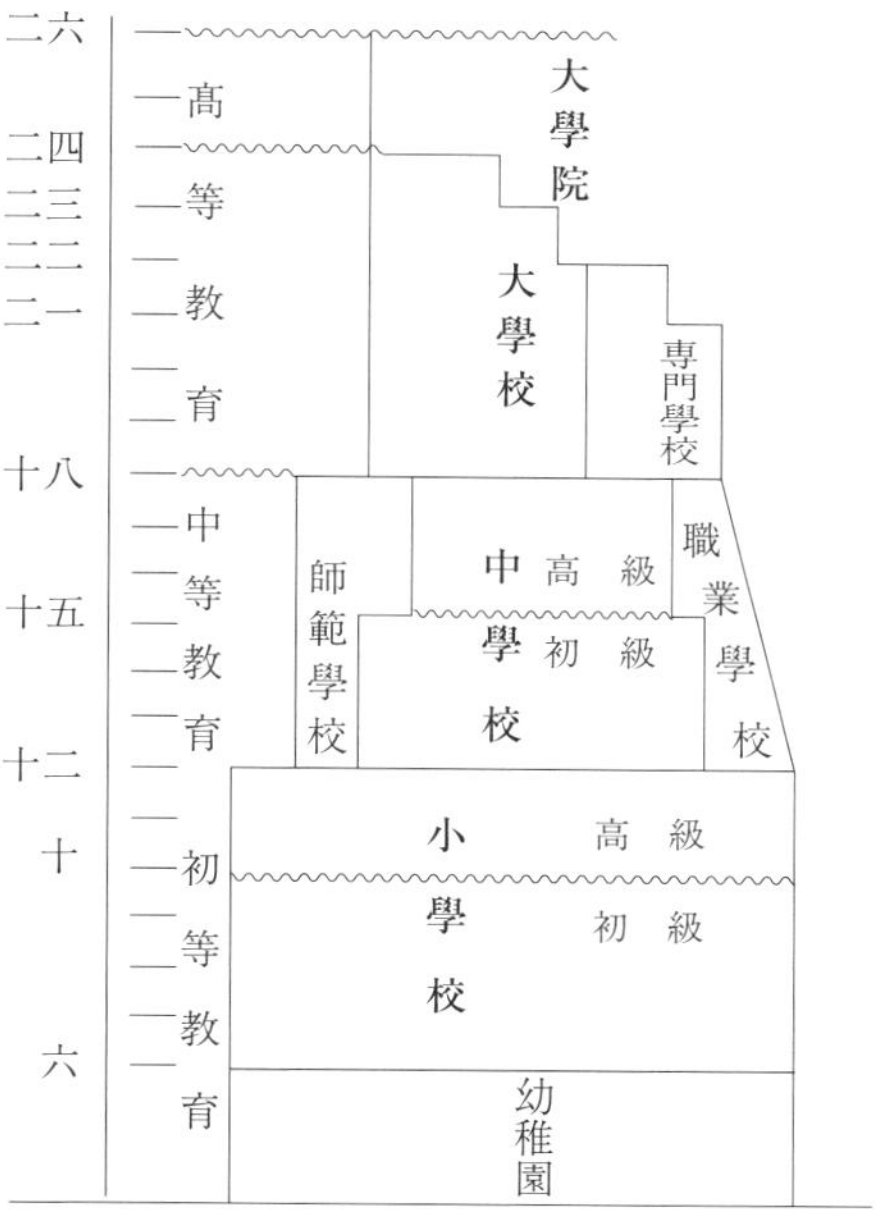

図7－1　壬戌学制〔学校系統改革案〕

実業学校は、職業学校に改めるようにし、高級小学の卒業生を受け入れる。ただし地方の状況に基づき、初級小学を卒業した適当な年齢の学生を受け入れることができる。

(16) 職業教育の進行を図るために、適当な学校内に職業教員養成科を設置するようにする。

(17) 師範学校の修業年限は、六年間とする。

(18) 師範学校は後期二年間、あるいは後期三年間を単独に設置することができ、初級中学の卒業生を受け入れる。

(19) 師範学校の後期三年間では、コース制により履修する制度を実施するようにする。

(20) 初級小学の教員不足を補充するために、適当な年限の師範学校、あるいは師範講習科を設置できるようにする。

(三) 高等教育

(21) ～ (23) (略)。

(24) 学科および地方の特別な状況により、専門学校を設立することができる。高級中学の卒業生が入学し、修業年限は三年間以上とする。(後略)。

(25) (略)。

(26) 初級中学の教員不足を補充するために、二年間の師範専修科を設置し、大学教育学科、あるいは師範大学に附設できるようにする。さらに、師範学校、あるいは高級中学にも設置できるようにし、師範学校および高級中学の卒業生を受け入れる。

(27) (略)。

(四) 附則

(28) 天才教育を重視し、年限および教材に融通をきかせて天才児の知能をできるかぎり発展させる。

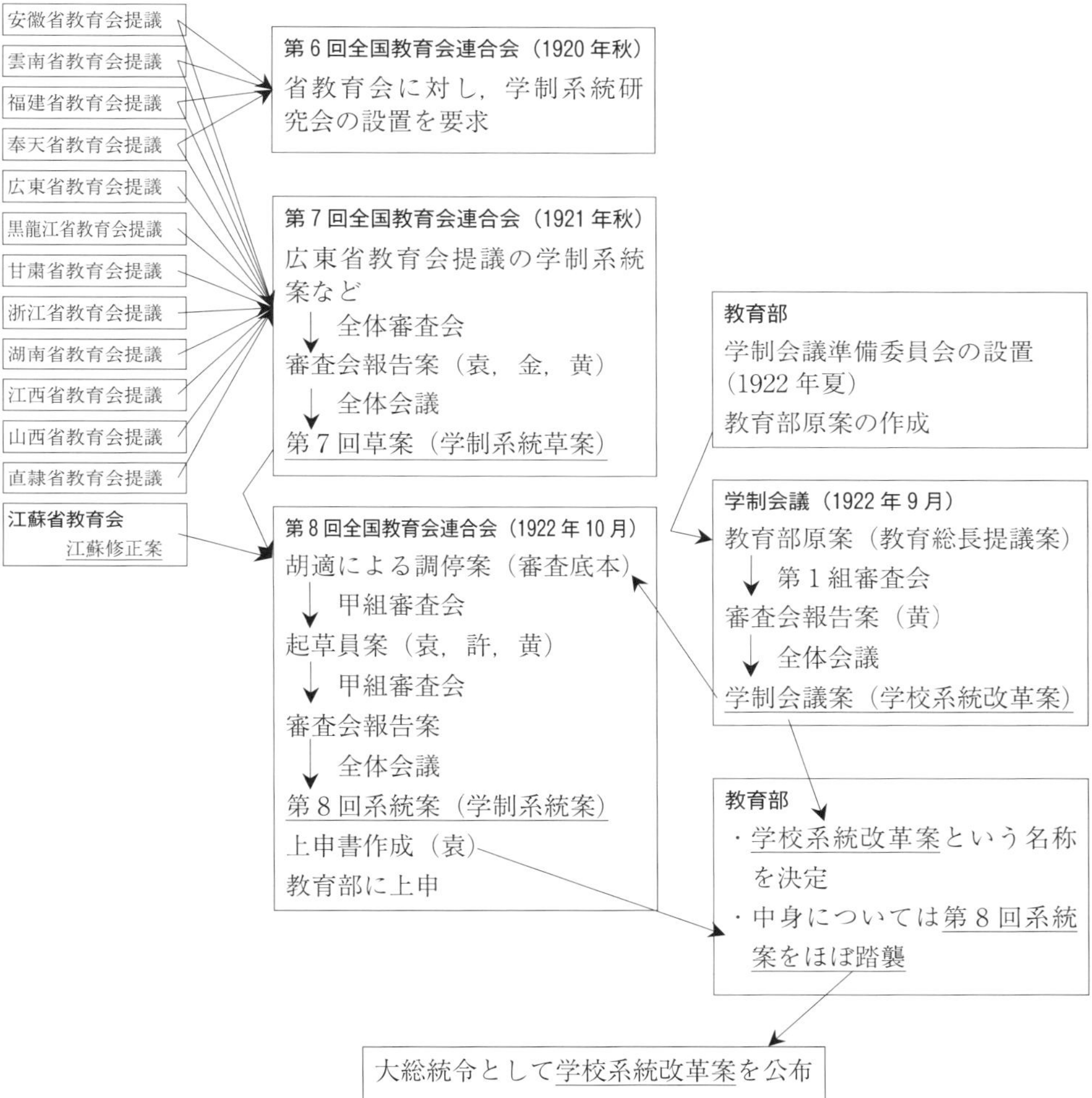
安徽省教育会提議
雲南省教育会提議
福建省教育会提議
奉天省教育会提議
広東省教育会提議
黒龍江省教育会提議
甘粛省教育会提議
浙江省教育会提議
湖南省教育会提議
江西省教育会提議
山西省教育会提議
直隷省教育会提議
江蘇省教育会
江蘇修正案
第 6 回全国教育会連合会（1920 年秋）
省教育会に対し，学制系統研究会の設置を要求
第 7 回全国教育会連合会（1921 年秋）
広東省教育会提議の学制系統案など
全体審査会
審査会報告案（袁，金，黄）
全体会議
第 7 回草案（学制系統草案）
第 8 回全国教育会連合会（1922 年 10 月）
胡適による調停案（審査底本）
甲組審査会
起草員案（袁，許，黄）
甲組審査会
審査会報告案
全体会議
第 8 回系統案（学制系統案）
上申書作成（袁）
教育部に上申
教育部
学制会議準備委員会の設置（1922 年夏）
教育部原案の作成
学制会議（1922 年 9 月）
教育部原案（教育総長提議案）
第 1 組審査会
審査会報告案（黄）
全体会議
学制会議案（学校系統改革案）
教育部
・学校系統改革案という名称を決定
・中身については第 8 回系統案をほぼ踏襲
大総統令として学校系統改革案を公布
（1922 年 11 月）

図 7－2　学校系統改革案公布までの審議過程

（29）精神上、あるいは身体上に欠陥がある者に対して、適当な特殊教育を施さなければならない。

このように、教育部は第八回系統案の内容をほとんど受け入れると同時に、学制会議で議決された学校系統改革案という名称を使って公布の手続きを行った。公布された学校系統改革案、いわゆる壬戌学制は第八回系統案がほぼ踏襲されたのであった。壬戌学制は全国教育会連合会によってその立案が大きく担われ、作られた学制であったといえよう。

全国教育会連合会が壬戌学制の制定に役割を果したことは周知のことであるが、壬戌学制のなかみについては第七回草案を受け入れたものとしてみられてきたのではないだろうか。壬戌学制そのものが第八回系統案をほぼ受け入れたものであったということは、知られていない。それは、これまでにみてきたような対立点が見過ごされ、さらにいえば修正点が検討されてこなかったためであろう。

新しい学制の取り組みが全国的に広がることを期待して、全国教育会連合会は第八回系統案を教育部に上申したが、この上申されてきた第八回系統案には改革に着手しやすくなるような旧学制への配慮がみられたので、これを教育部は受け入れて公布の手続きをとったと考えられる[16]。

学校系統改革案が公布されるまでの審議過程を示すと、図7－2のようになる。この図は、筆者が作成したものである。

それでは、公布後、どのような動きがあったのか。次節以降で検討する。

第二節　各省教育庁による学制標準の策定

（1）「案」としての公布

学校系統改革案が公布されて六日後となる十一月七日、各省区の教育行政機関に対して教育部より「学校系統改革案がすでに公布されており、各省区はこれにしたがって実行するように」という通知が発せられた[17]。この咨文では、教育部で第八回系統案が採用された後、これが最終的には国務会議で議決されたことなど、学校系統改革案が公布されるまでの経緯が簡単に記された上で、次のようなことが通知された[18]。

各省区の教育行政機関は、地方財政ならびに教育人員、学校沿革や、そのほか特別な状況を斟酌の上、準備期間および施行標準を計画しなければならない。準備期間は、この咨文が届いてからの一年間とする。準備が早く行なわれることを望むが、もし延期しなければならない場合には、延期を満期直前に願い出ることができる。各省区において新学制の実施を進め、その内容を重んじ、適切に実施すれば新しい教育改革の効果を収められるであろう。

教育部は、学校系統改革案を実施するための準備期間を設けて、地方財政など地方の状況をよく考えた上で施行標準を策定するように、各省の教育行政機関に対して命じていたのであった。教育部は、各省教育庁に新しい学制の実施を任せることで、従来の全国画一的な政策からの転換を推し進めようとしていたとみられる。

学校系統改革案はなぜ「案」であったか。「案」がなぜ公布されたのか。全国教育会連合会で立案され、北京政府により公布された学校系統改革案の実施は、各省教育庁に任せられた。これを受けて各省教育庁は、次でみるように実際に学制標準を策定することとなった。要するに、省ごとの状況に応じた実施が可能となるように作られた学制が、壬戌学制であったといえる。このため、「案」として公布されたと考えられる。
それでは、各省教育庁ではどのような学制標準が策定されたのか。

（2） 各省教育庁による学制標準の策定

省教育庁による学制標準は、教育部刊行の『教育公報』、あるいは当時の代表的な教育雑誌である『教育雑誌』や『新教育』に掲載された。これらの学制標準をみてみよう。

① 山東省教育庁の学制標準

『教育公報』に所載の学制標準は、山東省教育庁の実施新学制標準弁法、吉林省教育庁の学校施行新制標準、甘粛省教育庁の新学制実行標準、直隷省教育庁の実行新学制標準、江西省教育庁の実施新学制大綱及初級中学条例、湖北省教育庁の施行新学制標準などであった。

山東省教育庁の実施新学制標準弁法は、以下のようであった[19]。

指令第七二二号　一三年（民国一三年、すなわち一九二四年）三月十七日

山東教育庁

実施新学制標準弁法（新学制実施の標準規則）について

思うに該庁が策定した実施新学制標準ならびに新旧学制之過渡弁法はよくできており、その施行を承認する。（後略）。

附学制標準

初等教育

（1）～（2）（略）。

（3）初級小学の修了後に、義務教育四年間の修了証書を授与する。
（4）高級小学は、単独に設立することができない。
（5）高級小学の修業年限は、二年間とする。
（6）旧学制によって設立された高等小学校は、六年制の小学校に改めなければならない。ただし特別な状況にある場合には、補習科や職業補習科を設置することができる。
（7）〜（8）（略）。
中等教育
（9）（略）。
（10）中学校の修業年限は、初級三年間、高級三年間とする。
高級中学は、単独に設立することができる。
各中学校は、斟酌の上、補習科を設立することができる。
（11）師範学校は独立させるべきであり、修業年限は六年間とする。前期三年間では普通教育を施行し、後期三年間ではコース制を採用する。
師範学校は、後期三年間のものを単独に設置できる。
（12）師範学校は、適当な年限の師範科や、講習科を設置することができる。
（13）（略）。
（14）旧学制によって設立された甲種実業学校および各職業学校講習所などは、いずれも暫く旧学制のままとする。
（15）旧学制によって設立された乙種実業学校は、職業学校と改める。
高等教育

（16）〜（18）（略）。

山東省新旧学制之過渡弁法（山東省の旧学制から新学制への移行規則）

（1）小学校の名称については、高等・国民の使用を廃止し、すべて小学校に改めなければならない。単独設置の初級小学については、初級小学校と称する。

（2）〜（6）（略）。

山東省教育庁の学制標準では、小学校では四・二制が採用された。義務教育年限は初級小学の四年間にするとされた。また、中学校では三・三制のみが採用された。高級中学では「総合制」が導入されなかった。さらに、旧学制の乙種実業学校を職業学校に改めることが明記されたが、その具体的な年限は明記されなかった。さらにまた、旧学制の甲種実業学校は暫くそのままにするとされた。

② 吉林省教育庁の学制標準

吉林省教育庁の学校施行新制標準は、以下のようであった[20]。

指令第七二三号　一三年（民国一三年、すなわち一九二四年）三月十七日

吉林教育庁

学校施行新制標準（学校の新制施行標準）について

思うに該庁が策定した吉林省学校施行新制標準はよくできており、その施行を承認する。（後略）。

附施行新制標準

（甲）初等教育

1、小学校の修業年限は、六年間とする。

2、小学校は、初級と高級の二段階に分け、初級は四年間、高級は二年間とする。
3～5、（略）。
6、義務教育年限は、暫く四年間と定める。ただし適当な時期に延長することができる。児童の満六歳から満一〇歳までを学齢とする。ただし特別な状況にある場合には、一二歳まで延長することができる。
7、児童の知識や技能を充足、あるいは増進させるために、初級、あるいは高級の修了後に、斟酌の上、適当な期間、補習を授けることができる。
8、各県は、地方の必要に応じて適当な年限の職業学校、ならびに小学校の高学年に、斟酌の上、職業準備教育課程を増設することができる。
前項の職業学校には、初級小学の卒業生が入学する。
［附注4］　旧学制の乙種実業学校は、すべて職業学校に改める。
9～10、（略）。
（乙）　中等教育
11、中学校の修業年限は、六年間とする。
12、中学校は、初級と高級の二段階に分け、初級は三年間、高級は三年間とする。
13～15、（略）。
16、高級中学は、文、理、農、工、商、師範などの科に分け、単独に一科のみを設置するか、あるいは幾つかの科を設置する。省の教育行政長官がこれを定める。
17、初級が単独に設立される場合には、初級中学校と称さなければならない。高級が単独に設立される場合には、高級中学校と称さなければならない。両段階が合併されて設立される場合には、中学校と称さなければならない。

初級の卒業生には初級卒業証書を授与し、高級の卒業生には高級某科卒業証書を授与する。

［附注5］ 現存の省立の中学校および甲種の農業、工業、商業の学校は、すべて中学校に改める。

［附注6］ （略）。

18、師範学校は、省経費で単独に設立する。修業年限は一貫制の六年間とする。ただし地方の特別な状況によって、後期三年間のものを単独に設置し、初級中学の卒業生を受け入れることができる。

［附注7］ 前項の師範学校生は、修業期間中に性質の異なる学校に転学することはできない。

［附注8］ （略）。

19、（略）。

20、職業学校の種類および年限の程度については、省の教育行政長官が実際の必要を斟酌してこれを定める。

21、（略）。

（乙） 高等教育

22〜23、（略）。

吉林省教育庁の学制標準では、小学校では四・二制のみが採用された。義務教育年限は暫く四年間にするとされた。また、中学校では三・三制のみが採用され、その後期段階の高級中学では「総合制」が導入された。さらに、旧学制の甲種実業学校は中学校に改めるとされた。吉林省教育庁の学制標準は、一見して単線型の四・二・三・三制をもつ学制であったようにみられる。

しかし、旧学制の乙種実業学校は職業学校に改めるとされ、初級小学の卒業生がこれに入学できると明記された。したがって、初等教育は後期段階から高級小学と職業学校の二つの系統に分かれる分岐型であったとみられる。さらにいえば、職業学校の具体的な修業年限については明記されなかった。

③　甘粛省教育庁の学制標準

甘粛省教育庁の新学制実行標準は、以下のようであった[21]。

指令第七二八号　一三年（民国一三年、すなわち一九二四年）三月十八日

甘粛教育庁

新学制実行標準について

思うに新学制実施標準はよくできており、その実験的な実施を承認する。（後略）。

附標準

甲　初等教育

1、小学校の修業年限は、六年間とする。初級小学は四年間とし、高級小学は二年間とする。ただし各県の初級中学と補習教育が未発達の場合には、高級小学は一年間延長できる。

［説明1］高級小学を一年間延長できるというのは、各県で中等教育を実施することができず、進学できる者が少数であるためである。もし二年制の高級小学を実施すれば、旧学制の三年制に比べて多くの青年にとって一年間の就学の機会を減少させることになるからである。

2、旧学制の国民学校は、初級小学に改める。高等小学校は、高級小学に改める。（後略）。

3、高級小学と初級小学を併設する場合には小学校と称する。ただし初級小学は、単独に設立することができる。

4、小学校は、地方の必要に応じて高級小学の比較的高学年で職業科目を、斟酌の上、設置することができる。初級小学の比較的高学年では職業準備科目を、斟酌の上、設置することができる。

5、（略）。

6、初級小学の児童には卒業後、義務教育修了証書を授与する。補習学校の卒業生も同様である。また、高級小学お

よび小学校の卒業生には、卒業証書を授与するが、この証書には三年間の修了か、それとも二年間の修了かを明記しなければならない。

［説明4］小学校の卒業証書に三年間の修了か、それとも二年間の修了かを明記するのは、三年間の卒業生が初級中学第二学年に入学するための試験を受験できるためである。二年間の卒業生は受験できない。
7、三年制高級小学の卒業生は、初級中学第二学年への入学試験を受験することができる。
8、（略）。
甲　中等教育
9、中学校の修業年限は、六年間とする。初級中学は三年間とし、高級中学は三年間とする。
［説明5］四・二制の長所は、修業年限が旧学制と同じで、改革の際に現状に影響を及ぼさないという点にある。しかし、初級中学を多く設立するのに困難である。二・四制の長所は、初級中学を設立しやすく、中等教育の機会を多くの青年に与えるという点にある。しかし、三年制高級小学の卒業生は初級中学第二学年への入学試験を受験できるという規程があり、事実上、入学したらすぐに卒業するということになってしまい、混乱は避けられず、効果は得られない。したがって、折衷して三・三制を採用する。
10、高級中学と初級中学とを合併する場合には、中学校と称する。ただし初級中学は、単独に設立できる。
11、（略）。
12、教育庁は、調査委員会を組織し、省立第一中学校から状況を調査し、高級中学の設立に備える。旧学制の中学校を調査し、適当な状況にあれば、普通科や、または他の学科の設置を許可する。
13、（略）。
14、旧学制の甲種工業学校は、工業学校と改める。甲種農業学校は、農業学校と改める。暫くは旧学制のやり方に照らして初級中学の卒業生を受け入れることができるようになるのを待つこととする。教育庁調査委員会による状況調査の後、高級の工業学校や農業学校に改める。

15、旧学制の乙種工業学校は、職業学校に改める。暫くは旧学制のやり方に照らして程度が向上するのを待ち、その後、高級小学の卒業生を受け入れる。

16、（略）。

17、師範学校の修業年限は、六年間とする。ただし六年間のものを設立できない場合には、講習科を設置することができる。

18〜23、（略）。

乙　高等教育

24〜27、（略）。

附則

（略）。

甘粛省教育庁の学制標準では、小学校では四・二制が採用されたが、高級小学を三年間にすることも可能であった。義務教育年限は四年間にするとされた。また、中学校では三・三制のみが採用され、その後期段階の高級中学では「総合制」への移行が計画された。さらに、乙種の実業系学校が職業学校に改められた上で初級中学と同程度に置かれ、甲種の実業系学校が高級中学と同程度に置かれた。このことから、甘粛省教育庁の学制標準は、前述の吉林省教育庁のものと異なり、四・二・三・三制であった。ただし、中等教育の前期段階から初級中学や職業学校、さらには師範学校の三つの系統に分かれる分岐型の学校系統であった。甘粛省教育庁の学制標準は、四・二・三・三制分岐型の学制であったといえよう。

④　直隷省教育庁の学制標準

直隷省教育庁の実行新学制標準は、以下のようであった[22]。

指令第七二九号　一三年（民国一三年、すなわち一九二四年）三月十八日

直隷教育庁

実行新学制標準（新学制実行標準）について

思うに該庁が策定した実行新学制標準はよくできており、その実験的な実施を承認する。（後略）。

附標準

一　普通原則

第一条　新学制の実施は、改革の精神および実験的な態度を備えていなければならない。

第二条　新学制を進める際には、現在の必要および教育経費を顧みる必要があると同時に、緩急をはかり漸進的に進めなければならない。

二　初等教育

第三条　一二年（民国一二年、すなわち一九二三年）から小学校は、新学制で実験的に実施する。

第四条　（略）。

第五条　各県の高等小学校は、新学制の実施後、高級と初級を兼ねるものとしなければならない。ただし新学制の実施の便を図るためや、あるいは特別な状況にある場合には、高級を単独に設立することができる。

第六条　各県の高等小学校および国民学校は、すべて小学校と改称する。

第七条～第八条　（略）。

第九条　高級小学は、地方の状況をみて職業準備科目を設置できる。

第一〇条　初級小学の卒業生に義務教育四年間の修了証書を授与することができる。

第一一条　（略）。

第一二条　義務教育年限は、四年間とする。その入学の年齢は、満六歳とする。ただし特別な状況にある場合には、延長することができる。

第一三条〜第一四条　（略）。

三　中等教育

第一五条　一二年（民国一二年、すなわち一九二三年）から師範学校は、新学制で実験的に実施する。

第一六条　師範学校の修業年限は、六年間と定める。

第一七条　師範学校は、単独に設立することができる。後期二年間のものや、後期三年間のものは、初級中学の卒業生を受け入れる。

第一八条　（略）。

第一九条　一二年（民国一二年、すなわち一九二三年）から中学校は、新学制で実験的に実施する。

第二〇条　中学校の修業年限は、初級三年間、高級三年間と定める。（後略）。

第二一条　（略）。

第二二条　一五年（民国一五年、すなわち一九二六年）から中学校では、斟酌の上、高級の段階で各科を設置する。これについては別途定める。ただし必要であれば、事前に設置することができる。

第二三条〜第二四条　（略）。

第二五条　初級中学は、地方の状況をみて各種の職業科を設置することができる。その年限については、設置される科の性質によって定める。

第二六条　旧学制によって設立された甲種実業学校は、暫くそのままとする。ただし適当な時期に、新学制に照らして変更する。

第二七条　旧学制によって設立された乙種実業学校は、適当な時期に職業学校に改めなければならない。職業学校の実施については別途定める。

四　高等教育

第二八条～第三〇条（略）。

直隷省教育庁の学制標準では、新学制のもと実験的に新しい小学校を実施するとされたものの、具体的な修業年限は明記されなかった。このことから、旧学制下の四・三制小学校の継続であった可能性を否定できない。義務教育年限は他省と同じであった。また、中学校では三・三制が採用され、後期段階の高級中学では「総合制」が導入された。しかし、旧学制の乙種実業学校は職業学校に改められることが明記され、旧学制の甲種実業学校は暫くそのままにするとされた。このため、学校系統は単線型ではなく分岐型であったと理解される。さらにまた、職業学校の具体的な年限は明記されなかった。

⑤　江西省教育庁の学制標準

江西省教育庁の実施新学制大綱及初級中学条例は、以下のようであった[23]。

指令第七三〇号　一三年（民国一三年、すなわち一九二四年）三月十八日

江西教育庁

実施新学制大綱（新学制実施大綱）及初級中学条例について

思うに該庁が策定した実施新学制大綱及初級中学条例はよくできており、その実験的な実施を承認する。（後略）。

附大綱

（1）　初等教育

（甲）　幼稚園

第一条～第三条　（略）。

（乙）　小学校

第四条　小学校の修業年限は、六年間とする。

第五条　小学校は、初級と高級の二段階に分け、前期四年間は初級とし、後期二年間は高級とする。

第六条　初級小学は単独に設立する。高級小学は初級小学と併設しなければならない。（後略）。

第七条　旧学制によって設立された国民学校は、すべて初級小学と改称する。

第八条　旧学制によって設立された高等小学校は、（中略）、六年制の完全小学校に改めなければならない。

第九条　高級小学では、地方の状況により職業準備科目を設置することができる。

第一〇条　義務教育年限は、暫く四年間を規準とする。初級小学の卒業生に義務教育四年間の修了証書を授与することができる。

第一一条～第一四条　（略）。

（2）　中等教育

（甲）　中学校

第一五条　中学校の修業年限は、六年間とする。初級と高級の二段階に分け、初級三年間、高級三年間を原則とする。

第一六条　初級中学は、単独に設立することができる。高級中学は、特別な場合には単独に設立することができる。

第一七条　（略）。

第一八条　高級中学に科を設置する際には、所在地の学校の需要によりこれを選び定める。

（乙）　師範学校

第一九条　師範学校は、単独に設立することを原則とする。その修業年限は六年間とする。ただし、必要がある場合には、後期三年間のものか、後期二年間のものを設立することができる。

第二〇条〜第二四条　（略）。

（丙）　職業学校

第二五条　旧学制によって設立された甲種実業学校は、斟酌の上、職業学校か、高級中学の農、工、商などの科に改める。

第二六条　旧学制によって設立された乙種実業学校は、職業学校に改める。

第二七条　（略）。

（3）　高等教育

第二八条〜第三一条　（略）。

附項

第三二条〜第三八条　（略）。

附条例

第一条〜第一二条　（略）。

江西省教育庁の学制標準では、四・二制小学校が採用されたが、これと同時に第八条で「完全小学校」が明記された。つまり、六年一貫制小学校も採用されたといえる。義務教育年限は四年間にするとされた。また、中学校では三・三制が原則とされ、後期段階では高級中学に「総合制」が導入された。旧学制の甲種実業学校が改められ、高級中学の農、工、商などの科にすると明記されたのであった。しかし、甲種実業学校は職業学校にも改められるとされ、さらに旧学制の乙種実業学校も職業学校に改められることが明記された。このため、学校系統は単線型ではなく分岐型であったと理解される。また、職業学校の具体的な年限は明記されなかった。したがって、厳密な意味では、六・三・三制とは呼べないであろう。六年一貫制小学校が採用されたことは注目に値する。

⑥　湖北省教育庁の学制標準

湖北省教育庁の施行新学制標準は、以下のようであった[24]。

湖北省長に施行新学制標準（新学制施行標準）の実施許可を通知する。

第五六四号　一三年（民国一三年、すなわち一九二四年）三月十九日

（前略）。教育庁が策定した施行新学制標準はよくできているので、その施行を承認する。（後略）。

附施行新学制標準

［1］　小学校

（1）　単設の国民学校や、国民学校に併設された高等小学校は、すべて小学校と改称する。これを初級と高級の二段階に分け、初級四年間、高級二年間とする。（後略）。

（2）　単設の国民学校は、すべて初級小学に改称する。

［附注］（略）。

（3）～（4）（略）。

（5）　小学校の比較的高学年からは、職業準備科目を授けることができる。ただしその性質、授業時間数および設備

概況については教育庁に申請し、教育庁の許可を得るものとする。

（6）義務教育年限は、暫く四年間と定める。入学年齢は満七歳となった次の日から一三歳までとし、この六年間を学齢期とする。

（7）～（8）（略）。

［2］中学校

（1）中学校は、三・三制を採用し、初級と高級の二段階に分け、それぞれの修業年限は、三年間とする。

［附注］（略）。

（2）（略）。

（3）初級中学は、例えば各種職業科の設置に際しては、その性質、授業時間数、設備概況を教育庁に申請し、教育庁の許可を得なければならない。

（4）高級中学は、以下の六項目を備えていなければならない。

（子）一科のみが設置される場合には、少なくとも三クラスを設けなければならない。数科が設置される場合には、どの科においても少なくとも三クラスを設けなければならない。

（丑）～（巳）（略）。

（5）（略）。

［3］師範学校

（1）師範学校の修業年限を六年間とする場合には、少なくとも六学年六クラスがなければならない。後期三年間のものを単独に設置する場合には、少なくとも三学年三クラスがなければならない。

［附注］師範学校は、旧学制の中学校の卒業生を受け入れるために後期二年間のものを単独に設置することができ

る。

（2）～（4）（略）。

［4］　職業学校

第一条　旧学制の実業学校は、甲種、乙種の呼び方を廃止し、某科職業学校に改称する。例えば、県立農業学校、工業学校、商業学校の類である。

一科のみが設置された職業学校は、その名称のままを称する。

大学および専門学校に付設された職業学校は、職業科と称する。

第二条　職業学校が受け入れる生徒は、小学校の卒業生に限る。

第三条　職業学校の修業年限は、それぞれの学校で自ら酌量の上、教育部に申請してその決定を受けることとする。

第四条～第八条　（略）。

［5］　専門学校

第一条～第二条　（略）。

湖北省教育庁の学制標準では、小学校では四・二制のみが採用された。義務教育年限は暫く四年間にするとされた。また、中学校では三・三制のみが採用され、その後期段階では高級中学の「総合制」が導入された。しかし、旧学制の乙種と甲種の実業学校はいずれも職業学校に改められるとされ、職業学校の入学資格は小学校の卒業生に限られることが明記された。学校系統は、中等教育の前期段階から初級中学や職業学校、さらには師範学校の三つの系統に分岐したとみられ、単線型ではなく分岐型であった。さらにまた、職業学校の具体的な年限は明記されなかった。

これまでにみてきた学制標準は、いずれも教育部の認可がおりたものであった。認可されたのは、いずれも一九二四年三月中のことであった。これは、学校系統改革案が公布されてから一年と四ヵ月ほど後のことであった。各省教育庁は、学校系統改革案の実施命令を教育部から受けて学制標準を策定し、これを教育部に報告した。一方で、報告を受けた教育部は、それぞれに対して実施の許可を出していたのである。

⑦ 江蘇省教育庁の学制標準

次に、『教育雑誌』所載の学制標準をみてみよう。『教育雑誌』に掲載された学制標準は、江蘇省教育庁の実施新学制之標準及弁法、直隷省教育庁の施行新学制之標準案、広西省教育庁の施行新学制標準などであった。これらのうち、直隷省教育庁のものは教育部に報告される前のものであったが、確認したところ教育部の認可がおりた後のものとほぼ同じであった[25]。したがって、これを除く残り二つをここでは取り上げる。

江蘇省教育庁の実施新学制之標準及弁法は、以下のようであった[26]。

江蘇省教育行政機関は、一二年度（民国の年度、すなわち一九二三年度）新学制の規則改正を議決した。各省で新学制が引き続き実施される際の参考となるように、ここに江蘇省の新学制実施の標準ならびに弁法を掲載する。

（1） 標準

1 初等教育

第一条 （略）。

第二条 高級小学は、初級小学と併設しなければならない。

第三条 初級小学の卒業生に義務教育四年間の修了証書を授与することができる。

第四条 義務教育の入学年齢は、暫く満六歳から一〇歳までと定める。明らかに特別な状況がある場合には、市や郷の学務委員による調査報告を経て、県教育行政機関の許可を得ることによりそれを少し延長するか、あるいは免除される。

前項で延長、あるいは免除を許された児童については、市や郷の学務委員がその報告書をまとめ、県教育行政機関の調査に備えなければならない。

第五条〜第六条　（略）。

2　中等教育

第七条　（略）。

第八条　中学校の修業年限は、初級三年間、高級三年間と定める。

第九条　師範学校は、単独に設立できる。（後略）。

第一〇条　（略）。

第一一条　旧学制によって設立された甲種実業学校は、暫くは旧学制のままとする。民国一二年度（一九二三年度）からは、新学制学程標準（新学制カリキュラム標準）に照らして第一学年を受け入れる。

第一二条　旧学制によって設立された乙種実業学校は、適当な時期に職業学校に改めなければならない。職業学校については、各地方の必要に応じて系統的な方法を別途定める。

3　高等教育

第一三条〜第一五条　（略）。

4　附則

第一六条　（略）。

（2）　弁法

（略）。

江蘇省教育庁の学制標準では、四・二制小学校が採用された。義務教育年限は四年間にするとされた。また、中学校では三・三制が採用された。高級中学で「総合制」が導入されたかどうかはわからない。旧学制の乙種実業学校は職業学校に改められることが明記され、旧学制の甲種実業学校は暫くそのままにするとされた。このため、学校系統は単線型ではなく分岐型であったと理解される。また、職業学校の具体的な年限は明記されなかった。

⑧ 広西省教育庁の学制標準

広西省教育庁の施行新学制標準は、以下のようであった。[27]

広西省施行新学制標準

［1］ 初等教育

（1） 小学校の修業年限は六年間とし、初級四年間、高級二年間とする。（後略）。

（2） 国民学校と高等小学校が併設された学校は、小学校と改称する。国民学校は初級小学と改称し、高等小学校は高級小学と改称する。（後略）。

（3） 高級小学は初級小学と併設しなければならない。ただし地方の特別な状況に応じて、単独に設置することができる。（後略）。

（4） 六年一貫制小学校については、どの県においても少なくとも一校は県の経費で設立されなければならない。

（5）～（7）（略）。

（8） 初級小学の卒業生に義務教育四年間の修了証書を授与することができる。

（9） あらゆる児童は義務教育を受けなければならず、その入学年齢は、暫く六歳から一〇歳までと定める。特別な状況がある場合には、県教育行政機関の許可を経て、それを少し延長することができる。

（10）旧学制の乙種実業学校は、すべて職業学校に改める。その方法については、地方の状況をみて定めなければならない。

（11）～（12）（略）。

［2］中等教育

（1）中学校の修業年限は、六年間とする。前期三年間は初級中学とし、後期三年間は高級中学とする。

（2）初級中学は単独に設立することができる。高級中学は初級中学と併設しなければならない。ただし特別な状況がある場合には、単独に設立することができる。

（3）～（5）（略）。

（6）旧学制の省立、県立、私立の各中学校は、すべて初級中学と改称する。

（7）師範学校の修業年限は、六年間とする。後期三年間のものは単独に設置することができ、初級中学の卒業生を受け入れることができる。（後略）。

（8）～（9）（略）。

（10）旧学制の甲種実業学校は、すべて職業学校に改める。その方法については、地方の状況をみて定めなければならない。

（11）（略）。

［3］高等教育

本省の高等教育については、別途定める。

広西省教育庁の学制標準では、四・二制小学校が採用されたが、これと同時に六年一貫制小学校も採用された。義務教育年限は四年間にするとされた。また、中学校では三・三制が原則とされた。高級中学で「総合制」が導入されたかどうかはわからない。さらに、旧学制の乙種実業学校も甲種実業学校も職業学校に改められることが明記された。このため、学校系統は単線型ではなく分岐型であった。また、職業学校の具体的な年限は明記されなかった。江西省と同じく六年一貫制小学校が採用されたことは注目に値する。

以上の二つの学制標準は、教育部により許可されたかどうかがわからない。しかし、『教育雑誌』に掲載されたことで、他省から参考にされたと考えられる。

⑨ 奉天省教育庁の学制標準

最後に、『新教育』所載の学制標準をみてみよう。『新教育』に掲載された学制標準は、奉天省教育庁の改定学制系統綱要、浙江省教育庁の施行新学制標準などであった。

奉天省教育庁の改定学制系統綱要は、以下のようであった。[28]

奉省改定学制系統綱要（奉天省学制系統改定綱要）

第一条　奉省では民国一一年度（一九二二年度）から学制系統を改定し、道徳教育と実利教育を重視し、美感教育を実施することを教育宗旨として定める。

第二条　学校教育は三段階とする。

（1）小学校

（2）中学校

師範学校

職業学校

（3）大学

専門学校

第三条　小学校は、初級と高級の二段階に分ける。県、市、区、村などでこれを設立する。小学校の修業年限は、六年間と定める。実用的な方法を実践することで、国民が必要とする道徳、知識、技能を養成する。初級小学は四年間と定め、高級小学は二年間と定める。小学校は、地方の状況を斟酌の上、職業科を設置し、初級小学の卒業生を受け入れることができる。

第四条　職業学校は、県、市、区などで設立することができる。国民が独立して生活するのに必要な技能を養成するためであると同時に、地方の人材や特産物を発展させて世界の利用に供するためである。修業年限は学科の難易度に基づき、一年間から五年間までとする。科目は、当該地方の特産物および必要度によって定める。

第五条　中学校は、国家や社会にとって有用な人材を養成することを原則とし、普通教育を中心に分科制を推進する。分科は、下記の通り。

文科
理科
農科
工科
商科
そのほか特殊の科

修業年限は六年間とする。前期三年間は初級とし、県によって設立され、高級小学の卒業生が受験する。後期三年間は高級とし、省によって設立され、初級中学の卒業生が進級する。同程度の者も同じ入学試験を受けることができる。

（後略）。

第六条　師範学校は、省や県などで設立する。小学校の教員を養成する。三年間で卒業する場合には、初級中学の卒業生か、もしくはこれと同程度の者が受験して入学する。（後略）。

第七条　（略）。

第八条　（前略）。

専門学校および大学は、高級中学の卒業生を受け入れる。

（後略）。

第九条～第一一条　（略）。

奉天省教育庁の学制標準では、四・二制小学校が採用された。また、中学校では三・三制が採用され、高級中学では「総合制」が導入された。職業学校の修業年限は一年間から五年間までの間で定められるとされた。また、専門学校や大学などの高等教育段階に進学できるのは、高級中学の卒業生であることが明記された。このため、学校系統は単線型ではなく分岐型であったといえる。また、職業学校の修業年限は実に多様であった。

⑩　浙江省教育庁の学制標準

浙江省教育庁の施行新学制標準は、以下のようであった[29]。

浙省施行新学制標準（浙江省新学制施行標準）

浙江省教育行政研究会から提案された施行新学制標準案はすでに可決された。その内容は以下のようである。（中略、以下の引用文中における太字は原文のまま）。準備期間は、一一年十一月十一日から一二年十一月十日まで（一九二二年十一月十一日から一九二三年十一月十日まで）の一年間とする。（中略）。**第一、初等教育**。一、（中略）。二、**小学校**

については、現在、〔甲〕国民学校、〔乙〕国民学校と高等小学校が併設されている学校、〔丙〕高等小学校など三種類に分けることができる。また、いずれも公立、区立、私立に分けられるが、〔甲〕については、公立、区立、私立ともに初級小学に改める。〔乙〕については、初級と高級が併設される完全小学校に改めなければならない。〔丙〕については、新学制の高級小学は独立の設立が認められないので、これも完全小学校に拡充しなければならない。ただし、経済的にも人的にもすべてを完全小学校に改めることは困難である。したがって、以下の基準に従って、斟酌の上、実施していくこととする。（中略）。**第二、中等教育。**現在、中等教育の学校は、三種類である。〔甲〕普通中学校。〔乙〕初級師範学校。〔丙〕甲種実業学校。**新学制の中学校は、**各学科の統合を図るものである。実施の上で一科のみでも数科でも設置できるとされているが、学業の上で初級と高級の区別はなされるべきである。このようにするのは、浅い深いという順があるからではなく、生徒の心身の発達に応じるためである。進学に際して科目を選択できるように便を図ることができる。したがって新学制で規定された原則に基づき、初級中学はすべて三年間とする。**師範教育については、**高級中学のひとつの学科にすることもできるし、師範学校を単独に設立することもできる。（中略）。高級中学のひとつの学科にするほうが実施の上でより経済的である一方、学校を単独に設立するとなれば教員養成の上でよい効果があげられる。本省では、実際の状況を斟酌の上、それぞれの実施を決定した。高級中学の他の職業に関する学科については、多学科を設置できるような大規模な中学校が実現するまでは職業学校にのみ設置することとする。高級中学の普通科については、大学進学希望者に応じるために四ヶ所に設置することとする。（中略）。**職業教育については、**極めて重視するべきであり、旧学制の実業学校を改組するほか、職業学校内に職業教員養成所を付設する。上述の諸点に基づき、甲、乙、丙の三種類の学校のすべてか、あるいは一部を、それぞれ以下のように改組する。（後略）。

浙江省教育庁の学制標準では、小学校では「完全小学校」、すなわち六年一貫制小学校の拡充策がとられた。また、中学校では三・三制が採用され、後期段階で高級中学の「総合制」が導入された。旧学制の実業学校は職業学校に改組されることが明記された。このため、学校系統は単線型ではなく分岐型であったといえる。また、職業学校の具体的な年限は明記されなかった。六年一貫制小学校が採用されたことは注目に値する。前に出てきたように、江西省と広西省の両教育庁の学制標準でもみられたことだが、これらに比べて浙江省教育庁の学制標準からはその採用に対する積極的な姿勢が窺える。

　以上の二つの学制標準も、教育部により許可されたかどうかが不明である。

　本章では、第八回系統案が議決された後、壬戌学制が制定されるまでの一〇日間について検討し、続けて各省の教育庁で策定された学制標準について検討した。

　公布された学校系統改革案、いわゆる壬戌学制は、初等教育段階では四・二制が採用されると同時に、四・三制も承認された。また、中学校は三・三制が原則とされ、四・二制と二・四制が附則とされた。中等教育段階では職業学校や師範学校が継続され、特に職業学校の年限に着目すると、年限は具体的に明記されていなかった。したがって、壬戌学制を六・三・三制のひと言で表現することは、普通教育の系統以外に目をやると困難である。

　またさらに、中等教育段階から中学校や職業学校、師範学校の三つの系統に分かれる分岐型の学校系統であった。このことに加え、学校系統図の修正は行われなかったものの、条文に基づけば、職業学校から高等教育段階へ進学できないことになっていた。このことからも、分岐型であったと判断せざるを得ない。壬戌学制は日本のような単線型ではなく、実は中等教育段階から系統が分かれる分岐型の学制であったとみなければならない。

　壬戌学制の制定を受けて、各省教育庁では学制標準が策定された。ほとんどの省教育庁では、四・二制小学校が採用された。義務教育年限は四年間にするとされた。また、中学校では三・三制が採用され、高級中学では「総合制」が導入された。実業学校は職業学校に改められた。壬戌学制は省ごとの状況に応じた実施を可能にする性格をもつものであったが、各省教育庁の学制標準はほぼ一致していたことがわかる。少しだけ甲種実業学校が継続されたところもあったが、旧学制の四・三制小学校や四・二制中学校は採用されていなかった。こうした壬戌学制で残された旧学制の部分は、各省教育庁では廃除されたとみられる。

しかし、中等教育段階には職業学校や師範学校もあり、学校系統はやはり単線型ではなく旧学制の分岐型であった。すなわち各省教育庁の学制標準のほとんどは、中等教育段階から系統が分かれる分岐型の学制であった。修業年限の区切りについても六・三・三制とはいえない。普通教育に限って強いていえば四・二・三・三制であったといえる。

注

(1)「第八届　一件　学制系統案（専案呈教育部呈文詳文牘門）」、『歴届全国教育連合会議案分類彙編』（第十一届全国教育会連合会事務所、一九二五年九月）、五六頁。

(2) 前掲（1）、「第八届　一件　学制系統案（専案呈教育部呈文詳文牘門）」、五六頁。または「第八届教育聯合會紀事（三）」、『申報』、一九二二年十月二十三日。

(3) 前掲（2）、「第八届教育聯合會紀事（三）」。

(4) 前掲（2）、「第八届教育聯合會紀事（三）」。

(5)「教聯會請公布學制改革案」、『申報』、一九二二年十一月六日。

(6)「十一、十、廿三」、曹伯言整理『胡適日記全編』三（安徽教育出版社、二〇〇一年十月）。

(7) 前掲（6）、「十一、十、廿三」。

(8)「咨各省區學校系統改革案業經教令公布應飭遵行」、教育部編審處編纂股編『教育公報』第九年第十期（教育部教育公報經理處、一九二二年十二月）、「公牘」、四～五頁。

(9)「大総統公布学校系統令（一九二二年十一月一日）」（北洋政府教育部档案、一九二二年十一月一日）、中國第二歴史檔案館編

『中華民国史檔案資料滙編』第三輯教育（江蘇古籍出版社、一九九一年六月）、一〇二～一〇六頁。

(10) 前掲（9）、「大総統公布学校系統令（一九二二年十一月一日）」（北洋政府教育部档案、一九二二年十一月一日）の説明（18）。

(11) 前掲（9）、「大総統公布学校系統令（一九二二年十一月一日）」（北洋政府教育部档案、一九二二年十一月一日）の説明（24）。

(12) 「十一、十、廿四」、曹伯言整理『胡適日記全編』三（安徽教育出版社、二〇〇一年十月）。

(13) 前掲（12）、「十一、十、廿四」。

(14) 「十一、十一、二」、曹伯言整理『胡適日記全編』三（安徽教育出版社、二〇〇一年十月）。

(15) 前掲（9）、「大総統公布学校系統令（一九二二年十一月一日）」（北洋政府教育部档案、一九二二年十一月一日）。なお、図7－1は、ここに掲載されている学校系統図を転載したものである。

(16) 前掲（5）、「教聯會請公布學制改革案」。

(17) 前掲（8）、「咨各省區學校系統改革案業經教令公布應飭遵行」。

(18) 前掲（8）、「咨各省區學校系統改革案業經教令公布應飭遵行」。

(19) 「指令第七百二十二號十三年三月十七日」、教育部編審處編纂股編『教育公報』第一一年第五期（教育部教育公報經理處、一九二四年五月）、「命令」、一四～一六頁。

(20) 「指令第七百二十三號十三年三月十七日」、教育部編審處編纂股編『教育公報』第一一年第五期（教育部教育公報經理處、一九二四年五月）、「命令」、一六～一八頁。

(21) 「指令第七百二十八號十三年三月十八日」、教育部編審處編纂股編『教育公報』第一一年第五期（教育部教育公報經理處、一九二四年五月）、「命令」、二一～二三頁。

(22) 「指令第七百二十九號十三年三月十八日」、教育部編審處編纂股編『教育公報』第一一年第五期（教育部教育公報經理處、一九二四年五月）、「命令」、二三～二五頁。

(23) 「指令第七百三十號十三年三月十八日」、教育部編審處編纂股編『教育公報』第一一年第五期（教育部教育公報經理處、一九二四年五月）、「命令」、二五～二九頁。

(24) 「咨湖北省長該省施行新學制標準准照行文第五百六十四號十三年三月十九日」、教育部編審處編纂股編『教育公報』第一一年第五期（教育部教育公報經理處、一九二四年五月）、「公牘」、一三～一七頁。

(25) 「直隷施行新學制之標準案」、李石岑編『教育雑誌』第一五巻第七号（商務印書館、一九二三年七月）、「教育界消息」、一～三頁。

(26) 「江蘇省實施新學制之標準及辦法」、李石岑編『教育雑誌』第一五巻第四号（商務印書館、一九二三年四月）、「教育界消息」、四～八頁。

(27)「桂省施行新學制會議之経過」、李石岑編『教育雑誌』第一六巻第一〇号（商務印書館、一九二四年十月）、「教育界消息」、四～五頁。

(28)「奉省改定學制系統綱要」、南京東南大学教育科編『新教育』第六巻第一期（上海商務印書館、一九二三年一月）、一一四～一一六頁。

(29)「浙省施行新學制標準」、南京東南大学教育科編『新教育』第六巻第三期（上海商務印書館、一九二三年三月）、四三五～四三九頁。

終　章　壬戌学制における六・三・三制

(1)　六・三・三制の導入過程

中国の六・三・三制は、壬戌学制に導入されたと従来いわれてきた。本書では、その導入過程の解明に取り組んだ。

第一章では、まず、旧学制、すなわち壬子・癸丑学制を検討した。旧学制には、四年制国民学校と三年制高等小学校があった。また、三年制高等小学校の上の段階には四年制中学校があった。さらに、高等小学校と同程度には乙種実業学校があり、中学校と同程度には甲種実業学校があった。六・三・三制が導入されるまでは、四・三・四制分岐型であった。

次に、北京政府教育部の設置と人員を明らかにした。従来、教育部は不熱心であり、かつ閑職であったとみられてきた。しかし、教育部は、清末の学部人員や日本留学経験者などの人材を多く配置し、一定の役割を担った。例えば、一九一四年から一九一五年にかけて、四年制国民学校を構想し、これを制度化させるに至った。この制度化により、前期初等教育の全国的な普及を強力に推進しようとしていたのである。

また、一九一八年には、全国中学校校長会議を主催した。ちょうど同じ頃、全国教育会連合会では中学校における職業教育の導入が提案された。しかし、全国中学校校長会議ではこれに反対する姿勢が示された。教育部は、職業教育の導入により「総合制」中学校の実現を目指した全国教育会連合会と対立していたのである。

第二章では、全国教育会連合会の結成経緯とその後の役割を明らかにした。全国教育会連合会は一九一五年から毎年、教育関係事項の協議を全国的な規模で行うために、当時各省に存在した省教育会が結集することにより開かれた。全国教育会連合会は、教育の研究や教員の研修を行うような場ではなく、各省教育会であらかじめ準備された様々な提議を審議して議決する、一種の議決機関であった。一九一五年の結成時から一九二〇年秋に開かれた第六回大会までは、地方教育行政改革に関する決議が数多くなされ、特に省教育庁の設置、あるいは地方自治による教育普及のことが、教育部に対して強く要求されていた。

新しい学制を作ろうとする動きは、一九一九年秋に開かれた第五回大会から始まった。翌年の第六回大会では、次回の大会までに省教育会ごとに学制系統研究会を設置して学制改革に関する案を作成し、これを次回の大会で提出することが要請された。

第三章では、一九二一年十月に開かれた第七回全国教育会連合会で議決された第七回草案の審議過程を明らかにした。第六回大会の要請に応じて一二もの省教育会で独自の立案が行われた。このため、第七回大会には一二の学制改革に関する案が提出された。なかでも広東省教育会の案が比較的完備していると判断され、審議はこれを基に進められた。広東省教育会の案を第七回草案に比較すると非常によく似ているために、審議ではほとんど修正がなされなかったと従来みられてきた。

しかし、審議過程を詳細に検討した結果、広東省の初等教育案は大幅に修正されていたことが明らかとなった。広東省の初等教育案では六年一貫制小学校が提案されたが、第七回草案では初級四年間と高級二年間の二段階に区分する四・二年制小学校に修正され、さらに初級小学の四年間が義務教育年限とされたのであった。この修正には、前期初等教育の普及を重視した袁希濤が大きく関わった。

第四章では、第七回草案の議決後、これが各省でどう検討されたかについて明らかにした。第七回草案の取り扱い方法が具体的に定められたが、これにより第七回草案は全国各地に知られることになった。江蘇省教育会を中心に組織された江蘇新学制草案討論会では、第七回草案の内容がほとんど追認された。この討論会で議決された江蘇修正案はその後、江蘇省教育会を通じて第八回大会に提出された。

第五章では、一九二二年九月に開かれた学制会議を取り上げた。従来、教育部が主催した学制会議については見過ごされてきたといえるが、ここで議決された学制会議案の審議過程を明らかにした。教育部は、同年七月に公布された学制会議章程に基づき、学制会議準備委員会を設置し、独自の立案を行った。これが教育部原案として学制会議に提出されていたことが明らかとなった。教育部原案では、学制の標準に「旧学制に配慮し、改革に着手しやすくする」という項目が掲げられ、後期中等教育段階に高級中学のほか、職業学校と師範学校の設立も認められた。教育部原案は第七回草案と違い、旧学制に配慮して立案されていた。

学制会議の審議は第七回草案を中心に進められたと従来みられてきた。しかし、実際には教育部原案を中心に進められた。教育部原案が審議された結果、第七回草案との違いはすべて可決され、さらには四・三制小学校も承認された。学制会議案の内容は、旧学制に配慮したものとなった。

第六章では、一九二二年十月に開かれた第八回全国教育会連合会で議決された第八回系統案の審議過程を明らかにした。第八回大会では、第七回草案（第三章）や江蘇修正案（第四章）、学制会議案（第五章）を中心に審議が進められた。

当初、教育部では第八回大会に学制会議案を提出することが拒否された。一方、第八回大会では学制会議案を受け入れることが拒否された。この対立の調停に一役買ったのは、胡適であった。胡適は、両者が対立したままでは新しい学制を生み出すことができないことを憂い、両案の調整を請け負って、調停案を作成した。胡適の調停案の初等教育段階では、前期初等教育の普及が重視された第七回初等教育案が採用された。また、中等教育段階では、旧学制に配慮した学制会議中等教育案が採用された。

胡適の調停案は、甲組審査会で審議された。この結果、全体会議に提出するために審査会報告案が作られた。審査会報告案の初等教育段階では、学制会議初等教育案で承認された四・二制小学校が調停案に加えられた。また、中等教育段階では、第七回中等教育案で採用された三・三制中学校が原則とされた。同時に、学制会議中等教育案で採用された職業学校の設立も認められた。審査会報告案は、全体会議で審議され、大きく改められることなく第八回系統案として可決された。

第七章では、その後、学校系統改革案が公布されるまでの一〇日間を明らかにした上で、その公布後に、各省教育庁で策定された学制標準を検討した。第八回系統案は、教育部に上申されたが、この時点で教育部には第八回系統案と学制会議案の両案があった。教育部は第八回系統案を一部修正して公布することにした。しかし、学校系統改革案、いわゆる壬戌学制は第八回系統案をほとんど踏襲したものであった。

学校系統改革案の公布後、教育部は、各省教育庁に対して学校系統改革案を基に学制標準を策定するように命じた。壬戌学制の実施は、各省教育庁に任せられていたのである。これに応じて各省教育庁は、学制標準を策定した。

一〇の学制標準を検討した結果、ほとんどの学制標準で、初等教育段階は四・二制のみが採用され、義務教育年限は四年間とされた。また、中学校は三・三制のみが採用され、その後期段階の高級中学で「総合制」が導入された。各省教育庁による学制標準では、壬戌学制に残された旧学制の部分、すなわち四・三制小学校や四・二制中学校などが廃除されたとみられる。しかし、中等教育段階は中学校のほかに職業学校や師範学校が置かれた。

以上のように、六・三・三制の導入過程を解明したことで、次のような新たな知見を得ることができた。

第一に、導入過程には、アメリカモデルの六・三・三制と旧学制との対立があった。全国教育会連合会は、中学校に職業教育を導入することにより「総合制」中学校の実現を目指した。しかし、教育部は、中学校のほかに職業学校や師範学校の設立を認めた。両者は中等教育の一元化をめぐり対立していたのである。

第二に、しかし、壬戌学制は、全国教育会連合会と教育部との妥協により作られた。中等教育の一元化を目指した全国教育会連合会の案とそれに積極的ではなかった教育部の案とが折衷され、最終的にひとつにまとまり壬戌学制に収斂したのである。

第三に、その結果、壬戌学制の中等教育段階は、高級中学に「総合制」が導入されると同時に、職業学校が設立されるという曖昧な形となった。職業学校は、旧学制の実業系学校を引き継ぐものであった。壬戌学制は、アメリカモデルと旧学制の両方の要素を併せもつ学制であったといわなければならない。旧学制の要素は教育部の働きにより残された。

第四に、全国教育会連合会と教育部は、前期初等教育の普及を重視するという点では一致していた。両者とも、小学校を六年一貫制にすることには積極的ではなかった。なぜなら、全国的な教育普及の遅れが問題視されていたからである。このため、旧学制の国民学校の修業年限四年間が初級小学に引き継がれると同時に、期待された義務教育年限の延長も据え置かれた。四年制初級小学の普及が最重視されたのである。教育部の大物であり江蘇省教育会の大物でもあった袁希濤が、その推進役であった。

第五に、壬戌学制は、旧学制とは異なり各省の状況に応じた実施が可能となるように作られた学制であった。壬戌学制が「案」として公布された後、教育部は、その採択と実施を各省教育庁に任せた。各省教育庁では、壬戌学制を基に学制標準が策定された。壬戌学制は、各省教育庁が学制標準を策定する際の選択肢を提供するものだったのである。

（2）壬戌学制は六・三・三制であったか

それでは、壬戌学制は六・三・三制であったといえるだろうか。

第一に、初等教育段階では、四・二制が採用されると同時に、四・三制も承認された。また、中学校は、三・三制が原則とされ、四・二制と二・四制が附則とされた。中等教育段階では、職業学校や師範学校が継続し、特に職業学校の年限に着目すると具体的にはこれが明記されていなかった。このため、壬戌学制を六・三・三制のひと言で表現することは、普通教育以外に目をやると特に困難である。

第二に、学校系統は、中等教育段階から中学校や職業学校、師範学校の三つの系統に分岐していた。このことに加え、職業学校からは高等教育段階に進学できないとされた。壬戌学制は、日本のような単線型ではなく、実は中等教育段階から系統が分かれる分岐型の学制だったのである。

しかし、壬戌学制の制定を受けて、各省教育庁では学制標準が策定された。これにより、旧学制が残されていた部分、すなわち四・三制小学校や四・二制中学校などは廃除された。一方、職業学校や師範学校の設立は認められた。したがって、学校系統はやはり単線型ではなく分岐型であった。要するに、ほとんどの学制標準は、中等教育段階から系統が分かれる分岐型の学制だったのである。修業年限の区切りについても、四・二制小学校が採用されたので、六・三・三制といえないことは確かである。普通教育に限って強いていえば、四・二・三・三制であったといえる。

（3）四・二・三・三制分岐型

その後、南京国民政府期に入り、壬戌学制では認められていた四・三制小学校や、[1]あるいは附則として認められていた四・二制中学校や二・四制中学校などは、いずれも廃止された。[2]また、第七章でみたように、すでに江西省教育庁や広西省教育庁、および浙江省教育庁の学制標準では六年一貫制小学校の普及が意図されていたが、しかし一九三二年の小学法によると壬戌学制と同様に四年制初級小学は単独に設立できるとされた。[3]すなわち、各省教育庁の学制標準のほとんどで採用されていた四・二制小学校、[4]そして三・三制中学校が、その後に続いたとみられる。[5]

さらに、高級中学に導入されていた「総合制」も廃止された。[6]一九三二年の中学法、職業学校法、師範学校法のいわゆる中等教育三法の公布により、[7]中等教育段階は完全に大きく三つの系統に分けられた。特に、職業学校法によると、職業学校は初級と高級とに分けられ、初級職業学校には小学校卒業生か職業従事者が入学できるとされ、その修業年限は一年間から三年間までのいずれかとされた。また、高級職業学校には初級中学卒業生か小学校卒業生が入学できるとされ、その修業年限は前者であれば三年間、後者であれば五年間か六年間のいずれかとされた。すなわち、小学校を卒業して高級職業学校に入学すれば後期中等教育段階に進めることができたが、初級職業学校に入学した場合には進めることができなかったことがわかる。

このように、南京国民政府期に入っても、六・三・三制は成立するに到らなかった。成立したのは、強いていえば四・二・三・三制であった。さらに、中等教育三法の公布が象徴しているように、学校系統は、依然として単線型ではなく中等教育段階から系統が分かれる分岐型であった。中等教育の一元化は実現されることなく、ひと言でいえば四・二・三・三制分岐型が成立したとみられる。

現在の中国の学校制度体系は、一見して六・三・三制である（図終‐1）。しかし、後期中等教育段階には高級

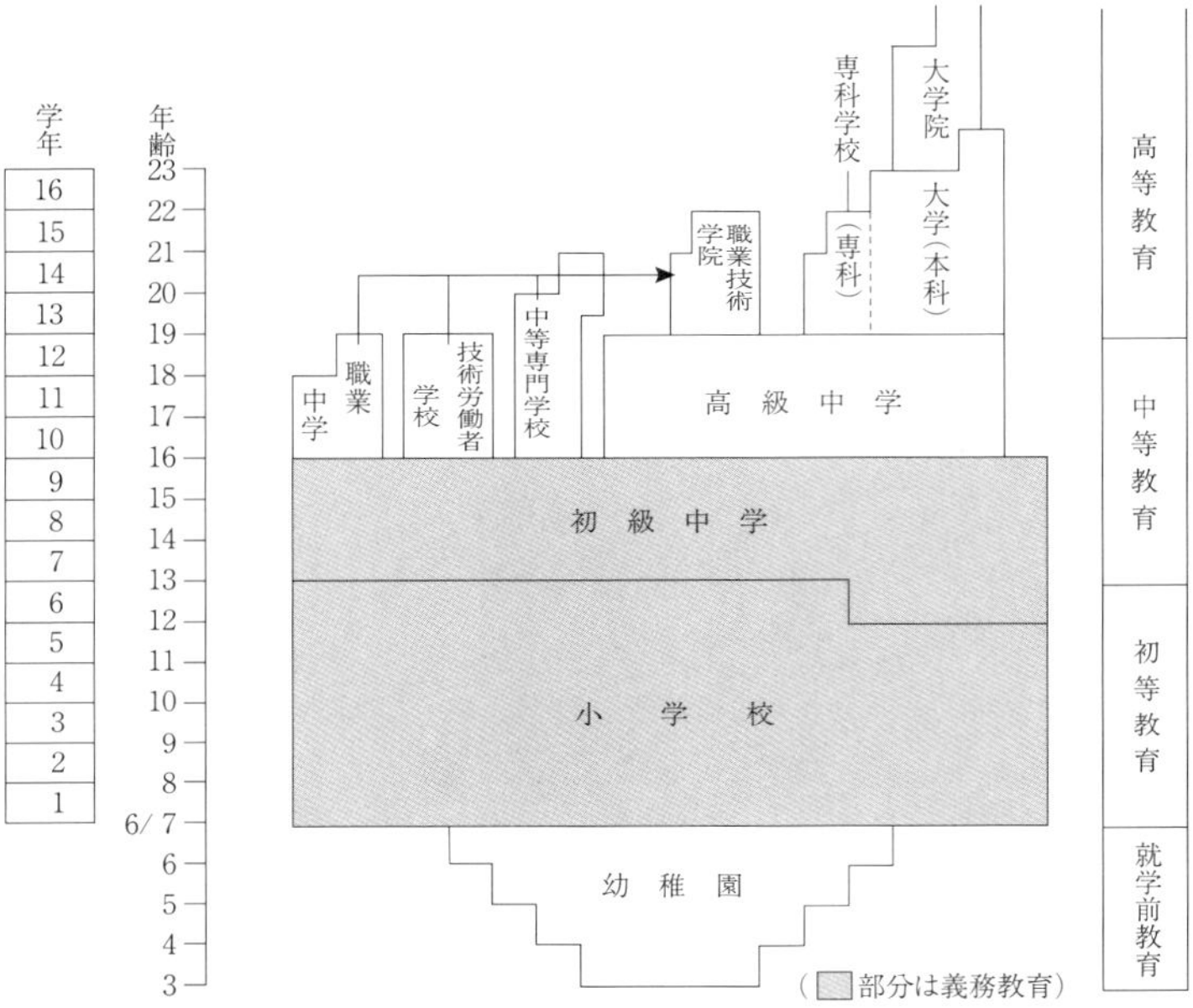

図終－1　現在の中国の学校系統図

文部科学省編『諸外国の初等中等教育』（文部科学省，2002 年 3 月），152 頁。なお，文部科学省生涯学習政策局調査企画課『教育指標の国際比較　平成 18 年版』（文部科学省，2006 年 3 月）を参照し，図に示されたような矢印を付けた。また，労働者や農民などの成人を対象とするさまざまな形態の成人教育機関が開設されているが，ここでは省略している。

中学、職業中学、中等専門学校、技術労働者学校、中等師範学校（図には含まれていない）などが並び、学校系統はこの段階から分かれる分岐型である。

　中国の六・三・三制は、その導入当初から今日に至るまでのおよそ八〇年にわたって、アメリカモデルの六・三・三制や日本のような六・三・三制とは異質である。中国の六・三・三制は、いまだその成立に向かう過渡期にあるとみられる。

注

（1）「小學法　二十一年十二月二十四日公布」、『國民政府公報』、「法規」第一〇一三號、二～四頁（多賀秋五郎『近代中国教育史資料』民国編下、一八二～一八三頁に所収）。
（2）「中學法　二十一年十二月二十四日公布」、『國民政府公報』、「法規」第一〇一三號、一～二頁（多賀秋五郎『近代中国教育史資料』民国編下、一八二頁に所収）。
（3）前掲（1）、「小學法　二十一年十二月二十四日公布」。
（4）前掲（1）、「小學法　二十一年十二月二十四日公布」。
（5）前掲（2）、「中學法　二十一年十二月二十四日公布」。
（6）前掲（2）、「中學法　二十一年十二月二十四日公布」。
（7）中学法は前掲（2）、「中學法　二十一年十二月二十四日公布」。職業学校法は「職業學校法　二十一年十二月十七日公布」、『國民政府公報』、「法規」第一〇〇七號、二～四頁（多賀秋五郎『近代中国教育史資料』民国編下、一八一～一八二頁に所収）。師範学校法は「師範學校法　二十一年十二月十七日公布」、『國民政府公報』、「法規」第一〇〇七號、一～二頁（多賀秋五郎『近代中国教育史資料』民国編下、一八一頁に所収）。

主要参考文献

1　北京政府教育部関係資料

教育部編審處編『教育部編審處月刊』第一巻第一冊～第一巻第一〇冊（教育部編審處、一九一三年）。
教育部編審處編纂股編『教育公報』第一年第一冊～第十年第四期（教育部教育公報經理處、一九一四年～一九二三年）。
教育部編審處編纂股編『全國教育行政會議各省區報告彙録』（教育部教育公報經理處、一九一六年十一月）。
江蘇會員盧殿虎威祜『全國教育行政會議紀略』（商務印書館、一九一六年十二月）。
教育部普通教育司編『全國中學校一覧表』（出版元不明、一九一七年五月）。
『全國中學校校長會議録』（出版元不明、一九一九年春）。
教育部総務廳文書科編『教育公報』第十年第五期～第十一年第十二期（教育部教育公報経理處、一九二三年～一九二四年）。

2　教育会関係資料

（1）　全国教育会連合会

全國教育会編『民國第一次全國教育會聯合會報告』（出版元不明、一九一五年六月）。
『第七次全國教育會聯合會會務紀要』（出版元不明、一九二一年十月）。
『歴届全國教育聯合會議案分類彙編』（第十一届全國教育會聯合會事務所、一九二五年九月）。

（2）　広東省教育会

廣東省教育會編輯處『廣東省教育會雜誌』第一巻第三号（廣州商務印書館、一九二一年九月）。
廣東省教育會編輯處『廣東省教育會雜誌』第二巻第一号（廣州商務印書館、一九二三年一月）。
廣東省教育會編輯處『廣東省教育會雜誌』第二巻第三号（廣州商務印書館、一九二三年三月）。
廣東省教育會編輯處『廣東省教育會雜誌』第二巻第四号（廣州商務印書館、一九二四年五月）。

(3) 江蘇省教育会

江蘇省教育會編『教育研究』第一期～第二十八期（江蘇省教育會、一九一三年五月～一九一六年八月）。

江蘇省教育會編『江蘇省教育會年鑑』第七期、一九二一年。

江蘇省教育會編『江蘇省教育會年鑑』第八期、一九二三年七月。

江蘇省教育會編『江蘇省教育會年鑑』第九期、一九二四年七月。

江蘇省教育會編『江蘇省教育會年鑑』第十期、一九二五年。

江蘇省教育會編『江蘇省教育會二十年概況』、一九二五年。

(4) 浙江省教育会

浙江省教育會編『教育潮』第一巻第一期、一九一九年四月。

浙江省教育會編『教育潮』第一巻第二期、一九一九年六月。

浙江省教育會編『教育潮』第一巻第三期、一九一九年八月。

浙江省教育會編『教育潮』第一巻第四期、一九一九年九月。

浙江省教育會編『教育潮』第一巻第五期、一九一九年十一月。

浙江省教育會編『教育潮』第一巻第六期、一九二〇年一月。

浙江省教育會編『教育潮』第一巻第七期、一九二〇年十月。

浙江省教育會編『教育潮』第一巻第八期、一九二〇年十一月。

浙江省教育會編『教育潮』第一巻第九期、一九二〇年十二月。

浙江省教育會編『教育潮』第一巻第十期、一九二一年一月。

3 雑誌および新聞

(1) 雑誌

『教育雑誌』、『中華教育界』、『教育与職業』、『新教育』。

(2) 新聞

『申報』、『民國日報』。

4　資料集

多賀秋五郎『近代中国教育史資料』民国編上（日本学術振興会、一九七三年）。

多賀秋五郎『近代中国教育史資料』民国編中（日本学術振興会、一九七四年）。

多賀秋五郎『近代中国教育史資料』民国編下（日本学術振興会、一九七四年）。

陳学恂主編『中国近代教育文選』（人民教育出版社、一九八三年八月）。

朱有瓛主編『中国近代学制史料』第三輯上冊（華東師範大学出版社、一九九〇年六月）。

中國第二歴史檔案館編『中華民国史檔案資料滙編』第三輯教育（江蘇古籍出版社、一九九一年）。

中國第二歴史檔案館編『中華民国史檔案資料滙編』第五輯第一編教育（一）（江蘇古籍出版社、一九九一年）。

陳元暉主編『中国近代教育史資料滙編』学制演変（上海教育出版社、一九九一年）。

朱有瓛主編『中国近代学制史料』第三輯下冊（華東師範大学出版社、一九九二年一月）。

湯才伯主編『廖世承教育論著選』（人民教育出版社、一九九二年六月）。

陳元暉主編『中国近代教育史資料滙編』教育行政機構及教育団体（上海教育出版社、一九九三年）。

張彬編『経亨頤教育論著選』（人民教育出版社、一九九三年十月）。

蔡振生・劉立徳編『陳宝泉教育論著選』（人民教育出版社、一九九六年八月）。

姜義華主編『胡適学術文集』教育（中華書局、一九九八年一月）。

曹伯言整理『胡適日記全編』三（安徽教育出版社、二〇〇一年十月）。

5　その他

(1)　単行本

①　日本語

（i）　戦前刊行

南満州鉄道株式会社地方部学務課編『支那の学制改革』、一九二三年。

陳青之著／柳澤三郎訳『近代支那教育史』（生活社、一九三九年七月）。

田内高次『支那教育学史』（冨山房、一九四二年十二月）。

周予同著／山本正一訳『学制を中心とせる支那教育史』（東京開成館、一九四三年）。

文部省調査局調査課『中華民国における教育制度の沿革と概況――六・三・三制を中心として――』（新自由社、一九四八年三月）。

小野忍・斎藤秋男『中国の近代教育』（河出書房、一九四八年十二月）。

文部省調査局調査課『現代教育の教育事情――六・三・三制を中心として――』（刀江書院、一九四九年九月）。

（ii）戦後刊行

新島淳良『中国の教育』（東洋経済新報社、一九五二年六月）。

佐藤清太『学制から見た東洋教育史』（柳原書店、一九五三年三月）。

多賀秋五郎『中国教育史』（岩崎書店、一九五五年五月）。

齋藤秋男・新島敦良『中国現代教育史』（国土社、一九六二年）。

長田新企画／梅根悟・皇至道・荘司雅子編『教育学テキスト講座』第四巻東洋教育史（御茶の水書房、一九六二年二月）。

斎藤秋男『中国現代教育史――中国革命の教育構造――』（田畑書店、一九七三年十一月）。

ジェローム・チェン著／守川正道訳『袁世凱と近代中国』（岩波書店、一九八〇年八月）。

ジェローム・チェン著／北村稔・岩井茂樹・江田憲治訳『軍紳政権――軍閥支配下の中国――』（岩波書店、一九八四年十一月）。

平塚博士記念事業会編『平塚益徳著作集』第Ⅱ巻中国近代教育史（教育開発研究所、一九八五年三月）。

阿部洋編『米中教育交流の軌跡――国際文化協力の歴史的教訓――』（財団法人霞山会、一九八五年十二月）。

市村尚久『アメリカ六・三制の成立過程』（早稲田大学出版部、一九八七年五月）。

池田誠・安井三吉・副島昭一・西村成雄『図説　中国近現代史』（法律文化社、一九八八年六月）。

阿部洋『中国の近代教育と明治日本』（福村出版、一九九〇年）。

市古宙三『中国の近代』（河出書房新社、一九九〇年三月）。

阿部洋『中国近代学校史研究――清末における近代学校制度の成立過程――』（福村出版、一九九三年二月）。

牧野篤『中国近代教育の思想的展開と特質――陶行知「生活教育」思想の研究』（日本図書センター、一九九三年）。

宇野重吉・天児慧編『二〇世紀の中国　政治変動と国際契機』（東京大学出版会、一九九四年）。

権藤與志夫編『二一世紀をめざす世界の教育――理念・制度・実践――』（九州大学出版会、一九九四年十一月）。

アーネスト・P・ヤング著／藤岡喜久男訳『袁世凱総統――「開発独裁」の先駆――』（光風社出版、一九九四年十二月）。

野澤豊編『日本の中華民国史研究』（汲古書院、一九九五年九月）。

横山宏章『中華民国――賢人支配の善政主義――』（中央公論社、一九九七年十二月）。

中央大学人文科学研究所編『民国前期中国と東アジアの変動』（中央大学出版部、一九九九年三月）。

三羽光彦『六・三・三制の成立』（法律文化社、一九九九年五月）。

小林善文『中国近代教育の普及と改革に関する研究』（汲古書院、二〇〇二年十二月）。

吉澤誠一郎『愛国主義の創成――ナショナリズムから近代中国をみる――』（岩波書店、二〇〇三年三月）。

阿部洋『「対支文化事業」の研究――戦前期日中教育文化交流の展開と挫折――』（汲古書院、二〇〇四年一月）。

顧明遠著／大塚豊監訳『中国教育の文化的基盤』（東信堂、二〇〇九年六月）。

② 中国語

（i） 中華民国期刊行

郭秉文『中國教育制度沿革史』（商務印書館、一九一六年十一月）。

徐世昌『歐戦後之中國　経済与教育』（中華書局、一九二〇年十月）。

袁希濤編『義務教育之商権』（商務印書館、一九二一年十月）。

袁希濤『新學制草案與各國學制之比較』。

陳宝泉・陶知行・胡適編『孟禄的中國教育討論』、一九二二年。

張鴻英編『新學制與普通教育』（中華書局、一九二三年六月）。

陳宝泉『中國近代學制変遷史』（北京文化学社、一九二七年六月）。

程湘帆編『中國教育行政』（商務印書館、一九三〇年三月）。

黄炎培『中國教育史要』（商務印書館、一九三〇年十月）。

夏承楓『現代教育行政』（中華書局、一九三二年十二月）。

蔡芹香編『中國学制史』（世界書房、一九三三年七月）。

薛人仰編『中國教育行政史略』（中華書局、一九三九年八月）。

（ii） 中華人民共和国期刊行

董宝良『中国教育史綱』近代之部（人民教育出版社、一九九〇年八月）。
熊明安『中華民国教育史』（重慶出版社、一九九〇年九月）。
鄭登雲編『中国近代教育史』（華東師範大学出版社、一九九四年五月）。
熊賢君『中国教育行政史』（華中理工大学出版社、一九九六年一月）。
銭曼倩・金林祥主編『中国近代学制比較研究』（広東教育出版社、一九九六年十一月）。
張彬『従浙江看中国教育近代化』（広東教育出版社、一九九六年十一月）。
李才棟・譚佛佑・張如珍・李淑華主編『中国教育官吏制度史』（江西教育出版社、一九九六年十二月）。
李華興主編『民国教育史』（上海教育出版社、一九九七年）。
杜成憲・崔運武・王倫信『中国教育史学九十年』（華東師範大学出版社、一九九八年六月）。
周洪宇・余子侠・熊賢君主編『陶行知与中外文化教育』（人民教育出版社、一九九九年九月）。
于述勝『中国教育制度通史』第七巻民国時期（公元一九一二―一九四九年）（山東教育出版社、二〇〇〇年七月）。
田正平・肖朗主編『世紀之理想――中国近代義務教育研究――』（浙江教育出版社、二〇〇〇年八月）。
胡春恵『民初的地方主義与聯省自治』（中国社会科学出版社、二〇〇一年五月）。
田正平主編『中国教育史研究』近代分巻（華東師範大学出版社、二〇〇一年九月）。
劉正偉『督撫与士紳――江蘇教育近代化研究――』（河北教育出版社、二〇〇一年九月）。
謝長法『借鑑与融合――留米学生抗戦前教育活動研究――』（河北教育出版社、二〇〇一年九月）。
朱英主編『辛亥革命与近代中国社会変遷』（華中師範大学出版社、二〇〇一年十月）。
張傳平『教育会社与中国教育近代化』（浙江大学出版社、二〇〇二年六月）。
王倫信『清末民国時期中学教育研究』（華東師範大学出版社、二〇〇二年十月）。
張曉唯『蔡元培与胡適（一九一七―一九三七）――中国文化人与自由主義――』（中国人民大学出版社、二〇〇三年十二月）。

③ 英語

Tai Chen Hwa. *A Critical Study of the Resolutions of the Chinese Federation of Educational Associations (1915-26)*, 1954.

（2）論文

① 日本語

大久保荘太郎「近代支那の平民教育運動」『東亜人文学報』二―三、一九四二年。

後藤文夫「中国における五四運動と教育」『大分大学学芸学部教育研究所』、一九五二年。

大村興道「民国初期における教育思想の底流」教育史学会紀要編集委員会編『日本の教育史学』第二集（講談社、一九五九年）。

多賀秋五郎「中国における公教育の制度および思想の成立過程」教育史学会紀要編集委員会編『日本の教育史学』第五集（講談社、一九六二年）。

多賀秋五郎「中国における公教育の成立と発達の過程」教育史学会紀要編集委員会編『日本の教育史学』第六集（講談社、一九六三年）。

阿部洋「民国教育の理念と現実――軍閥政治下の中国教育――」教育史学会紀要編集委員会編『日本の教育史学』第一〇集（講談社、一九六七年）。

大村興道「中国近代教育政策のナショナリズム」教育史学会紀要編集委員会編『日本の教育史学』第一二集（講談社、一九六九年）。

多賀秋五郎「日本教育からアメリカ教育へ傾斜する中華民国の教育」『教育研究』三三―三（不昧堂出版、一九七八年）。

石川啓二「中国国民党の初期教育政策（一九二四―二八）」東京大学教育学部『学校教育研究報告集』第一集、一九七八年。

世良正浩「五四時期における中国教育改造の課題――中華教育改進社の教育認識を中心として――」教育史学会紀要編集委員会編『日本の教育史学』第二四集（講談社、一九八一年）。

世良正浩「中国の近代と新教育運動」『明治学院論叢』三七四（明治学院大学文学会、一九八五年）。

石川啓二「一九三〇年代における教育改革――中国を中心として――」教育史学会紀要編集委員会編『日本の教育史学』第二八集（教育史学会、一九八五年十月）。

渡辺惇「袁世凱の財政経済政策――周学熙を中心として――」、『近きに在りて』第一一号（汲古書院、一九八七年）。

田正平「中国における教育史の研究動向――中国近代教育史を中心に――」国立教育研究所編『国立教育研究所研究集録』第二一号（国立教育研究所、一九九〇年）。

蔭山雅博「教育史における時代区分と教育の認識枠組みの問い直し――中国の近代を中心として――」『日本の教育史学』第三四集（教育史学会、一九九一年）。

牧野篤「アジア教育の「近代」を問う――一九九二年アジア教育史研究を素材に――」名古屋大学教育学部社会教育研究室『社会教育年報』一〇号、一九九三年。

蔭山雅博「中国近代教育史研究の方法と対象に関する考察――清末・民初におけるエリート層の教育認識を中心として――」アジア教育史学会編『アジア教育史研究』第四号（アジア教育史学会、一九九五年三月）。

高田幸男「小林善文著『中国近代教育の普及と改革に関する研究』」、アジア教育史学会編『アジア教育史研究』第一二号（アジア教育史学会、二〇〇三年三月）。

金子肇「近代中国政治史研究と文書史料――中華民国期を対照に――」、広島史学研究会編『史學研究』第二四〇號（広島史学研究会、二〇〇三年六月）。

高田幸男「江蘇教育会と清末民初の政治構造」、明治大学東洋史談話会編『明大アジア史論集』第一〇号記念特集号（明治大学東洋史談話会、二〇〇五年三月）。

② 中国語

劉正傳「近代義務教育学制変革述論」、浙江大学教育系『上海師範大学学報』（哲学社会科学版）一九九九年二期。

郭三娟「述評清末民初新学制対日本学制的模倣」、『山西大学学報』（哲学社会科学版）一九九九年二期。

李露「論〝全国教育会聯合会〟対民初教育立法的影響」、華東師範大学教育系『学術論壇』二〇〇〇年三期。

張彬「経亨頤与浙江教育会――兼論民国初年浙江教育近代化的推進」、浙江大学教育学院『浙江大学学報』（人文社会科学版）二〇〇〇年三期。

郭三娟「述評清末以来我国的学制変遷」、山西大学教育科学学院『山西大学学報』（哲学社会科学版）二〇〇〇年四期。

劉正傳・薛玉琴「江蘇省教育会与中華職業教育社」、江蘇省淮陽師範学院『教育与職業』二〇〇〇年九期。

張傳平「試論教育社団与我国近代学制的演変」、浙江省教育学分会『浙江学刊』二〇〇二年三期。

白錦表「浙江教育会与浙江教育近代化」、『浙江社会科学』二〇〇二年三期

蘇肖「学制変遷与実業教育的発展――癸卯学制、壬子癸丑学制与一九二二年〝新学制〟中実業教育之比較」、河北師範大学教育学院『河南職業技術師範学院学報』（職業教育版）二〇〇二年六期。

李雪燕「胡適対一九二二年新学制創建的貢献」、華中師範大学教科院『安慶師範学院学報』（社会科学版）二〇〇三年二期。

曲鉄華・梁清「我国近代学制発展嬗変及啓示」、華北師範大学教育科学学院『邢台職業技術学院学報』二〇〇三年四期。

あとがき

本書は、筆者が二〇〇六年度に広島大学大学院教育学研究科に提出した博士学位請求論文である『壬戌学制における六・三・三制導入過程の研究』を加筆修正したものである。

今から約四年前に博士論文を執筆したときに書き下ろしたところは、序章をはじめ、第一章第一節、第四章、第七章、終章である。それ以外の各章各節については、それまでに既に発表された以下のような論文を下敷きとしている。博士論文の全体の構成に留意しながら既発表の論文を結合したり分割したりしつつ、かなりの補足を加えている。また、既発表の論文では取り上げることができなかった表や図も掲載している。

「袁世凱政権期の教育部に関する研究——その設置過程と人員を中心として」『アジア文化研究』第一〇号、二〇〇三年（第一章第二節）。

「袁世凱政権期の国民学校構想に関する研究」『日本の教育史学』第四六集、二〇〇三年（第一章第三節）。

「壬戌学制制定過程にみられる初等・中等教育段階の修正に関する考察」『アジア教育史研究』第一三号、二〇〇四年（第三章第三節、第六章）。

「壬戌学制における六年制小学校導入過程にみられる初等教育改革構想——一九二一年第七回全国教育会連合会への各省区教育会提議を中心に——」『日中教育研究交流会議研究年報』第一四号、二〇〇四年（第三章第一節）。

「壬戌学制制定以前における四年制中学校改革——一九一八年開催の全国中学校校長会議を中心に——」『広

島大学大学院教育学研究科紀要』第Ⅲ部第五三号、二〇〇五年（第一章第四節）。

「関于壬戌学制三三制導入過程的研究」『教育交流与現代化』、浙江大学出版社、二〇〇五年（第三章第二節）。

「中華民国北京政府期における全国教育会連合会の果たした役割――大会決議の分析を通して――」『現代中国研究』第一七号、二〇〇五年（第二章第二節）。

「中華民国北京政府期における全国教育会連合会の結成」『広島大学大学院教育学研究科紀要』第Ⅲ部第五四号、二〇〇六年（第二章第一節）。

「中華民国北京政府期の学制会議に関する研究」『日本の教育史学』第四九集、二〇〇六年（第五章）。


修士論文を書き終えた私が次の進路を決めるために広島大学大学院教育学研究科の佐藤尚子先生の研究室を訪ねたのは、今から約九年前の二〇〇一年二月下旬のことであった。日本の教育政策に内包するナショナリズムの問題を学校における国旗掲揚・国歌斉唱に着目して論じた修士論文のことや、今後は歴史に目をむけていきたいこと、さらには高校生の時から中国に関心があるということなどを話す私に、佐藤先生はじっくりと耳を傾けてくださった。私が話し終えると、同年四月からの一年間を広島大学の研究生として学ぶことを勧められ、同時に「袁世凱政権下の教育政策」という課題を提示してくださった。

この研究生の一年間、私は広島大学の図書館に毎日のように通い、そこで朝から晩まで過ごした。袁世凱政権は先行研究でどのようにみられ、評価されているのか。図書館で見つけることができない文献を求めて、科を越えて文学研究科にある東洋史研究室にまで足を運ぶことも多かった。閉館時刻を過ぎると、所属の教育学研究科にある日本東洋教育史研究室に向かい、袁世凱政権期を中心に中華民国北京政府期に関する事柄を先輩である留学生の汪輝さんに教えていただくと同時に、昼間に目を通した先行研究をもとに議論を交わしていただいた。こうしたなか、袁世凱政権期に「強い中国を追求する」側面があったことを指摘する先行研究に出会うことになった。同時期の教育についても従来的な評価だけでよいのか。こうした疑問もその出会いによって生まれたといってよい。

研究生を終えて博士課程後期に在籍することが決まり、それまで袁世凱政権期の教育部や国民学校構想に関する研究を進めていた私に、いよいよ佐藤尚子先生は本書の中心課題となる壬戌学制の六・三・三制を取り上げることを勧めてくださった。こうして教育部だけではなく全国教育会連合会や各省の教育会に関する諸資料の掘り起こしを本格的に始めることになった。北京や上海を中心に何度か実施した中国での資料調査のなかでも、とくに一九二一年に開催された第七回全国教育会連合会の報告書を入手したときは研究を大きく推し進めるときとなった。従来の研究で使われてきた『教育雑誌』の雑記事に記載されている内容を再確認できたことはもちろんのこと、それだけではよくわからなかった点が明らかとなったり、新しい知見が得られたりした。多種多様な形態の新しい学制改革案が各省から提示されていたことを知ることができたことは、従来的な評価の限界を感じさせてくれたし、壬戌学制が「案」として制定された理由を一歩深く考えさせてくれるヒントとなった。博士課程後期を修了した後の私は、壬戌学制の実施を各省ごとに具体的に明らかにしていく取り組みを進めている。

本書は、数多くの先生方や先輩・後輩などに支えられてこうして刊行される運びとなった。日本東洋教育史研究室では毎週のように特別研究会が開かれており、ここで同研究室所属の大林正昭先生からは壬戌学制をどう掘り下げていけばよいのか、あるいは私自身のこの取り組みが日本の学制史に関する研究に比べるとどう位置づけられるのかなど示唆に富むご指摘をいただき、今でも念頭に置いて大事にしていることがたくさんある。また、汪輝さんをはじめとする日本東洋教育史研究室の先輩・後輩などと机を並べて互いに自身の研究に没頭しつつも議論を交わして切磋琢磨したことは有り難いことであった。

また、文学研究科の東洋史研究室の曽田三郎先生をはじめ、そのＯＢである先生方や大学院生の方々にも大変にお世話になった。曽田先生からは中華民国北京政府期の中央政府・地方政府の関係に目を向けることを促していただいた。また、当時の新聞に目を通してみることを勧めていただいた。東洋史研究室のOBである水羽信男先生からは私が北京師範大学で研究に従事する機会が与えられた際に、資料調査に関するアドバイスをいただいた。また、生活面の相談にものっていただいた。

さらに、阿部洋先生からは学会や研究会でいつも貴重なアドバイスや問いかけをしていただいた。壬戌学制はなぜ「案」であったのか。阿部先生から繰り返しいただいたこの問いかけは、中華民国北京政府期の教育の特質を知るための重要な問いであると思っている。壬戌学制の実施を各省ごとに具体的に明らかにしていくことで今後もお応えしていきたい。

本書の刊行に際し、九州大学出版会の永山俊二氏には多大なご尽力をいただいた。作業がなかなか進まない私のペースに十分な理解を示しながら、上手に校正をリードしてくださったと思う。そのほかにも具体的に記すことで感謝を申し上げたい先生方や先輩・後輩は数多い。すべての方々にこの場を借りて感謝の気持ちをお伝えしたい。

最後となるが、昨年四月七日に六六歳でお亡くなりになった恩師である佐藤尚子先生に本書の刊行をお伝え申し上げるとともに、今から二四年前の春に人生の師である池田大作先生が創立された関西創価高校に送り出してから私の成長をずっと辛抱強く見守ってくれていた広島県で暮らす父と母に最大の感謝の意を表したい。

二〇一〇年一月

今井　航

【付記】　本書は、独立行政法人日本学術振興会の平成二十一年度科学研究費補助金（研究成果公開促進費「学術図書」）の交付を受け、刊行されたものである。

ま行

や行

ら行

人物索引

な行

は行

た行

さ行

索　引

壬戌学制，六・三・三制，教育部，全国教育会連合会（全教連）は多数に上るため省略している。また，引用文，図や表については索引の対象としていない。さらに，人物索引については最後の方にまとめて掲載している。この場合，本文中で該当する人物のみを取り上げている。

著者紹介

今井　航（いまい　わたる）

1970 年 12 月　広島県生まれ。
2006 年 3 月　広島大学大学院教育学研究科博士後期課程修了。
　　　　　　博士（教育学）。
2006 年 4 月　広島大学大学院教育学研究科助手。
2007 年 4 月　別府大学文学部助教。
2008 年 4 月　別府大学文学部准教授，現在に至る。

教育史，比較教育学専攻。

〔主な業績〕

『日中比較教育史』（共著，春風社，2002 年）。

「袁世凱政権期の教育部に関する研究 —— その設置過程と人員を中心として ——」『アジア文化研究』第 10 号，2003 年。

「袁世凱政権期の国民学校構想に関する研究」『日本の教育史学』第 46 集，2003 年。

「壬戌学制制定過程にみられる初等・中等教育段階の修正に関する考察」『アジア教育史研究』第 13 号，2004 年。

「中華民国北京政府期における全国教育会連合会の果たした役割 —— 大会決議の分析を通して ——」『現代中国研究』第 17 号，2005 年。

「中華民国北京政府期の学制会議に関する研究」『日本の教育史学』第 49 集，2006 年。

中国近代《ちゅうごくきんだい》における六《ろく》・三《さん》・三制《さんせい》の導入《どうにゅう》過程《かてい》

2010 年 2 月 20 日　初版発行

著　者　今　井　　航
発行者　五十川　直　行
発行所　（財）九州大学出版会
〒812-0053　福岡市東区箱崎 7-1-146
九州大学構内
電話　092-641-0515（直　通）
振替　01710-6-3677
印刷／大同印刷㈱　製本／㈱渋谷文泉閣

ISBN978-4-7985-0005-8

中華人民共和国教育法に関する研究
——現代中国の教育改革と法——
篠原清昭　Ａ５判・四二四頁・七、五〇〇円

近代朝鮮の唱歌教育
高　仁淑　Ａ５判・三四二頁・八、〇〇〇円

植民地朝鮮の日本語教育
——日本語による「同化」教育の成立過程——
久保田優子　Ａ５判・三八四頁・六、四〇〇円

長州閥の教育戦略
——近代日本の進学教育の黎明——
永添祥多　Ａ５判・二五二頁・四、三〇〇円

尋常中学校の成立
新谷恭明　Ａ５判・三七六頁・七、〇〇〇円

（表示価格は本体価格）